AOTS外史

民間ベース国際協力の原点

財団法人海外技術者研修協会(AOTS)

AOTS外史

民間ベース国際協力の原点

財団法人海外技術者研修協会（AOTS）

本書では、以下の団体および建物について略称で表記しています。

財団法人海外技術者研修協会　ＡＯＴＳあるいは研修協会

財団法人アジア学生文化協会　ＡＳＣＡあるいはア文協

アジア文化会館　ＡＢＫ

はじめに

杉浦　正健

このようなものを残したらどうか、と思い立ったのについては、いくつか理由がある。

まず第一に、半世紀以上前に私もその創業に深く関わったＡＯＴＳ（財団法人海外技術者研修協会）という名称が消えた、ということである。二〇一二年（平成二十四年）春、ＡＯＴＳは、ＪＯＤＣ（財団法人海外貿易開発協会）と合併し、翌二〇一三年、一般財団法人海外産業人材育成協会（ＨＩＤＡ）となった。ＡＯＴＳの事業そのものは、ＨＩＤＡにそのまま引き継がれ、ＨＩＤＡの主要事業となっているのではあるが、ＡＯＴＳという名前はなくなってしまった。

五年前の総選挙で、大政権交代となり、民主党政権になってから、ＯＤＡ（政府開発援助）の名の下に大企業を支援するのはけしからんという流れとなり、「事業仕分け」の俎上にのせられ、ＡＯＴＳはさんざんに痛めつけられた。関係者の必死の努力で（民主党の一部からのサポートもあって）、何とか生き残りはしたものの、補助金は大幅削減となり（自民党政権時の半分まで減らされた）、一時は財政危機に陥ったのだった。それもあってか、経産省は、ＪＯＤＣとＡＯＴＳを合併する（双方共、経産省の監督下にある）こととしたのではないか、と思料される。創業に深く関わった私にとっては、形容し難い、さびしい複雑な想いであった。その想いは、ＡＯＴＳを育て、共に歩んできた国内の関係者にとっても同様だったと思うし、海外の関係者、とりわけ、世界中・五大陸全体で結成され、組織されている同窓会（その殆どがＡＯＴＳ同窓会又はＡＢＫ・ＡＯＴＳ同窓会と称している）の皆さんにとってもそうであったにちがいない、と思われる（ＡＢＫは「アジア文化会館」の略）。

しかし、名前は変わったものの、ＡＯＴＳの事業は続いている。創業以来関わり、尽力した多くの人材は、私同様年をとり、高齢化している。この機会に、激動する時代と共に今日に至ったＡＯＴＳについて、それぞれが抱く想いを形にして残すことがＨＩＤＡの将来にとって何らかのお役に立つのではないか、と考えたのが第一の理由である。

第二に、この企画に類するものとして、山本長昭さん（ＡＯＴＳ元理事長、ＡＯＴＳの創業者である穂積五一先生と創業にも深く関わり、一旦は穂積先生と袂を分かちながら、穂積先生の没後、ＡＯＴＳに求められて復帰し、専務理事、理事長としてＡＯＴＳの発展に尽力された。ＡＯＴＳ中興の祖といってもよい功労者であろう）が、理事長退任の直前である一九九八年（平成十三年）自費出版された『息子や後輩たちに言い遺したいことなど（ＡＯＴＳ外史）』という小冊子がある。それは、山本さんがＡＯＴＳを退職するに当たり、いわば一生を捧げた自らのＡＯＴＳに対する想いのたけを遺言のような形で残したいため自費出版されたもので、ＡＯＴＳ草創に関わった主だった人々へのインタビューを内容としている。本人が「私家版」と言っておられるように公にする目的はなかったので、参加者は思い切り言いたいことを言っている（私もその一人だった）。その意味では、「ＡＯＴＳ外史」としては、小冊子ではあるが非常に価値あるものである。

しかし、残念なことには、印刷されたのは百部のみで配付先も限られており、内容も草創期が殆どで、穂積理事長の在任期間の後半以降は殆ど触れられていない。

草創の時期から、山本さんの理事長退任までの全体について、存命中の関係者の手で、改めて「ＡＯＴＳ外史」を残したらどうか、と考えた次第である。穂積先生と山本さんの間をつないで苦労した千代田博明さん（資料編Ｐ．２９２参照）らに相談したところ、快く応じていただけたので、昨年夏から座談会形式で作成にとりかかることになったのは、たいへんありがたいことだった。

もう一つは、私個人の関心である。私は、山本さんがＡＯＴＳ専務理事に復帰された直後（一九八三年一月）、山本さんに請われてＡＯＴＳの法律顧問に就任した（以来、今日に至るまで、ＨＩＤＡに変わってからも、顧問を仰せ付かっている）。その頃はＡＯＴＳの労働組合の活動が活発化し、その対応について協力してほしい、ということだった、と記憶する。もちろんお断りするわけにはいかない。ただ、労働事件は私の専門ではないので、当時労働関係の泰斗であられた和田良一弁護士にご相談し、和田事務所の宇田川昌敏弁護士に力を貸していただくこととなった。以来、私は、ＡＯＴＳの傍らで、その発展・変化を見守ることになったのだが、時が進んで、ＡＯＴＳの名前が消えることになったとき、ＡＯＴＳの役職員のなかに、穂積先生の直接の薫陶を受けた者、即ち、新星学寮の出身者が一人もいなくなっていることを知って、愕然としたのだった（一九七四年入職者が最後だった）。なぜ、そのようなことになったのだろう。創立して半世紀以上経つとはいえ、時代の大きな変化があるとはいえ、なぜか。私は、それを知りたい、と思った。

ＡＯＴＳの公式の記録は、十年毎に作成されているが、それらの「正史」には、歴史を創造した人々の想いは記述されてはいない。ＨＩＤＡ（ＡＯＴＳ）に現在携わっている人々、将来関わる人々のために、「ＡＯＴＳ外史」が、少しは、何らかのお役に立つのではないか、というのが、この「外史」の作成に関わった人々の共通の想いだろう、と私は思う。その我々の想いを形に変えるために、前専務理事の熊沢敏一さん（資料編Ｐ．３００参照）が献身的な努力をして下さった。参加者は、公表されることによる影響に細心の注意を払いながら、率直に、ありのままに語って下さり、後世への良い贈りものができ上がったと、私は感じている。それをうまくまとめあげていった熊沢さんの努力がなければ、この書はとうてい陽の目をみることはなかった。心からの感謝の意を表する次第である。また、佐藤正文さん（資料編Ｐ．２９８参照）には、この本の最終的な段階で編集の労をとられ、また多くの貴重な写真を提供して頂いた。感謝申し上げる次第である。

この本の作成にあたり、多くの個人、団体にご協力をいただいたが、とりわけ資料、写真等の掲載に格別のご配慮を頂いた、公益財団法人アジア学生文化協会及び一般財団法人海外産業人材育成協会にはこの場を借りて感謝申し上げたい。

また、株式会社スリーエーネットワークにはこの本の編集・発行にあたり、豊富な知見と経験でその刊行を可能にしていただいた。改めて厚くお礼を申し上げたい。

二〇一五年（平成二十七年）十二月記

＊筆者杉浦正健は現在、浅沼・杉浦法律事務所弁護士（略歴は、資料編P．２９３参照）

AOTS外史――もくじ

第3章　ＡＯＴＳ発足からＡＯＴＳ幹部一斉退職まで（一九六〇年〜一九七〇年頃）　64

別冊（寄稿）

座談会

出席者（順不同）

福本一　　千代田博明

杉浦正健　　榊正義　　小川巖

市川悟　　佐藤正文　　熊沢敏一（司会）

各人の略歴については資料編⑧『AOTS外史』関係者略歴（P．288参照）

第1章　戦前・戦中・戦後の時代　ＡＢＫ（アジア文化会館）建設の準備が始まるまで

❶戦前・戦後間もない頃の穂積先生

熊沢　穂積五一先生の略歴にあるように、戦前の至軒寮（Ｐ．２０注）の先生の周辺には第七高等学校、東大法学部、至軒寮等での人脈が形成されていった。五・一五事件、二・二六事件、血盟団事件等の関係者も現れている。

榊　穂積先生が主宰していた至軒寮の寮生は一九三六年の二・二六事件の折には自動車のフロントに「御用」と書いた紙を貼って、建物に入って反乱部隊の一員だった山口一太郎大尉に会って情勢を探ったという（『アジア文化会館と穂積五一』（Ｐ．３６０、４行目）。

千代田　その頃穂積先生は何歳でしたか？

福本　一九〇二年生まれだから、先生は三十四歳ですね。

千代田　この頃穂積先生は何を考えていたのだろうか。テロには反対したと言われていたが。

2007年7月17日、穂積五一追悼記念出版委員会編著、影書房発行

杉浦　戦前、戦中の至軒寮時代について、当時の寮生だった村山富市元首相が、日本経済新聞の「私の履歴書」の中で、一日分を割いて触れています。村山さんにも、穂積先生は大きな影響を与えているのが伝わってきます。

福本　終戦の時には、山本長昭さん（寮友、後にＡＯＴＳ理事長。一九二八年〜二〇〇五年。略歴については資料編Ｐ．２９０参照）は十七歳、我々は十二歳から十五歳の子供だが、穂積先生は四十三歳だから、戦前の政治運動の渦中にいた人間として日本の敗戦は大変な事だったと思う。先生にとって自分がそれまで考えていたことが全部ひっくり返ったのだから精神的には大変だったと思う。今まで生きてきた時代とどう折り合いをつけるのか、反省と今後の方向の模索も含めて考える時期だったのではないか。

千代田　穂積先生にとって、戦後の十年間は戦前の自分の生き方を整理する、そういう時期ではなかったかと思う。先生が何を理想として、寮を主宰し

1996年6月7日日本経済新聞朝刊「私の履歴書・村山富市」（資料編P.220参照）

ておられたのか。

福本　我々寮生に「おい、風呂に行こう」、「背中を流してくれ」とか、お灸をさせたり、ごろごろしていたのも、そういう日常の生活の中で何か契機をつかもうとしていたのかもしれない。それも穂積先生にとっての禅の修行かもしれないし、なにかを模索していたのではないか。選挙の時、追分小学校（当時。東京学芸大学附属追分小学校）が投票所で、穂積先生が寮生を引き連れて、「おい原彪（P．２０注）に入れに行こう！」と大声で言っていた。当時、原さんは寮の近くに住んでいた。隣の家にSさん（旧制第七高等学校の後輩）という人が下宿していて、この人にも声をかけたら、「私は共産党です（に入れる）からいやですよ」と言われていた。こんなことを公道で大きな声でやっていた。

今では考えられないことだが、一種親子のような先生と寮生の関係があってのことで、これはその場にいないと分からないことだと思う。勿論、票を入れないからどうこうということは一切なかったが。

千代田　万盛庵というそば屋の看板娘を寮祭に招待しようということになり、室崎正平さん（寮生。後にAOTS職員）が先生の手紙を持ってお使いに行ったりした。

杉浦　福本さんが先生と寮生の関係は親子関係のようなものだというが、室崎君も、岩尾明君（寮生。後にAOTS職員）だって親の時代から寮の関係がある。

福本　是松恭治さん（寮友）とか、小木曽友さん（寮友。現在公益財団法人アジア学生文化協会理事長）もそうですね。

千代田　先生と寮生の関係は、時代によって変わっている。武田信近さん（寮友。ＡＯＴＳ専務理事等歴任）の頃は「五一っちゃん」の時代で、私の頃はもう「先生」の時代だった。私が寮にいた頃（一九五四年〜一九五七年）の先生は、一直線の硬直したものではなく、実に懐の深い、底知れぬ感じがした。

小川　山本さんの在寮時代、穂積先生はリベラルだったと言っていた。人の話も聞くし、議論もできたと。私の時代は、穂積さんは「先生」でした。

佐藤　私の頃もすでに先生ですが、それだけではない。上司であると同時に先輩という関係です。

千代田　（ある時期からは）留学生問題、アジア問題をテーマにしてそれからは一瀉千里、他の事は目に入らないという感じだったのではないか。私が寮にいた時代はそこまでは、固まっていなかった時代ではなかったか。

福本　穂積先生の中国志向はずっとあった。伊藤武雄さん（P．20注）、岡崎嘉平太さん（P．20注）、松本重治さん（P．20注）などの尊敬する先輩がいて、ずっと交流が続いていた。

熊沢　穂積先生は伊藤武雄さんから依頼されて日中友好協会の常任理事になっている。一九五五年頃ですね。

杉浦　伊藤武雄さんが寮に出入りしていたのは知っていたが、私の寮時代に穂積先生が日中友好協会に関係があったとはつゆ知らなかった。

小川　かつて、日本が侵略した相手国だったということの関心ですか？

福本　五族協和というか、本当の意味で。それと、（穂積先生は）歴史・文化・民族性など幼少より漢籍に親しんでいたこともあって、いわば「肌に合う」という感じであったのではないか。

杉浦　私が寮生の頃、伊藤武雄さんは穂積先生と同郷（東三河の出身）ということもあって、寮でよくお目にかかり、いろいろと有益な話を伺えたし、ＡＢＫをつくろうという方向になってからは、岡崎嘉平太さんのところには何回も穂積先生の使いでお訪ねした。松本重治さんにも穂積先生のお供をして国際文化会館でお目にかかったことがあります。お三方とも穂積先生とは非

戦前の至軒寮

常に深い信頼関係があることを感じましたね。

千代田　ABKができてからの話だが、スリランカの留学生アーナンダさんとベトナムの留学生ダン・ルオン・モーさんが富士銀行（当時。現みずほ銀行）から奨学金を受けることになったことがある。そのお礼に湯島天神近くの「江知勝」という料亭で副頭取の岩佐凱實さんにお目にかかることになった。田井さん（田井重治氏。寮友。後にアジア学生文化協会理事長）からあなたも出ろということで出席した。しかし、それはカモフラージュで、実際は、穂積先生の斡旋で中国からひそかに来日していた要人と岩佐さんを会わせることが目的だった。私達は、別室ですき焼きをご馳走になった。

1964年2月羽田空港で中日友好協会顧問、趙安博氏（右）を見送る穂積五一（中央）と元日中友好協会副会長伊藤武雄氏（左）

注

至軒寮　新星学寮の前身の学生寮。戦前の東大の憲法学者上杉慎吉博士（美濃部達吉博士との「天皇機関説論争」一九一二年が有名）がその自宅内につくった「至軒学堂」という学生寮がそのはじめとされる。「至軒」は上杉博士の号。上杉博士は「七生社」（一九二五年設立）という学内団体を主宰し、東大新人会と七生社は論争を繰り広げていた。その後、本郷台町に台町至軒寮ができる。現在の本郷五丁目あたりにあったという。現在の新星学寮は本郷六丁目にある。上杉博士門下の学生として、岸信介（元総理大臣）がいた。穂積先生も上杉門下生であり、卒業後は社会改革を志すとして職に就くことなく、至軒寮の寮監のような役割をしていたという。

原　彪　一八九四年～一九七五年。一九二一年東大法学部政治学科卒。戦前は一九二八年法政大学教授を務め、一九二四年安部磯雄とともに社会主義研究団体「日本フェビアン協会」を結成する。一九三二年安部が委員長となって社会大衆党が結成されると入党し、中央執行委員となる。戦後は一九四五年の日本社会党結成に参加し、結党宣言を起草した。一九五一年の社会党分裂では、左派社会党に属し、一九四六年第二十二回衆議院議員総選挙に立候補し当選、以後当選八回。

伊藤武雄　一八九五年～一九八四年。戦前、南満州鉄道勤務。満鉄時代に満鉄調査部事件にて検挙されたことがある。戦後日中友好協会副会長、中国研究所、日中文化交流協会理事長等を務め、ジャパンプレス会長も務めた。

岡崎嘉平太　一八九七年～一九八九年。戦前は日本銀行勤務。戦後池貝鉄工、丸善石油、後の全日空の社長を務める。高碕達之助氏と廖承志氏の名前を冠したLT貿易の取り決めに貢献。日中関係の改善に力を尽くした。

松本重治　一八九九年～一九八九年。ジャーナリスト。戦前、アメリカ、スイスの大学に留学。同盟通信社に勤め、「西安事件」の独占スクープをものにするなど、中国の政治家、ジャーナリストに深い人脈をもった。同盟通信社の常務理事等を歴任。アメリカのロックフェラー三世、トインビー等との深い交流があった。東京六本木にある国際文化会館理事長を長く務めた。著書に『上海時代』中公新書全三巻他がある。

❷ 一九五〇年代半ばの新星学寮における穂積先生

杉浦　福本さんに伺いますが、戦前に新人会と対立した七生社（至軒寮）のことは別にして、先生は戦後一時期、公職追放の憂き目にあい、病気もされて、その後、新星学寮として再出発して、我々の時期になった。その間、先生は世の中に有為な人材を育てようとして、寮をやってこられたのか。どう思われますか。私が寮に入った動機は、単に東大に近い寮として通学に便利だし、寮費が安いということだったが。

福本　先生にその意図はあったと思うが、ああいう時代だからほとんどの寮生は寮費が安いから入ったのではないか。

小川　私もきっかけは、本郷にきて下宿先を探していたら、大学の掲示板に寮生募集のポスターがあって応募したのが、経緯です。

杉浦　当時、穂積先生に何か書いたものがあるわけではない。『アジアの友』（財団法人アジア学生文化協会の会報）とか、『内観録　穂積五一遺稿』に書かれていることはずっと後の話で、当時、穂積先生が何を考えておられたかよく分からないところがある。当時、もし先生が書かれたものがあれば、読んでいるはずです。また、寮にいた人も玉石混淆で、山本長昭さんみたいな人もいればいろいろだった。

福本　先生は戦前のことを含めて、自己反省というか沈潜というかそういうことをしていた時期ではないのか。もちろんただ寝ていただけではないと思うが、玄関の少し広い板の間によく寝転んでいた。家族で寮に住んでいた川崎さんや寮生と囲碁をやったり、トランプでの独り占いなどもやっていた。

千代田　先生は毎日、何を考えていたのか。我々が学校から帰ってくると、私の布団に先生が寝ていることもあった。

杉浦　いつも寮の奥にいて、寮生が行けば話を聞いてくれ、いろいろな話をしてくれた。そういった穂積先生の人格に寮生たちは惚れたのだろうと思う。

福本　国士という雰囲気ですね。

千代田　強烈な影響力があるのですね。それがどういうものであったかは説明ができないのですが。私より二、三年先輩ですが、「五一さんから死んでくれと言われたら、自分は死ぬだろうな」と言った人がいる。そういった影響を与える人だった。勤めていた会社を辞めて、ア文協に行くことになったとき（一九六三年四月）、人事部長から「会社に何か不満があるのか？」

晩年の穂積五一先生

と聞かれたが、「そうではなく、この先生から来いと言われるとそうせざるを得ないです」と言った覚えがある。そういう気持ちにさせるものが穂積先生にはあった。

杉浦　私が川崎製鉄を辞めたのもそうでしたね。

小川　至軒寮時代から新星学寮へと歴史は長いので、穂積先生と寮生との関係も違うのは当然でしょう。仲間・同志の時代、先輩後輩、親子等、時代の推移も明らかだが、私が在寮した一九六〇年前後は明らかに師弟の関係でした。先生には生活指導を含めて、教育的な言動が見られたし、寮生は先生と呼んでいました。当時既にア文協、ＡＯＴＳの事業も並行していたので、先生の寮経営の意識は漫然としていたのではなく、明確だった気がします。佐藤さんの話を聞くと、その後は事業の上司、部下という関係が濃くなっていったのかもしれない。

第2章　ＡＢＫ建設の準備が始まり、ＡＢＫが完成、ＡＯＴＳが発足するまで

❶アジア学生文化協会（ＡＳＣＡ）設立以前の新星学寮

杉浦　私が寮に入った（一九五五年四月）のは、大学時代（駒場）に学生運動を結構やっていて、駒場を終えて、本郷に行くことになって気がついたときには、学生寮は入寮選考が終わっていて、住むところがないという状況だった。そんな時に友人である歴史研究会の先輩の市村幸男さん（一九五四年入寮）の紹介で、寮を紹介されて穂積先生と会って入寮が認められた。それが穂積先生と会った最初ですね。穂積先生は、当時は五十代前半くらいで、全身からオーラが出ている感じでした。

その当時、福本さん、千代田さんも既に寮におられた。因みに、福本さんは一年次から寮に入っており（一九五三年入寮）、千代田さん（一九五四年入寮）と私は三年次（一九五五年入寮）から入寮した。

私を寮に入れるかどうかについては、結構いろいろ議論があったようで（学生運動をやっていたので警戒された？）、いわば仮入寮許可という形だった。寮の入り口に名札を貼った靴入れがあるが、そこに私の名前は一年くらい貼ってもらえなかった。

福本　その時期は私が寮長でした。杉浦さんが八丁味噌を持って挨拶に来たのを覚えています。靴

箱の名札は先生が自ら書いて貼るのだが、それは戦前の至軒寮時代に特高警察が玄関の靴箱を見てどんな人物が出入りしているか探っていたことがあったので、先生は学生運動に関わっている杉浦さんの名前は出さなかったのだと思う。

私が靴箱に名前を書いてもらえるようになったのは、学生運動から完全に足を洗った、入寮した年の秋頃かと思う。

杉浦

思い出したのだが、私が寮に入った年の夏頃に日本共産党の六全協（P．２７注）があって、共産党の活動方針の大転換があった。以降、それまで学校で見かけなかった共産党員の学生達が、続々とキャンパスに戻ってきていた。私はこの頃には既に学生運動に嫌気がさして、やめる気持ちになっていた。私は運動の方針、やる事がガラッと変わってしまったのに納得いかないというか、疑問を仲間達に投げかけて、納得できるような話がなかったのが、運動から離れる一因ともなった。私は学生運動をやめるについては、穂積先生に相談した。先生は黙って耳を傾けてくれた。やれとかやめろとか言われた記憶はない。

この六全協での方針の大転換の中で、運動に関わった学生で人格が壊れてしまった人達もいた。非常に親しい人で、妙義山とかの山岳武装闘争に参加して自殺した人もいる。学生運動を指導していた共産党では徳田球一（日本共産党初代書記長）派と宮本顕治の指導する国際派との間で権力闘争があり、宮本派が権力を握った。

そして決定的だったのは一九五六年十一月のハンガリー・反ソ暴動でした。当時普及が始まっていたテレビで大々的に報道され、これが左翼学生というか、左翼に与えた影響は大きかった。驚天動地の出来事で、訳が分からなくなったというのが本音でしょう。

これで日本共産党の東京大学細胞が三つに分裂してしまった。運動から離れた者、後に新左翼とよばれるグループに行った者、それと日本共産党に残った者の三つ。私はこの状況を見てこの人達には未来はないと思った。

入寮した翌年一九五六年春に私は寮長になった。寮長になる前に穂積先生に私は学生運動から足を洗いますと申し上げたことがある。

この時期に丁度、国費留学生が来日し始めた。制度が始まったのは一九五四年度ですが、彼らは東京外語大学と大阪外語大学の二校で日本語を一年間学んで、その後各自の希望する大学に振り分けられた。国費留学生が大学のキャンパスに来始めたのは一九五五年頃からです。駒場にはすでに「アジア学生友の会（ＡＳＦＡ）」という団体があり、後に寮生となる渋谷盛和さんが会長で留学生の世話をしていた。私は学生運動をしていた関係で、このことは知っていた。

当時は駒場の留学生会館はまだできておらず、留学生の受入体制は各大学で手探りの状況だった。新宿とか池袋にはまだ闇市が残っていた時代だった。その頃、唯一の留学生受入施設であった新宿の国際学友会館は、建物は古く汚いし、食堂はひどいしで留学生達はストライキを頻繁にやっていた。この頃、寮の修築の動きが具体的になりましたね。

注

六全協　日本共産党第六回全国協議会のことで、一九五五年七月二十七日〜二十九日、中国革命に影響を受けた「農村から都市を包囲する」式の武装闘争方針の放棄が宣言された大会。北京に亡命していた徳田球一書記長が既に一九五三年に死亡していたこともこの会合で発表された。芥川賞を受賞した柴田翔の『されどわれらが日々』はこの六全協以後の左翼学生の敗北感を描いたもの。

❷ 新星学寮の修築（一九五五年七月〜十一月及び一九六一年七月〜十月）

熊沢　戦後十年くらいになり、新星学寮の建物は古くなっていて、何とかしなければいけないという機運がもりあがり、一九五五年に寮の修築をやっていますが、このあたりの動きはどうでしたか？

千代田　寮の修築の話は以前からあって、二段階で行われた。一回目は奥の方の平屋建て八畳の間を壊して二階建てにした。奥の八畳の間は、寮生の食堂になっていた。これを二階建てにして、穂積先生一家は奥の二階に住むことになった。一階は居間というか集会スペースと先生の奥様のレッスンのためのピアノ室があった。二回目の修築は確かＡＢＫができた後の一九六一年頃で、寮の玄関があるほうの建物だったと思う。

福本　修築前は汚いとこだった。

千代田　本当におんぼろだった。八畳の部屋は写真などで記念に撮っておけばよかった。

熊沢　一九五五年の寮の修築の際に、寮友会（Ｐ．３２注）が結成されていますが、この寮友会で新しい会館の話はされたのでしょうか。

千代田　寮友会の委員をやっていたが、そういう話があったか覚えていない。あまりそういう話は出なかったと思う。山本さんなんかはやっていたかもしれないが。山本さんが寮の規約を作ってきちんとする以前は、タダで泊まったりした人達がいて、戦前の慣習が残っていた。それを山本さんが寮規約を作り、学生寮としてきちんとした。山本さんは寮にとって大化の改新をやったというか、中興の祖という感じです。

福本　この頃のことだと思いますが、稲葉圭亮さん（七生社同人、戦前の衆議院議員）に自己紹介のしかたをえらく怒られた。例えば、「国策パルプ（日本製紙の前身の一社）の山本です」とか言う。姓しか言わない自己紹介のやり方に対して、「君らの自己紹介はなっておらん！自己紹介は姓と名前をきちんと言うんだ！」とやられた。

千代田　それは覚えている。山本さんも怒られていた。姓、名をきちんと言わないといかんと言われた。

杉浦　稲葉さんは議員だったんですか？

福本　いや、パージされていたから議員ではなかった。もう、弟の稲葉修さん（衆議院議員、法務大臣、文部大臣等歴任）の時代になっていた。

杉浦　この修築の費用はどうしたのですか？

千代田　寮生が先輩のところに行って寄附を頼んで回った。東京近辺の人は割り当てで先輩を訪ね、地方出身の者は帰郷の折に、先輩を訪ねるというやり方でした。

杉浦　寄附金集めに私は関係していなかった。それは、名前を下駄箱に書かれていないし、私は仮入寮扱いだったからですか？

千代田　そういうことだと思う。下駄箱に名前が書いてないくらいだから、寮生として扱われていなかったのでは。手分けして先輩を回った寄附金集めで、それなりにお金は集まった。

杉浦　寮友会の会合で喧々諤々やっていたのは知っていた。まだ寮に入ったばかりの頃で、山長さん（ヤマチョウ、山本長昭氏の愛称）が例の調子で、元気いっぱいで酒も飲んでガンガン話をしていた。田井重治さんの部屋に入り込んで議論していた。新しい会館をつくろうという話は、山長さんがその頃火をつけたのかもしれない。

福本　山長さんは、自分でも言っているけれど一高を落ちたら満州の建国大学へ行こうと両方受けたようだから、アジアへの関心ということでは前からあったのかもしれない。当時の青年のもつ客気の大陸志向かも知れませんが、建国大学も合格したと言っていました。

千代田　山長さんらの世代は、私達にとっては怖い存在だった。

杉浦　山長さんとかその上の先輩達からは、変な理屈をこねるとガンガンやり込められた。先輩達は戦前の日本はアジアに迷惑をかけたという発言はしていた。ただし、事業をしようというような話は出ていないと思う。

福本　いろんな話を聞いたけれど、事業のことは聞いたことはない。

杉浦　その頃たまたま、国費留学生が来日し始めて、国際学友会でいろいろ問題があって留学生達が暴れていた。パキスタンのイラニーさん(P.33注)はその最先鋭で、学友会事務局と喧嘩していた。そのイラニーさんは、後にABKに入ったが、その頃はイラニーさんも留学生達も穂積先生には会っていないと思う。しかし、噂は先生の耳にも入っていて、反日感情をもったまま留学生が帰国するのではなく、やはり日本を理解してくれる留学生の受入体制をつくらなければということに、段々なって行ったのではないか。

千代田　留学生問題を契機に、それまで何をしてよいか分からなかった状態のエネルギーが方向性を見出し、火がついたということではないのか。

杉浦　まったく、その通りだと思う。

佐藤　私の世代は、戦後すぐの頃の穂積先生ではなく、東大駒場時代のアジア学生友の会(ASFA)

1980年頃の新星学寮

とか北海道旅行などを通じて、留学生問題等に関心をもった頃の、留学生と共同生活をする穂積先生の寮に入った。北海道旅行等を通じて、独立して間もないアジアの国々の国造りを手伝う活動に参加したいという気持ちでＡＯＴＳに入った。そのような事業を始めようと思った時の穂積先生であって、それ以前の穂積先生からの影響とは違う。ＡＯＴＳに入って、職員は皆穂積理事長と呼んでいたが、自分にはやはり穂積先生で、理事長と呼ぶのには違和感があった。

小川　食堂や受付の人達など、寮に関係のない人達も穂積先生が常に言っていたアジアのためとか、彼のためをはかるとかいったことが伝わって、ＡＯＴＳ事業の使命感になっていったと思う。

佐藤　これまでの先輩のお話を伺っていると、我々の知る穂積先生は、新しい留学生問題とか、先生の活動の方向性が具体化した時代ですね。私は留学生と一緒に住めるのが魅力で新星学寮に入寮した。

千代田　我々が寮にいた時期は、（先生は）深く静かに沈潜していた頃で、先生自身出口を模索しておられたのではないか。

注

寮友会　一九五五年五月頃の幹事六名は笹部益弘、水田博、山本長昭、石黒繁雄、宮沢創、小倉尚子

イラニーさん　Mr. Nariman Kaikhushroo Irani　故人。パキスタン出身　Fran International Pvt. Ltd. 前社長、元ＡＯＴＳカラチ同窓会会長。一九六二年東京水産大学卒業後ＡＯＴＳ研修生として三菱重工業で研修。二〇〇一年九月に杉浦氏が外務副大臣としてカラチを訪問した当時カラチ商工会議所副会頭。

❸ 新星学寮に出入りした人々（三上卓、西光万吉など）

福本　五・一五事件の三上卓さん（P．38注）が寮に来たときには、「穂積さんはおられますか」と、非常に静かに話す人だった。あの五・一五事件（一九三二年五月十五日の犬養毅首相暗殺等の事件）の首謀者の一人という感じは全くなかった。

山本さんや私達が寮にいた頃は戦後すぐで、いろいろな人が寮に出入りしていた。しかし、山本さんとしては「寮は学生寮だろう。金も払わずにただ飯食っていくのは許せない。俺は、戦前の何か分からない連中がタダで泊まったりしているのが嫌なんだ」ということだったのだろうと思う。それが、山本さんが主導した寮規則の制定等につながっている。

千代田　三上さんは寮に来ても、静かで「私が三上卓だ」とかの雰囲気を醸し出すとか、そういうことは一切なかった人でした。

福本　三上さんが作詞した「青年日本の歌」（通称「昭和維新の歌」）というのが戦争中、大いに歌われた。

熊沢　一九五〇年代前半に寮にいた福本さん、千代田さん、杉浦さん達は西光万吉さん（P．38注）には会われているのですか？　自宅には西光万吉全集全四巻があって、全部を読んだわけではないですが、西光さんは戯曲などを書かれています。また絵がうまいですね。

福本　西光さんは画家ですよ。

杉浦　当時、我々は西光さんには会っています。いい人でした。寮での勉強会にも、西光さんに来てもらったことがあります。

千代田　全国水平社の旗の荊冠のデザインは西光さんですね。

福本　西光さんはお酒が好きでね。いい酒で、ニコニコして実に嬉しそうに酒を飲んでおられました。

杉浦　川鉄（川崎製鉄）に勤めて神戸にいた頃ですが、三宮の地下街に当時、灘の蔵元の酒を全部置いてある店があって、私はそこで一合瓶で十本くらい、いろんな酒を和歌山の西光さんのところに送ったことがありますね。西光さんから実に丁重な礼状が来ましたが、惜しい事にそれがどこにいったか分からない。

福本　西光さんに和栄隊という構想があった。西光さんは、水平社宣言を起草した人だが、穏やかな、実にいい人だった。とても、激しい運動をしてきた人には見えなかった。

榊　戦前に三上さんと穂積先生は北海道で講演旅行をしている。大日本翼賛壮年団のメンバーとして、

1950 年頃の穂積五一
先生（左）と西光万吉氏

一九四四年十一月頃北海道で講演をしている（『アジア文化会館と穂積五一』P．405、2行目）。個人的な関係ということでいうと、武田信近さんの故郷、鹿児島でのお葬式に、四元義隆さん（P．38注）が来ているのですね。千代田さんは既に葬儀からお帰りになってからのことでしたが、私が四元さんに名刺をお渡しすることがあって、私が「武田信近さんの下で働いておりました」と言ったら、「ほほー」と言われた。

そして、翌日の朝になって四元さんの会社の三幸建設の総務部長と取締役が、私が関係していたコンビニの前で待っておられて、四元さんの名刺をわざわざ届けに来てくれた。不思議に思うのは、昔東大新人会にいた田中清玄さん(P．38注)がつくった会社を四元さんに譲っているのですね。その会社が鹿児島にありました。右の四元義隆さんと左の田中清玄さんが結びつくのを不思議に思って、庄司徳治先生（資料

1944年三上卓氏（前列右から2番目）らとともに「大日本翼賛壮年団」で北海道を遊説した穂積五一先生(前列右から3人目)

編Ｐ．２２１参照。寮友。ＡＯＴＳ専務理事、副理事長等歴任）に手紙を書いたのです。「右と左がどうしてあんなに親しいのですか」とですね。庄司先生からは、「戦前の寮は日の丸共産党と言われることもあって、右翼の中でも貧しい人、しいたげられた人を助けなくてはという意識はあった。穂積先生ご本人は自分を右とも左とも思っていない」と言われました。

福本　先生は七生社、至軒寮関係の物故者などの御霊位を毎年弔っていた。

杉浦　私達が在寮した頃、その後もずっと赤門前の喜福寺で追弔会が行われていましたね。忘れられない一コマは、私が寮長の頃の追弔会で私が下足番をしていたところ、当時自民党の幹事長になったばかりの岸信介さんが来られたのを覚えています。大自民党の幹事長なのに、靴の踵がちびた靴を履いていることに親しみを覚え、印象が強く残ったですね。

千代田　護国団の小島玄之さん（Ｐ．３８注）の法事に行かされたことがある。とにかく有名な人らしいということで行ったことがあります。

福本　先生からすると、たぶん、今日一般に行われている右とか左とかの感覚ではないんだと思う。

千代田　解釈はいろいろだろうが、自民党のある筋からすると穂積先生は、左も左と思われた。

小川　先生のことを国家社会主義者だというのを何回か聞いたことがあります。二・二六事件の頃からすると七十年以上も過ぎ、現代に合う思想ではないでしょうが、確かに先生は、「日本経済の侵略性」と発言しています。資本主義経済の「自由競争」は社会主義経済理論では「侵略」と表現するでしょう。現実には先生は社会主義革命を云々したのではなく、日本の経済界や政界に抑制を求めたり、警鐘を鳴らしたりするレベルの、穏健な国家社会主義者だと思います。それが左だと思えるのかもしれない。先生の思想は穏健だが、内心は激しいと感じますが。

注

三上　卓　一九〇五年～一九七一年。海軍軍人。「青年日本の歌」（昭和維新の歌）の作詞者。第二次世界大戦以前の五・一五事件、及び戦後の三無事件の双方に参加した人物として知られる。

西光万吉　一八九五年～一九七〇年。戦前日本の部落解放・社会運動家、本名は清原一隆。全国水平社設立の中心人物で、水平社旗の意匠の考案者及び水平社宣言の起草者として知られる。新星学寮寮誌『のろし』No.10に「防衛軍より和栄隊を」という文章を寄せている。

四元義隆　一九〇八年～二〇〇四年。元三幸建設工業社長・会長。血盟団メンバーの一人。最後の頃の七生社同人。近衛文麿、鈴木貫太郎首相秘書を務め、戦後は政界の黒幕的な存在として歴代総理の陰の指南役と言われた。

田中清玄　一九〇六年～一九九三年。戦前期非合法時代の日本共産党（第二次共産党）中央委員長。転向後は政治活動家となり、戦後は実業家として三幸建設社長、光祥建設社長を務める。

小島玄之　一九〇八年～一九六六年。国家主義者。一九二九年中部民衆党岐阜支部に入党。一九三三年治安維持法違反で検挙、起訴猶予ののち国家主義に転じる。一九五四年護国団に参加。一九五九年思想研究所をつくった。著作に『右翼運動の基本政策』など。

❹アジア文化会館（ＡＢＫ）の建設（一九六〇年六月竣工）

杉浦　穂積先生はその人生のいつ頃から、ＡＢＫのような構想をもつようになったのか、戦前の至軒寮の頃だと言う人もいたが、その辺はどうですか？

千代田　杉浦論文（一九五六年三月発行の寮誌『のろし』十二号に掲載された「提案」という文章。資料編Ｐ．２５４参照）を書くに至ったきっかけは何だったのか、分かりますか？　これを書く前に寮会でも杉浦さんはこんな発言をしていたと思うのだが。この「提案」は穂積先生の考えと同じようなことですね。

杉浦　その頃（一九五六年春以降）、私は寮長で、修築成った寮にまず留学生を入れたらどうかとの提案をした。提案については寮会などで、繰り返し議論がされていたが、私の「提案」は、その頃穂積先生の意向を忖度しながら、先生の意向を集約するために書いたものです。実際に留学生が寮に入ったのは、私が川鉄に就職して寮を出た後の時期だった。鄭信力さん（台湾）、林清讃さん（台湾）、張忠信さん（台湾）、ジャヤ・シンハさん（セイロン、当時）、李完圭さん（韓国）の五人だった。彼らは最初に寮に入ってその後、ＡＢＫに移った。一九五八年に川鉄を辞めて寮に戻った時には彼らは寮にいた。

福本　彼らも寮で自炊したのかな？

杉浦　やっていた。彼らは日本人学生より料理はうまかった。

千代田　あの杉浦論文を書く前に、穂積先生とは話をしていたのではないですか？

杉浦　していたと思う。理屈を言う前に、まず留学生を入れたらどうですか。皆困っているのでしょうと言っていたことはある。

福本　あの頃はよく夜遅くまで議論していた。杉浦さんも積極的に発言していた。

千代田　私は卒業を延ばして留年した一年間は田中泰岩さん（寮友。弁護士）のところで書生みたいなことをしていて、ずっとそちらの事務所に通っていたので、ほとんど寮にいなかった。会館建設のことなどは聞いていない。

杉浦　留学生問題を寮内で議論するようになったのは、私が寮長になってからなので、千代田さんはその議論に加わっておられなかったのでしょうね。私は当時、学生運動をやめたものだから、やることがない。よし、暇ができたしやってやろうと思ったのだろう。

熊沢　留学生から穂積先生に、いろいろ訴えがあったという話が書かれているが、具体的に誰がその手の話を穂積先生にしたのか、どうもはっきりしない。

千代田　田井さん等もそういう話があったと書いているし、穂積先生もそのような発言をしているが、私は具体的には聞いていない。

杉浦　私もそのような話を聞いていない。穂積先生が留学生と直接触れ合うことになったのは、彼ら五人が寮に入ってからだと思う。

千代田　会館をつくろうというのは、杉浦論文が最初だと思う。少なくとも、穂積先生から会館という話を聞いたことはない。杉浦論文でこの構想のことを知ったというのが感想です。留学生と穂積先生との関わりという点でどうなのか。しかしあの論文に書いてあることは、ほぼ穂積先生が考えていたことのような感じがする。会館をつくろうというのはあの論文が初めてではないか。

杉浦　あの文章を書く前には、駒場で生身の留学生に会ったことはなかった。駒場で「アジア学生友の会」（ASFA）会長の渋谷盛和さんに会ったことはある。渋谷さんがやっていた「アジア学生友の会」とは話をして、「やがて本郷にも留学生が来るから、会をつくろう」ということで「東大アジア学生友好会」をつくった。私が寮長をやっていた頃だった。正式に東大の学内団体として認可されるのは私が大学を卒業する直前の一九五七年三月でしたが、それ以前から活動はしていた。「東大アジア学生友好会」をつくるにあたっては、学内

竣工したアジア文化会館玄関にはアジア学生文化協会と海外技術者研修協会の表札が掲げられた

団体として顧問の先生がつくことになっていて、最初の顧問は法学部の菊井維大先生だった。菊井先生と穂積先生は戦前から親しい関係で、私の川鉄への就職も先生にお世話になった。

福本　穂積先生は大きな組織にして会館をつくるというような発想はなかったと思う。やはり、寮のようなところということだったと思う。雑談はいろいろしていたが、五一さんからこういう構想を聞いたことはない。

杉浦　直に留学生に会って話を聞いてあの論文を書いたということではないが、各大学で留学生支援の活動が始まっていた。千葉大にいた齋藤實氏（コスモポリタンクラブを主催。後にＡＯＴＳ職員）とはこの活動の中で知り合った。学生時代から齋藤氏のことは知っていたが、彼は寮生ではなかった。千葉大、早稲田大、東工大、東京女子大など同じ

1960 年 6 月アジア文化会館開館式で、前列テーブル右から穂積五一先生、富士銀行（当時）副頭取岩佐凱實氏、一人おいて AOTS 会長・日立製作所社長倉田主税氏

サークルの学生と「アジア関係サークル連絡会」というのをつくって会議をしたことがある。

千代田　留学生の切なる訴えを聞いてあの論文を書いたということではないのですか？

杉浦　違う。前に述べたように、留学生に会ってはいないから。ただし、留学生をめ

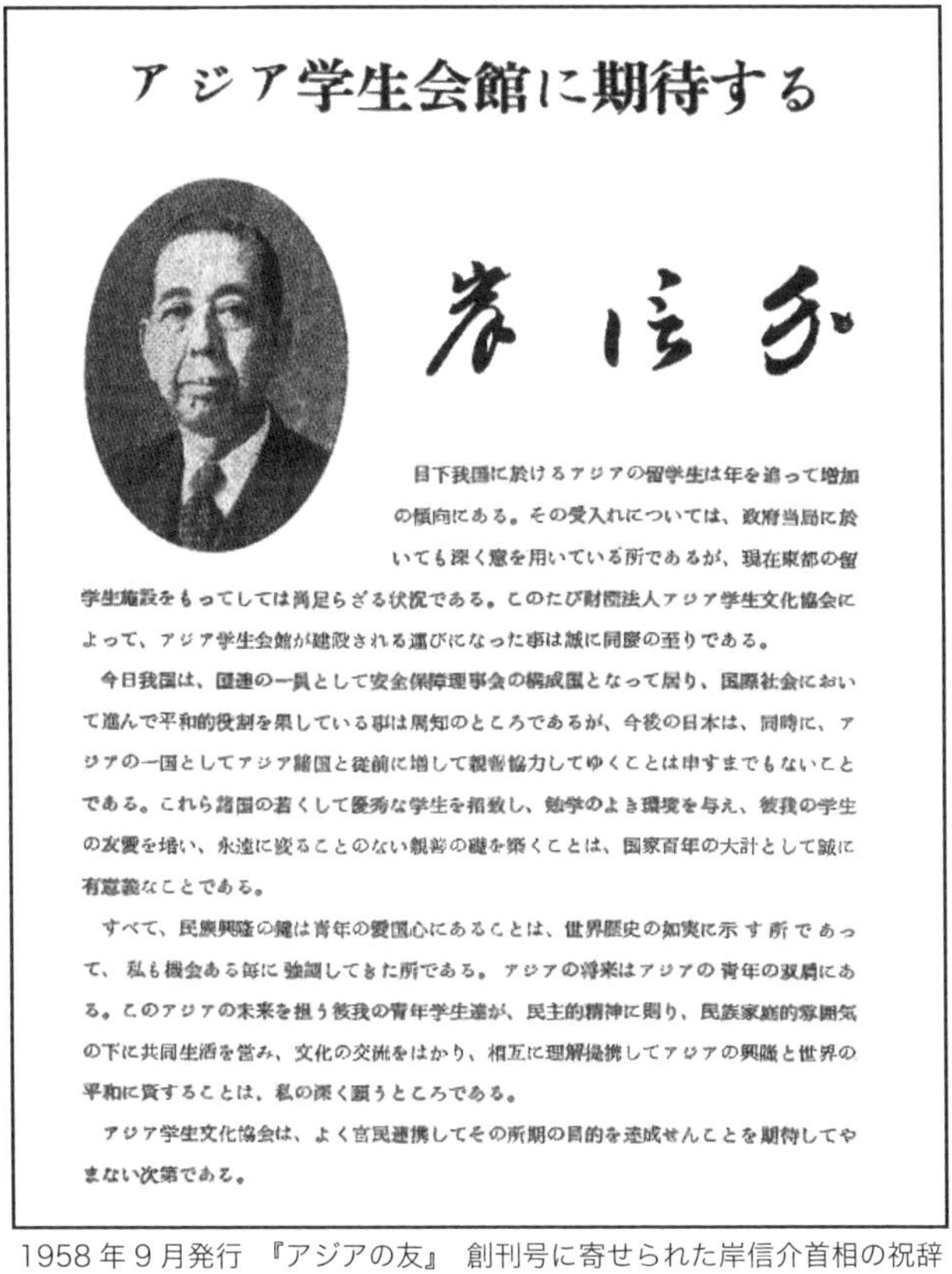

アジア学生会館に期待する

岸信介

目下我国に於けるアジアの留学生は年を追って増加の傾向にある。その受入れについては、政府当局に於いても深く意を用いている所であるが、現在東都の留学生施設をもってしては満足らざる状況である。このたび財団法人アジア学生文化協会によって、アジア学生会館が建設される運びになった事は誠に同慶の至りである。

今日我国は、国連の一員として安全保障理事会の構成国となって居り、国際社会において進んで平和的役割を果している事は周知のところであるが、今後の日本は、同時に、アジアの一国としてアジア諸国と従前に増して親善協力してゆくことは申すまでもないことである。これら諸国の若くして優秀な学生を招致し、勉学のよき環境を与え、彼我の学生の友愛を培い、永遠に変ることのない親善の礎を築くことは、国家百年の大計として誠に有意義なことである。

すべて、民族興隆の鍵は青年の愛国心にあることは、世界歴史の如実に示す所であって、私も機会ある毎に強調してきた所である。アジアの将来はアジアの青年の双肩にある。このアジアの未来を担う彼我の青年学生達が、民主的精神に則り、民族家庭的雰囲気の下に共同生活を営み、文化の交流をはかり、相互に理解提携してアジアの興隆と世界の平和に資することは、私の深く願うところである。

アジア学生文化協会は、よく官民連携してその所期の目的を達成せんことを期待してやまない次第である。

1958年9月発行 『アジアの友』 創刊号に寄せられた岸信介首相の祝辞

ぐる環境がひどいことは、前に述べた「連絡会」などで詳しく聞いていた。ア文協をつくろうという話は、私が川鉄に就職する前から、寮の重鎮の中では話があった。岡崎嘉平太さんとかが動いてやっていたけれど、財団法人アジア学生文化協会の発起人会（P．45注）を寮でやったのは一九五七年五月だから、私はすでに寮を出て川鉄に勤務していた時期です。

千代田　正式にア文協が設立されたのは一九五七年九月ですから、私の大学卒業には間に合わなかった。大学の卒業前にア文協ができていれば、私は川鉄に行くことはなかったと思う。

ア文協の設立発起人会の名簿にある岡田信治さんは愛知用水の関係の人ですね。八木直介さんというのは、元日本興業銀行の役員くらいまでいった後、禅宗の坊さんになった人で、戦前は円覚寺に関係があった。戦後は、鎌倉の浄妙寺の近くに居を構えられていた。寮生は時々、穂積先生から言付かって、八木先生のお宅まで使いに行かされた。その折には、穂積先生は使いに出した学生の人物評を八木先生から聞いていた。

杉浦　私も鎌倉には使いに行かされたことがある。また悩み事の相談に伺ったこともある。

千代田　当時の日本興業銀行（現みずほ銀行）の頭取だった中山素平さんとの関係は八木直介さんの筋かもしれない。寮には八木さんの親戚筋の人がいて、八木、八木と言っていた。

福本　それは富永昭太郎さんですね。彼は八木さんの甥にあたる人だと思います。

杉浦　八木さんは興銀の人ですか？　それなら中山素平さんとのつながりもこの人からかもしれな

い。

千代田　ア文協の発足式というか、祝賀会というのはあったのですか？

杉浦　その頃はすでに川崎製鉄に勤めはじめていたから、知らない。

福本　一九六〇年のＡＢＫの開館式はかなり大々的にやったのは覚えている。

熊沢　戦前の至軒寮では、外国人の寮生（Ｐ．４５注）はいなかったのですか。

千代田　寮生としての外国人はいなかった。朝鮮独立運動に携わった人達などが至軒寮に出入りしていたのは事実ですが、寮生ではなかった。

注

ア文協発起人会

一九五七年五月十七日、於新星学寮。出席者は穂積五一、鳥谷寅雄、坂田修一、安倍晋太郎、笹山忠夫、伊藤武雄、岡崎嘉平太、岡田信治、田中泰岩、八木直介、米谷忠良。岸内閣成立は一九五七年二月二十五日。安倍晋太郎氏が出席しているのは岸首相の名代ということであろう。

至軒寮の外国人留学生

『アジア文化会館と穂積五一』Ｐ．３８３に、森川町学生寮に朝鮮人学生も入寮したとの記述がある。ただ、森川町学生寮は一九四五年五月に「台町至軒寮」が空襲で焼失するまでは、至軒寮付属の「森川町学生寮」と言われていた。穂積先生がこの学生寮に居を移すと単に台町至軒寮と混同され、ここも「至軒寮」と呼ばれるようになったという。厳密に言えば、台町至軒寮に外国人留学生はいなかったのだろう。

❺ 穂積先生と寮生の関わり

熊沢　話は少し戻りますが、寮時代の穂積先生は時代によって寮生との関わりがすごく違うと思うのです。福本さん、千代田さん、杉浦さんがいた一九五〇年代後半までと佐藤さん達がいた一九六〇年代前半から半ば、そして私がいた一九七〇年前半では相当違う。

福本　福本さん達の時期に穂積先生は社会的に言えば、無職で寮の主宰者にしかすぎなかった。私が就職のとき、先生に身元保証人になっていただいた。保証書に職業を記載する段になって、先生、さてどうしたものか、「無職」と書くわけにもいかんしね、とちょっと思案していたことがある。結局「学寮主宰」と書かれたと記憶する。

熊沢　一九五七年にア文協ができて穂積先生は理事長になった。年齢的にも先生は一九五〇年代だと四十八歳くらいから五十七歳くらいで、写真を見ると目つきからしても、私が知っている一九七〇年の六十八歳くらいの先生とは全く印象が違う。自分達も学校、アルバイト、留学生支援の活動等でいろいろと忙しく動き、先生と個人的に話をする機会はそれほどなかった。その点、これまでの皆さんの話を聞いていると、随分と昔は先生との関係が密だったのだなと思った。

千代田　穂積先生はそれまでは肩書がある職業人ではなかった。

佐藤　私がいた頃は、それほどでもなくて、朝、寮の奥の部屋で先生と一緒に座禅したりした。私が新星学寮に入ったのは、駒場の「アジア学生友の会」の活動の延長で、その後ＡＯＴＳに入ったのも、就職というよりクラブ活動の延長のような感じだったから、ＡＯＴＳに入っても給与がもらえるとは思っていなかった。

ＡＯＴＳに入るに当たって、東大工学部機械工学科で私の指導教官だった白倉昌明先生（後にＡＯＴＳの主任講師や理事を長く務めた）に相談したら、「穂積さんは立派な人だけど、あんなところに入るのは止めろ。十年後には絶対後悔するから」と言われた。何十年後かにＡＯＴＳの理事会で白倉先生にこの話をしたら「私がそんなことを言ったはずはない」と強く否定されましたが。

千代田　我々の頃は、まだ何もしない穂積先生。佐藤さんの頃はその中間の時期だったのだろう。

熊沢　私がいた頃には、皆さんが言っているような玄関の脱ぎ散らかった靴が夕方、帰ってくる頃にはちゃんと靴箱に収まっていたとか、乱れた個室がきれいになっていて、それをやったのが穂積先生であったというようなことはなかった。

杉浦　先生と掃除も一緒にやったしね。無言、ないし言葉の少ない教育ですね。部屋を散らかして出て、帰ってくると片付いている。誰がやったのかと聞くと先生がやったと言う。そういった無言の教育ですね。自ら反省するようになる。だから神話ができる。

こういった先生とのつながりの強さということで言えば、ＡＢＫが完成した後のことですが、私の結婚式は穂積先生ご夫妻の媒酌でＡＢＫで行ったたし、私たちの他にも多くのＡＯＴＳ、ア文協の職員がＡＢＫで穂積先生ご夫妻の媒酌で結婚式を挙げているのです。

千代田　先生は高尚な話はしたことはない。難しいことは何にも言わなかった。哲学・政治を論じるとか、アジアの事を語るとかそういったことはなかった。でも何かあるのです。

佐藤　日常生活の中での先生の片言隻句が、貴重な教訓になった。先生はよく「切って血の出ないような言葉は語るな」と言われた。その言葉は今でも忘れられない。

私は何でもかんでも穂積先生を信じるということではなかったです。しかし、アジアに対する贖罪の気持ちとか、独立して間もないアジアの国々の国造りを手伝いたいとかいった気持ちが強くなりました。

小川　そういう使命感が生まれたのは穂積先生と関係ないですか？

佐藤　それはありますよ。寮全体に流れているアジアに対する雰囲気ですよね。穂積先生一人ではない。先輩達、福本さん、千代田さん、杉浦さんとかがいるところ、すべてのことから影響を受けてこれはやるべき仕事だと思った。

❻ 留学生との北海道見学旅行

熊沢　一九五八年から一九六六年まで二年おきに計五回にわたって留学生との北海道見学旅行（P.51注）が行われた。留学生を交えたこの旅行は、「東大アジア学生友好会」の拠点として新星学寮生が事務局を担った。後のＡＯＴＳの一般研修、研修旅行等の原型がここにあったともいえる活動であった。そしてこのような活動が実現できたのも、やはり戦前からの穂積人脈というか、至軒寮の関係者の協力があったからこそであった。

佐藤　第一回の北海道旅行報告書に指導教官として白倉昌明先生の名前があるから白倉先生が顧問だったと思う。白倉先生はご自身、ドイツに留学されたこともあり、留学生のことに関心を持たれていた。

杉浦　第一回北海道旅行の実施部隊の一翼を担ったのだが、寮にはすでに留学生がいたし、夏休みをどう過ごすかということもあった。夏は暑いから、北海道にでも行こうかということだったのか。この旅行のために企業とか先輩からお金を集めて回った。一回の旅行で百万円以上かかった。

第一回の旅行の頃には、金丸三郎先生（寮友。後に鹿児島県知事から参議院議員、総務庁長官等を歴任）が北海道庁の総務部長でおられて、この旅行団に対して職員を出したり、バスの手配等でいろいろと助けてくれた。つい最近亡くなられたが、池田町をワインで有名にした丸谷金保さん（寮友。当時池田町長、後に社会党参議院議員）も池田町長として我々を歓待してくださった。強力な支援者が北海道にいたことが大きいのです。

佐藤　自分が参加した第四回と第五回の最後の旅行ではそれぞれ二百万円くらいかかった。この資金集めが大変で、百二十万円くらいまでは何とか集まるが、そのあとがなかなか集まらなかった。途中で「できませんでした。お金を返します」という訳にいかず、四苦八苦した。第五回目の北海道旅行では実行委員長をやりましたが、東大アジア学生友好会のメンバーや全寮生が分担して、資金集めとスケジュールの調整をした。北海道にいた寮関係の先輩では、北海道知事の町村金五さん、池田

1964年7月、北海道大学を訪問した第四回アジア・アフリカ学生北海道見学旅行団一行

町長の丸谷金保さん、帯広市議会議員の田森善治さんなどに大変お世話になった。
福本　皆戦前、穂積先生が関係した大日本翼賛壮年団の関係だと思う。
杉浦　この北海道旅行で、寮生だった人だけでなく、東南アジアから留学していた国費、私費の留学生達、前に述べたイラニーさんを含む多くの留学生達が寮に出入りするようになり、穂積先生と深く関わるようになって、先生のＡＢＫ構想が形になっていったと私は思います。

注
アジア・アフリカ学生北海道見学旅行
一九五八年七月から八月にかけて実施された第一回旅行には、寮から杉浦正健、橋本日出男、李完圭、荒木健一、渋谷盛和、仲村栄次、深沢久丈、大村績が参加。杉浦氏は一九五七年三月に東大を卒業し川崎製鉄に入社したが、第一回旅行には東大経済学部三年生として参加している。

1966年第五回北海道旅行報告書

❼ ＡＢＫの建設資金集め

熊沢　その頃、ＡＢＫ建設をどのようにしていこうと穂積先生はじめ皆さんは考えておられたのでしょうか。

杉浦　私が寮長の時（一九五六年）、建設の話が始まったのは、間違いありません。前に述べたように、新星学寮があるわけですから、まず、ここに留学生に入ってもらって、日本人学生との共同生活を始めるべきだという議論をし、先生を含めて、寮会で決定をしたわけです。いつ頃かははっきりと覚えていませんが、留学生との友好・交流を進めようという議論も併行していたので「東大アジア学生友好会」を立ち上げた秋（一九五六年）頃だと思います。それを実行したのは私の後の寮委員会で、私が一旦川鉄に就職し、一年で寮に戻ったとき（一九五八年四月）には、前述の五人の留学生が寮生になっていました。「東大アジア学生友好会」をスタートさせた頃、穂積先生は、ア文協設立を決意され、岡崎嘉平太さんや笹山忠夫さん（実業家。アラスカパルプ社長、会長。後にＡＯＴＳ常任理事等歴任）に相談されるなど準備を始めていました。

私は一九五七年に大学を卒業して川鉄に一旦就職し、その年の五月にア文協設立発起人会が開催され、その後九月設立認可が下りているわけですが、私の記憶では、ア文協の設立に向けての書類作成などの作業も、関川弘司君らとしたと思います。ア文協の設立認可申請書のドラフトも作ったように思いますが、はっきりしません。当時は、協会職員はいませんでしたから。

穂積先生から、私や川鉄に私を引き取りたいという話があったのは、その年（一九五七年）の暮頃でしたが、私には「ア文協の設立認可が下り、会館の建設準備が進みだしたので、早く戻ってほしい」ということでした。私は、両親の反対も押し切り、慰留してくれた会社にも申し訳ないと丁重に礼を尽くして寮に戻りました。あの頃の心境を想い返してみますと、仮にア文協の設立認可が私の卒業迄に下りているかその見通しがはっきりとしていれば、私は川鉄に就職することなく、直ちにア文協のために働いていたと思います。

川鉄退職については、山本長昭さんにも相談しましたが、山本さんは「まだア文協は海のものとも山のものとも思えないし、会館建設には時間がかかる。シャバの飯を一年食べただけで辞めるのはどうか、せめて三年くらいシャバを経験してからにしたら」と言ってくれましたが、後になって山本さんの目は確かだと感じることがありました。

熊沢　その頃、会館の規模はどのようなものと考えておられたのですか？

杉浦　明確に何人といったところまで規模は決まっていなかったと思います。当然新星学寮の延長線としての事業ですから、穂積先生の人格を柱として、日本人、留学生が同数で、彼我一対一の人格的和合を目指すという方向ははっきりしていましたので、数字をあえて挙げるとすれば四〜五十人程度の規模だったと思います。

熊沢　建設資金はどうするということでしたか？

杉浦　当然募金に頼ることにならざるを得ません。寮の新改築に際し

協会事業計画

一　総　論

この法人の事業は「設立趣意書」及び「寄付行為」に明示の通り、アジア学術研究者、留学生とわが国学生が健康で真摯な民族家庭的な共同生活を実践して相互の理解を深め友愛の交流を培い、同時に文化交流、学術協力のための諸計画の企画と実行のセンターとしての「アジア学生会館」を建設運営し、他方アジア諸国と我が国との学術文化、科学技術の交流をはかりまた各種の調査研究を行い以てわが国とアジア諸国の相互発展延いては世界平和に貢献せんとするものである。

二　実施要領

1. アジア学生会館の建設運営

A. 第一年度は、本会の設立時に寄付された、新星学寮をアジア学生会館とし、新館の建設されるまでは該館を使用して運営を継続し当初は、少数の留学生を収容して日本人学生と共同生活をなし将来に備えるものとする。

B. 学寮の運営

学寮の運営は、設立趣意書に述べた如く、(一)人間的和合と(二)互恵協力を基本的態度とし、本会の役職員及び学識経験者よりなる「学寮運営委員会」(仮称)を設置する。この委員会は運営の大綱を決定し、実際的運営は理事長(運営委員長を兼務する)の責任において、在寮生の自治に依る。

尚新館はアジア学術研究者（条約又は国際約束等で技術研修の為に来日する者を含む)、留学学生とわが国学生が勉学と共同生活を営むに適した学寮を中心にしたもので東京都内の好適地に建設する。

新会館ビル設計概要

(1) 建設地　東京都内
(2) 敷　地　約一、〇〇〇坪
(3) 建　物　地上四階、地下一階、鉄筋コンクリート造延坪、一、三〇〇坪
(4) 設　備
(イ) 学生用居住室(一室三坪の洋式／一室二名　収容)八〇室　一六〇名収容　二四〇坪
(ロ) 外来者用居室(一室四坪の洋式)　三〇室　一二〇坪
(ハ) 個人用研究室(宿泊施設兼備)　一〇室　五〇坪
(ニ) 談話室(約一五〇名収容)　六〇坪
(ホ) 大食堂、特別食堂　一二〇坪
(ヘ) 会議室(約三〇名収容／七室)　一〇〇坪
(ト) 講堂(約五〇〇名収容)(国際的な学術会議、各国会議／映画、及び室内音楽会に利用)　二〇〇坪
(チ) 図書室　五〇坪
(リ) 役員居住室並びに事務局　五〇坪
(ヌ) 医務室　一〇坪
(ル) 倉庫、厨房室、機械室、浴室、便所、その他　三〇〇坪
計　一、三〇〇坪
(註) 設計に多少の変更が生ずることが有る。

2. 調査研究事業　略
3. 講演会、研究会、講座及び講習会の開催　略
4. 図書刊行事業　略
5. 機関誌の発行　略

1958年9月1日発行『アジアの友』創刊号には、「協会事業計画」として、新会館ビル設計概要に学生用居住室80室、外来者用居室30室、個人用研究室10室等々、地上4階、地下1階、鉄筋コンクリート造、延1,300坪とあり、「協会財政計画」には会館建設予算1億3,400万円等の記載がある

ても明らかになったことですが、穂積先生にお金はありませんし、寮の先輩など関係者からだけでは、とても多額の資金は調達できないだろうと思われました。
従って、建設資金の概ねは経済界（財界）からの寄附を仰がねばならないだろうと先生はお考えだったと思います。だからア文協を設立したのではないでしょうか。

以下の「紹介状」は穂積先生の姿を彷彿とさせるものなので全文を引用記載する。アジア学生文化協会（ＡＳＣＡ）が、海外技術者研修協会（ＡＯＴＳ）設立の話が出る前に、独力で会館建設を企図し、一九五八年頃財界に向けて支援要請のために出された。推薦人には、当時の錚々たる方々が名を連ねている。この紹介状は瀬川保氏（至軒寮寮友）が起草したとのこと。

紹介状

笹山忠雄（日経連常任理事）、岡崎嘉平太（全日本空輸社長）、菊井維大（東京大学名誉教授）、水野成夫（産経新聞社社長）、岸道三（日本道路公団総裁）、永野重雄（新日本製鐵社長）、桜田武（元日経連会長）、岩佐凱實（富士銀行頭取）、中山素平（日本興業銀行頭取）、大原總一郎（倉敷レイヨン社長）

「人を紹介するには、普通その職業、地位等をもってするのが、最も簡単な方法でありましょう。しかし、こと穂積五一君に関しては、しかく簡単には参らず、かなりの多言を要します。穂積君は東大政治学科卒業後三十年、いわゆる職業なるものを持たず、ただ一片耿々（こうこう）の志に発する一つの事業にのみ専心してきました。事業とは何か、邦家の柱石たり得る学生青年の薫育、これであります。しかも、この困難な事業は、何ら公共の援助を受くることなく、全くの徒手空拳をもってつづけられたのでありました。
穂積君は、東大在学中から、上杉慎吉博士門下の俊秀として知られていましたが、当時マルクス主義思潮の流れ滔々たる中にあって、邦家民族の前途を憂うの余り、敢然栄達の道を棄てて東京本郷に「至軒寮」を創立、後進学生たちと起居を共にする生活を始めました。爾来春秋三十年、時代の変遷に追従せず、世路の艱難に屈せず、戦後は名を改めた「新星学寮」に、今も三十余名の学生を養って、その峻厳と慈愛を兼ね備えた薫陶をつづけつつあります。

穂積君は、いうところの精神家ではありません。まして偏狭な保守主義者でもなければ、頑迷な国家主義者でもない。むしろ柔軟なヒューマニストであり、また常に時代の一歩先を明察し得る達識の人であります。戦争末期、反戦のゆえをもって囚われの身となった事実、現在は新星学寮には、印度、セイロン、台湾、韓国等の留学生を迎え、日本人学生たちと共にアジア善隣の将来を語らっていることにみても、その一斑は察せられ、これがまた、長く若い世代の信頼と尊敬を失わぬ所以でありましょう。

人あって、穂積君を昭和の吉田松陰に擬するを聞きますが、決して過当の言とは評し切れぬものがあります。けだし、名利に無縁、邦家の将来を思うを知って、身後の計を図るを知らず、胸奥の真実をもって青年を啓発鼓舞する、穂積君においてはむしろ我々は、今日おおかたは失われた真個の教育家の姿を見る思いがあるのであります。

このたび、アジア学生文化協会並びに同会館の発足にあたり、その運営の中心人物として、穂積君こそまことに、その人と所を得たりの感があり、躊躇なく全幅の信頼をもって推薦いたしました。アジア文化会館が、将来必ずや新しいアジアの松下村塾として、その歴史的役割を果たし得ることを確信し、大方の御支援を懇願する次第であります。」

熊沢　その見通しはどうだったのでしょうか？

杉浦　私が川鉄から戻って（一九五八年四月）、ア文協の事務を担当してびっくりしたのは、ア文協にお金はなく、会員として協力してくださっている人も若干ありましたが、その額は、日常の活動費（交通費など）にも充たないものだったことです。事務局には、寮生だった関川君が、就職を返上して参加してくれましたが、もちろん二人とも無給、寮費は免除してもらいましたが、食費にも事欠くありさまでした。見かねた寮友の皆さんが、カンパをしていくばくか補給してくれましたが、給与らしいものをもらえるようになったのは、ＡＯＴＳの設立が認可（一九五九年八月）されてからです。

熊沢　建設資金の見通しはどうでしたか。

杉浦　全く立っていませんでした。穂積先生は泰然自若としておられましたけどね。ア文協の理事になっていただいた経済界の重鎮の方々は、ア文協への寄附金の免税措置がないと募金は始められないということで、それももっともなことなので、私と関川君は、当面そのために全力を挙げたわけです。

当初の免税措置申請は、留学生だけを対象に、四〜五十人規模だったと記憶していますが、何しろ土地も決まっていない、建設資金も、自己資金ゼロというものでしたので、大蔵省から却下されてしまいました。確か第一回北海道旅行の直前（一九五八年七月）だったと記憶しています。どうなるのか、暗たんとした気持ちになったのを今でも鮮明に憶えています。

熊沢　山本さんの諫言を思い出しましたね。

免税措置は翌年の一九五九年の三月に認可されていますが。

杉浦　それは二回目の申請に対してです。それはＡＯＴＳの事業の見通しがついた後で、寮の先輩の金丸三郎さんや、武田信近さん（資料編Ｐ．２９０参照）らのご尽力によるものであることは、ＡＯＴＳの正史や、山本さんの外史に詳しく触れられています。

熊沢　ということは、ＡＯＴＳの話がまとまらなければ、ＡＢＫの免税措置＝会館建設にならなかったということですか。

杉浦　そうだと思います。それがなければ、ＡＢＫの建設は不可能だったとは言えないにしても、大幅に遅れ、規模も小さいものになったでしょうね。

熊沢　ＡＯＴＳの構想が、当時ア文協の理事だった鳥谷寅雄さん（元商工省。ア文協理事、ＡＯＴＳ初代専務理事、国際ビルサービス㈱社長・会長）から持ち込まれたのは、その年（一九五八年）の秋頃だったのですね。

杉浦　そうです。第一回北海道旅行（一九五八年夏）が終わってしばらく経ってからでした。

福本　鳥谷寅雄さんと穂積先生はどういうことで関係があったのですか。

千代田　岸さんの関係です。満州時代では岸信介さんと官舎が隣同士だったらしい。

熊沢　商工省時代から鳥谷さんは岸さんと関係があった。鳥谷さんは満州国実業部機械工業科長を務め、岸さんの直属の部下だった（『昭和の妖怪　岸信介』岩見隆夫著　中公文庫Ｐ．２８～２９、及びＰ．５２～５３参照）。

榊　鳥谷さんに聞いたのですが、鳥谷さんの商工省時代の一九二九年に浜口雄幸内閣が「官吏の一割減俸」を決定したことがある。これに反対する商工省での高等官（Ｐ．６３注）のリーダーだったのが岸信介さんで、奏任官は年輩の人ばかりで代表のなり手がなく、仕方なしに一番の若手だった鳥谷さんが代表になった。「首になるよ」と岸さんに言われたが、「そのつもりです」といって岸さんと一緒に大臣のところに行ったという。それ以来の付き合いだと言っていました。

杉浦　当時通産省（現経済産業省）が日本機械工業連合会（日機連）と検討していた民間ベースの発展途上国技術研修生受入構想を、ア文協の留学生会館建設とリンクする話を穂積先生に持ち込まれたのです。鳥谷さんは通産省経済協力課（当時は一課だけだった）の課長補佐の林信太郎氏と一緒に、何度も足を運ばれ、熱心に穂積先生に説かれました。林さんは、旧満州の建国大学から京大を出られた、いわば異色の官僚で、すさまじい情熱で穂積先生に迫っておられたのを昨日のように思い出しますね。

穂積先生は、初めは乗り気ではなかったように見受けられましたが、ア文協の財界理事や武田信近さんなどの意見を聞きながら次第に前向きになっていかれました。先生の内心の深奥に触れられる立場にはいなかったので、間違っているかもしれませんが、当時迷路に入り込んでいた会館建設に目途がつくということが最も大きな要素だったのではないか、と私は思いました。今でもそう思っています。

私は大歓迎でした。留学生にしろ、研修生にしろ、ご縁があってわが国に学びに来られるのに変わりはないからです。

小川　穂積先生は、それを喜ばれたのですか。これで漸く会館ができると。

杉浦　喜ばれていると当時は思いました。今は、正直言って本当のところ、どのような考えでおられたのか分からなくなっています。現実の問題としては、ＡＯＴＳが発足することになって、ア文協への寄附金控除が実現し、募金が始められたわけですし、住宅公団の特定分譲住宅制度を利用して、土地付きでＡＢＫの建設ができるようになったのも、ＡＯＴＳの発足なしでは考えられません。

開館当時のアジア文化会館（ABK）

ＡＢＫ建設資金の住宅公団への償還も会館の運営費も百十室のうち八十室をＡＯＴＳ（その会員会社）が一括して借り上げるとか、ＡＯＴＳ本部の借館料収入とかで、安定して行えるようになるなど、ア文協の経済界の理事の方々が心配していたＡＢＫの経常の運営費用に事欠くことはなくなったわけです。ＡＯＴＳの事業とともにア文協の事業は一体となって発展して行く基盤が確立したわけです。

小川　杉浦さんは、会館の建設で、我々はルビコン河を渡ったんだ、とよく言っていました。

杉浦　そうです。ＡＯＴＳができるまでは、会館では、食事も自分で作り、掃除も共同でする、日本の若者とアジアの若者が文字通り、共同生活をする。そのなかで、お互いの理解や友情を深めて行くことを目指していたのですが、それが大規模な、しかも社会人である研修生も受け入れるようなものができ上がったので、その理想の実現が、不可能とは言わないが、難しくなった。
会館が完成後、ア文協は、四階と五階の部分を留学生に充て、四〇一号室と五〇一号室（四人部屋）には日本人学生を四人ずつ住まわせました。私は五〇一号室に、関川君が四〇一号室に住み込みました。その当初は、住み込んだ日本人学生や留学生の一部が受付とか掃除をしていたのだが、結構大変でそれが負担になって留年する人も出てきてしまった。やはり無理だということで、専門の人に頼むことになってしまった。もちろん、食堂は当初から専門の人達にお願いせざるを得なかった。当初目指していた理想が完全な形で実現することができない、そういう意味でルビコン河を渡ったという表現になった。当時は、ＡＢＫは立派な施設で、勉学の環境としては恵まれたとも言えるので、理想と現実のはざまには左程意に介していなかったが、後々穂積先生との別離に至ったさまざまなことを思い返すと、ルビコン河を渡ったことが、躓きの始まりだったのかなとも思えるのですが、どうでしょうか。

小川　当時の通産省はどう思っていたのでしょうか。

杉浦　大成功だと思っていたと思います。産業界に幅広いニーズがあったことを踏まえ、当時始まっていた政府ベースの研修事業（現在の国際協力機構（ＪＩＣＡ）の前身のＯＴＣＡ（海外技術協力事業団）、その前身の㈳アジア協会が実施していた）で対応できない民間ベースの事業を立ち上げ、その事業をア文協と穂積先生に一任し、後に通産省の一大事業にすることができたのですから。当時通産省は、政府ベースがコロンボプランと言っていたのに対抗して、AOTSの事業は、「東京プラン」と言っていました。福本さん、AOTS発足の時に作った協会概要というパンフレットに「東京プラン」というサブタイトルをつけたこと覚えているでしょう?

福本　そうそう。企業からクレームがついて、それを墨で消す作業をした。パンフレットの量が多かったので、大変な作業だった。

杉浦　しかも通産省は、穂積先生を補助金獲得にも使いましたね。新規事業に補助金をつけるのは非常に難しい（昔も今も変わらない）が、当時は岸内閣でしたから穂積先生は通産省に頼まれて、岸さんを通じて積極的に動きました。

通産省は、一九五八年秋、AOTS構想が固まるや、直ちに一九五九年度予算として、後半の半年分の研修生四十五人総額約九百万円を要求し、その全額を獲得することに成功したのです。それを受けて一九五九年後半の事業開始に間に合うよう、AOTSの設立準備手続きを進め、一九五九年八月にAOTSの設立認可が下りたわけです。設立の事務手続きはすべて関川君と私がしました。

補助金獲得＝協会発足に果たした穂積先生の役割は甚だ大きかった。おそらく、穂積先生は

「AOTSは自分がつくったんだ」と思っておられたのではないでしょうか。

千代田　先生の奥様は後年「五一様にとって財界からの寄附金集めは、死ぬほど辛いことだった」と言っておられました。

注
高等官　旧官吏階級の一つで、親任官の他、九等に分かれ、親任官及び一等官、二等官を勅任官、三等官以下を奏任官とした。

第3章　ＡＯＴＳ発足からＡＯＴＳ幹部一斉退職まで（一九六〇年〜一九七〇年頃）

❶創立間もないＡＯＴＳ　補助事業予算の折衝

杉浦　以前も話したことですが、いよいよＡＯＴＳが発足して予算もついたということで、やっぱり山本さんに来てもらおうということになった。もちろん、それ以前から山本さんと会館の話はしていたのですが、具体的になったので、私と関川弘司君、二人で一升瓶を下げて当時、山本さんのいた国策パルプの社宅に行った。「どうしても山本先輩の力が必要です、会社を辞めて、来てください」と説得した。

山本さんは、二人（私と関川弘司さん）が無給で頑張っていることを知っていたから、「まあ、しょうがない。やるか」と承諾してくれた。山本さんを呼ぶことについては穂積先生も了解していて、山本さんの退社の件では国策パルプに直々に挨拶に行っている。

山本さんに言われたのは「予算がついたというが、事業費だけで事務費がついていないじゃないか」とまずやられた。初年度（一九五九年度）は、予算は四十五人分で、実績は四十三人だった。

山本さんが入ってくれて、事務局がしっかりすることになってからは、福本さんや室崎君など就職先を棒に振って加わってくれたし、小川巌君や齋藤實君等内定していた就職先を断って参加してくれるなど、徐々に事業を実施する事務局体制が整っていきました。もちろん、山本さんの尽力に負うところが大きいのですが、給与も払えるようになりましたね。当時は研修生がどこにいるかも分からないから、入国管理事務所に行って招聘申請書類を一枚ずつ書き留めて、その資料を持って申請している企業に行き研修制度の説明をしていって少しずつ協会の補助制度が知られていったのです。

福本　通産省は、この補助金を商品と考えて、これをうまく使えということだった。山本さんも同じ考えでした。延べ人月（人日数）が大事だと言っていた。

何か計画を持って行くと、我々は少々理想的な甘い言い方をするが、山本さんは違う。「誰がやるんだ、どうやるんだ、資金はどうするんだ」と必ず言われた。この点、本当にリアリストというか、厳しかった。

ABK 玄関で 1961 年当時の職員。前列左から寺門英会計課長、穂積五一理事長、鳥谷寅雄専務理事、山本長昭。中列左から田久保絹子、尾崎、野沢佐智子。後列左から室崎正平、杉浦正健、関川弘司、福本一、富永佳志、榊正義

杉浦　山長さんは、壁に人日を書きだして、割り当てた会社に行ってどのくらいの研修生の人日を確保してきたか、グラフにしていた。生命保険会社の営業成績表みたいなものだ。関川君とか私はガンガン、山長さんにやられた。
予算の獲得の件では、ＡＯＴＳの初年度予算の獲得だけでなく、忘れられないことがある。渡航費の予算化の件で穂積先生と一緒に、当時大蔵大臣の福田赳夫先生のところに行ったことがある。事前に話はしてあったのだろうが、福田先生は我々の目の前で主計局長に電話しその場で決着がついたことがあった。福田先生は、岸信介さんと穂積先生が上杉先生の高弟であったことは承知しておられ、穂積先生に大変な敬意を払っておられました。

福本　私にも同じような経験があります。杉浦さんの時とは別の時期の大蔵大臣でしたが、先生に同行して大臣に会い、大臣から予算はつきましたからとの返事が直々にあったのです。大蔵大臣とさしで話ができるというのはなかなかできないことで、先生の持つ戦前からの人脈なのでしょう。
また先生は結構リアリストの面もあり、例えば、客へのお土産の渡し方など世事にも通じていた。お土産は本人に直接渡してはいけない。運転手に、客が降りる時に渡してくれるように依頼して助手席に置くなどです。

千代田　タバコの火のつけ方も教わったね。穂積先生は、どうやって、こんな俗っぽいことを知ったのかと思いました。

福本　先生は「一流」を好んだ。中元とか歳暮は日本橋の老舗デパートから送るのでないと駄目で、当時新興だったデパートからでは駄目でした。果物は千疋屋、缶詰は明治屋とかですね。

❷ AOTS事業の生い立ち

(1) AOTS一般研修の生い立ち

千代田　そもそも、AOTSの補助事業にオリエンテーションをつけるというのは、誰の発想なのか。単なる金を出すだけでなく、日本語を勉強させるというのはすごいことだと思う。企業は金をもらえばいいわけだから、オリエンテーションなどはできる限りないか、短くというのが要望だったのでは。

杉浦　当初から入っていた。それに当時の通産省の経済協力課長に三井太佶さんという人がいて、オリエンテーションは必要だということを企業に言ってくれた。最初は日本語研修付で三週間くらいだったと思う。いろいろ試行錯誤しました。オリエンテーションをやるというのは穂積先生も我々も当然のことと考えていました。

福本　三井さんは当時の通産官僚では異色で、特に語学に堪能で文化的関心も強かった。

千代田　その後、五週間の日本語研修と一週間の研修旅行の六週間が標準になった。

福本　日本語百時間というのがあって、それだと五週間はないとできないということだった。研修旅行では日本を理解してもらう典型的な場所として伊勢神宮、広島見学を取り入れた。

小川　穂積先生は日本を誇りに思う気持ちが強く、伝統的な文化を大切にしている印象があった。

和服を着ている先生をよく見かけたし旧仮名遣いの大切さを主張されたりしていた。

研修生への講義などはその分野で一流の先生をお呼びしていた。友好関係を築くには研修生に日本を知ってもらうことが大切であり、それも日本の良い面を知ってもらいたいという願いがあったと思う。

佐藤　この頃、ＪＩＣＡ（当時ＯＴＣＡ）は英語でやればいいとして、日本語研修をやっていなかった。私も最初ＹＫＣ（旧横浜研修センター、Ｐ．79参照）で日本語を教え始めたとき、日本の侵略を体験したアジアの人に日本語を教えることに少し躊躇したが、研修生の皆さんは、日本語の日常会話を理解しようとする意欲がずいぶん高かった。

小川　一般研修は日本事情や日本語を教えるということに対して、当時の雰囲気で文化的侵略になるという人もいた。一般研修を押し付けるとか。しかし、穂積先生は一般研修では日本概論の講義をしていたのだから、肯定的だったと思うが。

穂積理事長、鳥谷専務他が出席して一般研修最終日の総括検討会

千代田　穂積先生のＡＢＫでの講義の講義録があったらと思っているのだが、見つからない。

佐藤　通訳をした人達に聞いてみても、断片的にはあるらしいが全体の記録というのは見つかっていない。

千代田　穂積先生の講義の通訳をしていた、千葉大教授の長井善見という方がいました。穂積先生の講義の通訳をやらせてもらえるのはごく限られた英語の達人だけでしたが、長井先生はその内のお一人でした。他にも、後にサイマルで同時通訳の先駆けとなった國弘正雄さんとか、村松増美さんがいました。

佐藤　私は穂積先生の講義を何回か研修生と一緒に聞いたことがあるが、その時は日本の政治の仕組みの話をされていた。内容は毎回違っていたと思うが、「日本概論」ということで、その時々の日本社会の話題をもとに、時事評論をしながら、ご自分の考えを述べられていたと思う。ＡＯＴＳの一般研修と研修旅行は、学生時代に留学生と北海道旅行を体験した杉浦さんのような先輩職員の経験がベースになって行われているのだと、後で思った。

大河内一男東京大学総長による日本の社会事情の講義

千代田　五週間コースの中身というのは、当初からＡＯＴＳが考えていたのですか？

杉浦　そうです。また、ＡＯＴＳに主任講師という制度を設けて、先生方に制度設計について相談した。

福本　主任講師には稲葉秀三（国民経済研究協会理事長）、岡村総吾（東京大学教授）、大河内一男（東京大学教授、後に総長）、市原豊太（東京大学教授）、白倉昌明（東京大学教授）、草間秀俊（東京工業大学教授）、中村康治（横浜国立大学教授、後に学長）等の著名な学界のトップの先生方が協力してくれた。

小川　本当に超一流の先生方が手弁当で協力してくれた。穂積先生のすごい人脈というか影響力ですね。

杉浦　主任講師謝金（確か月額で一万円だった）のお支払いの件で、稲葉秀三先生のところに伺ったら、先生は「いらない」と言われる。あの当時、先生は売れっ子で「税金処理が面倒だから」と言われて困ったことがあります。

⑵ 日本語教育

千代田　日本語を教えるということは最初からあったのですか？

杉浦　最初からありました。日本を正しく理解してもらうには、言葉を理解してもらうことが欠かせないと穂積先生も我々も皆、考えは同じでした。

千代田　尾野秀一さんという東京外語大の先生がいて、この人は熱心な人で、とにかく地声の大きい人でね。ＡＢＫ中に先生の声が響き渡った。他にも窪田富男さんという外大の先生がおられました。尾野メソッドというか、教授法があった。

佐藤　私はその尾野先生に外国人に対する日本語教授法を学んだのです。尾野先生は東京外語大でタイ語の先生でした。他に、その後ＡＯＴＳの常勤日本語講師となった有馬俊子さんや吉田信子さんがおられた。

千代田　少々雑談になりますが、㈱海外技術者研修調査会（後の㈱スリーエーネットワーク）で最初の日本語テキストを作るときには、どこかのスタジオを借りて録音した。日本語の先生が行って肉声で録音したのです。日本語講師の石渡博明さんなども協力してくれた。

榊　文化放送のスタジオでした。彼らとは一時ガタガタありましたけれど、調査会の事業には協力してくれたのです。

千代田　韓国にテープを輸出した時に、４トラックと２トラックのシステムが違って動かなかった。「不良品を輸出したのですか」とか言われてしまった。しかし、最終的には録音できましたとなって大丈夫だったのですが。

榊　あの頃はいろいろあって試行錯誤の連続だった。最初の頃だから、日本語の先生方もいろいろ協力してくれて、『日本語の基礎』の時代です。

千代田　私が引き継いだのは『日本語の基礎』の最後の頃ですね。『新日本語の基礎』になってから売れ始めた。

福本　このテキストについて、ある会社から「このテキストは素晴らしいものだから、会社が金もスタッフも出します」という合弁の申し出があった。教材を一緒に作りましょうという話も企業からあった。

榊　日本語テキストの各国語印刷の件で、松岡弘さん(日本語講師)に毎日せめられましたね。「まだですか、まだですか」とね。予算は一か国分しかないので。

小川　現在世界的に普及している『みんなの日本語』㈱スリーエーネットワーク刊）はＡＯＴＳの『日本語の基礎』、『新日本語の基礎』があったからこそ生まれたテキストです。

福本　職員で日本語の先生になった大木隆二さん、松岡弘さん達が途中で辞めているけれど、どんな理由だったのですか？

榊　松岡さんは引き抜かれたのだと思う。新しいところでやりたいと思ったのでしょう。

佐藤　それだけでなく、当時常勤で日本語講師を雇っているところはＡＯＴＳしかなかった。しかし、ＡＯＴＳの日本語教育は実習現場で必要な実用日本語会話の研修が中心で、読み書きも教える本格的日本語教育は行われていなかったから、日本語講師としては中途半端だった。

その頃大学でもだんだん外国人留学生に対する日本語教育の需要が出てきたから、日本語の先生としてＡＯＴＳだけでは物足りなかったのではないかと思う。

千代田　最初は大木隆二さんですね。彼は大学卒業後、最初は旅行エージェントにいて、ＡＯＴＳに入って研修生の航空券の手配をしていた。その後、日本語を教えるようになったが、いつの間にか日本語教育の権威になった。

東京外国語大学助教授尾野秀一先生の日本語授業

杉浦　彼はＫＫＣ（旧関西研修センター、Ｐ．７９参照）に研修担当者として来た。寺村秀夫先生という大阪外大の言語学の先生がおられて、当時ＡＯＴＳは内部で日本語講師、通訳を養成しようとしていた。その中で、寺村先生から大木さんは認められたのですね。彼は上智大の出身で、後になって会ったらいつの間にか大学教授になっていて、びっくりした。

千代田　大木さんは小川さんと寮は近い時期だが、二年くらい遅れて入ってきた。最初は総務課でしたか。

福本　私のところの総務だった。

千代田　松岡さんと他にもう一人、松岡さんと一緒にハワイのイースト・ウェスト・センターに留学した尾崎祥代さんもいた。

杉浦　寺村先生は人を見る目があって、服部保子さん（後の市川悟氏夫人）は、最初は通訳で入ったのですが、先生の推薦で日本語を教えるようになって、関西では日本語講師の柱になった人ですね。私のことについても、「貴方は集中力があるから、司法試験を受けたら合格しますよ」と励まされたことがある。私にとっては生涯の恩師の一人です。

佐藤　松岡弘さんがハワイに勉強に行くということで、ＡＯＴＳに入って間もない私がＹＫＣに行って日本語を教えることになった。

杉浦　寺村先生の思い出話でいえば、大阪外大の先生が何人も来てくれて、総力を挙げて本当に熱心にＡＯＴＳの日本語の人材を育ててくれた。関西の日本語教育は、東京にひけを取らないくらい成果を挙げました。忘れられない先生です。

千代田　東京だと、日本語講師陣には声の大きい尾野秀一先生、声の低い窪田富男先生、それに有馬俊子先生、吉田信子先生、竹内与之助先生、庄野晴巳先生、真木三三子先生もいた。

杉浦　東京外語大の先生方もよくやってくれた。

佐藤　私は、東京の先生方から勉強したのですが、先生方はそれぞれ自分のやり方があって、他の人とは一緒にやらない。ＡＢＫ、ＹＫＣ、ＫＫＣで日本語の教え方が全部違っていた。

杉浦　短期のＡＯＴＳの日本語研修の教科書作りをやりましょうと言いだしたのは寺村先生でした。東京の先生方は一人一党で独立独歩の人が多いが、寺村先生はリーダーシップがあって関西地区での取りまとめをやってくれた。三館（ＡＢＫ本部、ＹＫＣ、ＫＫＣ）日本語講師会議でもＡＯＴＳの日本語教育の方向性を決めようと指導力を発揮してくれた。

小川　寺村先生はどういう経緯でＫＫＣに来るようになったので

1998年㈱スリーエーネットワークから出版

1990年㈱スリーエーネットワークから出版

1974年㈱海外技術者研修調査会から出版

すか？

福本　大阪外語大には学長の金子二郎先生がいて、ＡＯＴＳの主任講師をされていたので、その紹介だと思う。

千代田　東京は東京外語大の小川芳男学長が主任講師で講師の紹介等をしてくれた。

佐藤　日本語教育でいえば、当時アジアの人に日本語を教えていいのかという疑問がありました。アジアを侵略した言語である日本語を再び教えていいのかと。

榊　松岡さんの最初の頃のレポートを読むと、なぜ日本語教育をやったかというアジアに対する贖罪の意識の言葉が綿々と書かれている。

佐藤　その頃、女子栄養短期大学（当時）の香川綾学長の紹介でＡＢＫやＹＫＣ、ＫＫＣ、ＣＫＣ（旧中部研修センター）の食堂スタッフとなり、スリーエー食堂部でも活躍された諸先輩の業績も、ＡＯＴＳ事業の成果として特筆されるべきと思う。今日でこそ、「ハラル」といった言葉が一般にも知られて、アジア各国の料理がどこでも楽しめる時代となったが、今から五十年前、アジアから来日した研修生や留学生のために、ベジタリアンとか宗教上の禁忌をきちんと受け止め、それらの人達の母国の味に近い料理を提供しようとした努力は、歴史的にも正しく評価して記録に残されるべきだと思う。また、これら食堂スタッフの中から、多くの女性が研修生と結婚して、世界各地に行かれて、身をもって国際理解を実践されている。

千代田　香川綾学長は、最初は新星学寮の栄養指導に女子学生を派遣してくれたのです。最初に栄養指導を受けようと言い出したのは杉浦寮長です。

福本　その関係からＡＢＫの食堂には女子栄養短期大学の女性が来てくれるようになった。

杉浦　関川弘司さんの奥さんは、新星学寮に最初に栄養指導に来てくれた女性の一人、一ノ瀬郁子さんですね。

⑶ 旧ＹＫＣ（横浜研修センター）、旧ＫＫＣ（関西研修センター）の新設

杉浦　受入研修生の飛躍的増加、一般研修の研修事業の充実に伴い、ＡＢＫでは手狭となり、新研修センターの建設の検討が始まった。補助金を獲得して建設するのでは時間的に、また財政的に間に合わないので、ＡＢＫ建設の実績もあって、日本住宅公団の特定分譲住宅方式で進めることとなり、旧ＹＫＣ、旧ＫＫＣの建設が急ピッチで進められることになった。

両センターは一年の間をおいて着工し、一九六四年春にＹＫＣ、同年秋にＫＫＣが完成し、ＡＢＫのＡＯＴＳ本部から人材が送られて運営に当たった。私は一九六四年にＫＫＣに主事補として（三十歳の若輩だったが事実上の館長として）着任した。ＹＫＣは関川君が担当した。思い返すと、その頃が穂積理事長時代前半のＡＯＴＳの最も輝いた時期でしたね（その後一九七〇年に旧中部研修センター（ＣＫＣ）が開館）。

1964 年に完成した旧 YKC（右）と旧 KKC（左）

⑷ 管理研修

佐藤　今日「ＫＡＩＺＥＮ」とか「５Ｓ」とか、日本的経営の特徴は広く世界に知られるところとなっていますが、その始まりは、一九六八年にＡＯＴＳがＵＮＩＤＯ（国連工業開発機関）からの委託を受けて開始したＵＮＰＭ（生産管理研修コース）ではないかと思います。それがさらにＵＮＥＸ(輸出工業振興研修コース）やＵＮＱＣ（品質改善研修コース）に発展し、一九七四年からはＡＰＯ（アジア生産性機構）から委託を受けたＩＳＥ（インダストリアル・アンド・システムズ・エンジニアリング研修コース）やＳＹＰＳ（生産機能分野における問題解決コース）、ＭＤＭ（経営意思決定手法研修コース）、ＰＲＯＭＩＳ（生産管理情報システム研修コース）といったようなマネジメント研修が始められた。そして一九七七年からはＡＢＫ同窓会（後のＡＯＴＳ同窓会）の要望も受けてＡＯＴＳ主導によるＭＭＴＣ（中間管理者研修コース、後にＰＣＣＭ（国際管理研修コース））、ＰＭＴＣ（生産管理

ABK 地下研修室で 1971 年度 UNPM 開講

研修コース）、ＦＭＭＩ（中小企業工場管理研修コース）、ＱＣＴＣ（品質管理研修コース）といったさまざまな階層別、機能別の研修コースに展開されていくようになった。当時、国内のどこでもやっていなかった、日本の経営管理技術を海外に紹介する研修コースを最初に手掛けたのがＡＯＴＳであったと思う。

杉浦　最初のＵＮＩＤＯコース「機械金属工業における生産管理研修コース（ＵＮＰＭ）」（一九六八年九月三十日〜十二月七日）は私が担当しましたが、穂積先生はこの事業の受託にも初めは賛成ではなかった。私は「国連の事業だし渡航費はＵＮＩＤＯが持ち、日本国内の事業費は国（通産省）が持つというのだから、ＡＯＴＳは宿泊者が増えるし、経験を積める」と思い、「今後のためにはぜひ、やるべきだ」と主張したが、事務局の一部からも抵抗があって、反対が強かった。私はこのコースを最後にＡＯＴＳを辞めようと思っていたから、反対を押し切って実施しました。当時入職したばかりの貫田幸江さんと一緒にこの最初のコースをやりました。

千代田　そのＵＮＰＭコースは何週間でしたか？

杉浦　十週間でした。オリエンテーションが約二週間、企業内研修六週間（六企業）、研修旅行一週間、総括研修一週間。通訳も長い間、半年以上かけて準備した。もちろん、全体計画は、ＡＯＴＳが作成して実施した。主任講師には、松田武彦東工大教授、石川馨東京大学教授など学界のリーダーの絶大な協力があった。その時は、この研修が後にＡＯＴＳの柱となる「管理研修」のキックオフになるとは、つゆほども思ってもいませんでしたが。

榊　一九六〇年代後半頃からの議論として、「海外の日本企業は日本人が会社経営の上の方にいつまでもいて、日本で勉強して帰国した現地の人がなかなか昇進できない」という批判があって、先生もそのように言っていた。しかし、経営の現地化をするにはそれなりの時間と経営の経験を与えていかないといけないので、経営管理の研修をやってほしいとの要望は受入企業からもあった。

千代田　当時の研修生は製造とか修理など、いわゆる現場技術の研修生だけで、技術研修生の裾野を広げることで、受入人数を増やしていった。しかし、裾野を広げるだけでなく、リーダーとなるべき人との関係を深めることが大切ではないかと考えた。現地企業にも、受入企業にもそういう要望があった。現地企業の上の方の人の訓練をやらなければならない時期でも

1971 年度 UNPM 開講式で挨拶する穂積理事長。通訳松岡佑子さん

榊　あった。ところが、穂積理事長は反対だった。最初のAOTS独自の管理研修コースは、MMTC（中間管理者研修コース）と言っていた。

少し遡るとABKができた頃は、アジアに対する贖罪の心というか気持ちはあったと思います。新宿（柏木）の国際学友会とか駒場の留学生会館は全部うまくいっていなかった。すべて反日の留学生をつくるようなことになってしまっていた。だから、穂積先生もこのことについて、怒っていました。

新しくできたABKを運営するに当たり、先生からは「心血を注いで、留学生と一緒に生活してくれ」と言われました。電話の受付も、夜間当番も留学生と一緒にやりました。寮からABKに行った留学生達も皆やりました。寮の延長のような感じでした。

その次がアジアの独立と発展ということになる。発展という視点になると、我々はAOTS事業を通じて、工業化と

1978年MMTC修了式。前列中央庄司専務、その左に梅谷俊一郎先生

いうことでアプローチしているわけですね。工業化の中でどういうステップを踏んでいかなければならないか、人材の育成ということに異論はない。この頃、現地の企業では日本から行った日本人と現地の従業員との間で、サンドイッチになって苦労していたのが、日本で研修した初期の研修生、元留学生だった。幹部と幹部候補生のための管理研修をやってほしいという要望があって、その点を汲み取ったのが、千代田さんが主導したＡＯＴＳの管理研修コースです。

私は日本能率協会の誘いでそちらに行って、最初に管理研修コースをやったのだが、どうしても研修生が集まらない。それで千代田さんに泣きついて、何人かのＡＯＴＳのＯＢを紹介してもらって参加してもらった。それが、元ＡＯＴＳ研修生のパキスタンのイラニーさんであり、インドのデビカールさんです。コースの主任講師だった、当時上智大学助教授の佐々木尚人先生（ＭＭＴＣ・ＰＣＣＭ主任講師）も日本ＩＢＭの椎名武雄社長（当時）も、能率協会の幹部も彼らのレベルの高さにびっくりした。

1980 年佐々木教授（前列右から 4 人目）、千代田事務局長（前列右から 2 人目）と PCCM 参加者

こんな優秀な人達がＡＯＴＳの研修生にいるのかと。

ＡＯＴＳは少しずつコースを整備して、中堅からその少し上、部長、取締役クラス、そしてトップ・マネジメントまでのさまざまな管理研修コースを作ってきて、それはＡＯＴＳの方向と現地企業の要望とが合っていて、間違っていなかったと思っている。

穂積先生は、そこのところまでの考えはなかった。贖罪のところで止まってしまっていたということなのではないか。

⑸ 事務局の拡充・職員の採用など

杉浦

ＡＯＴＳ創立後、創立に関わった、山本、杉浦、関川に加えて、協会事業の拡大に伴い、多くの寮出身者が陸続と入職した。私が在職の間だけでも福本一（日活）、室崎正平（ＩＢＭから就職の話があった）、富永佳志（高校教師）、齋藤實（寮生ではないが、頻繁に寮に出入りしていた）、小川巌（政府系金融機関の内定を断る）、橋本日出男（日本興業銀行（当時））、岩尾明（富士急行）、大木隆二（ミヤコトラベル）、勝山隼（佐世保造船）、雨谷弘夫（富士電気化学）らが職を辞して合流したのをはじめ、榊正義、田村義郎、松岡弘、代田泰彦、髙木正紘、坂田忠義など多士済々たる人材がそろっていった。旧ＹＫＣ、旧ＫＫＣの建設が始まって、業務も一層拡大してからは、縁故や寮

1965 年頃の AOTS 本部と ASCA 職員。ABK 屋上で撮影

からの入職ではまかなえなくなり、公募による職員の入職が始まった。

福本さん、公募の職員採用はいつ頃から始まったのですか。

福本　旧YKC・KKCが稼働し始める頃の一九六四年前後からだと思う。職員の採用ということでは、室崎正平さんが国際基督教大学（ICU）に募集要項の説明に行き、松岡佑子さん（旧姓松浦。英語通訳）が応募してきた。AOTSで最初の女性の一般公募採用試験の時でした。試験の結果は上位の成績で、採用となったわけです。彼女は後にプロの通訳として独立し、日本でも有数の通訳者となった。小説「ハリー・ポッター」シリーズの翻訳者として有名になっていますね。

佐藤　松岡さんばかりでなく、当時のAOTS常勤通訳の方々の努力と活躍も、AOTSが戦後の日本とアジアの発展に果たした特筆すべき功績として、記録されるべきだと思う。これも、研修生には、穂積精神の行き届いたAOTS職員の仕事に対する態度として理解されていると思うが、研修に来られた研修生に日本で最高の知識と技術を習得してもらおうという熱意で、UNIDO研修のときにも、通訳の人達は、コース開始の一年近く前からマネジメント用語の勉強や、実習企業の事前訪問を重ねたりした。AOTS通訳スタッフのOBは今でも内外各地で活躍

ハリー・ポッターの翻訳出版で有名になった松岡佑子さん

されている。

杉浦　ＫＫＣで働いていた頃（一九六四年末）、寮の先輩の瀬川保さん（「紹介状」起草者Ｐ．５５参照）がトップとしてやって来た。しかし、名刺にＫＫＣ館長というのが書けない。

千代田　穂積先生がすべてのセンターの館長ということだったので、名刺に役職が書けなかった。仕事がやりにくかったと思う。山本さんでもしばらくは役職がなかったのではないか。事務局次長というのは後の話です。穂積先生はなぜ自分が館長だと言い張り、瀬川さんらに館長を名乗らせなかったのだろうか。

福本　当時のことだが、稟議書を持って行くと、先生は書類を見ずにまず「穂」という字を書いてサインする。サインはするが、それと決裁は別というので、困った。サインはサインにしかすぎないというのが言い分だったが、組織の意思決定という点では、困ったことだった。

その頃、勤務終了後、穂積先生はア文協とＡＯＴＳの職員有志と勉強会（Ｐ．８９注）をしていた。その折に資本主義はいかに駄目かと、資本主義批判の話をしていた。橋本日出男さん（寮友。一九六三年四月日本興業銀行を退職しＡＯＴＳ入職、その後世界銀行、大阪大学教授他歴任、現在アメリカ在住）はそのような話には懐疑的だった。彼は、「社会主義がそんなにいいかな？」とミーティングの全体雰囲気とは違った感じを漏らしていた。橋本さんは社会主義より資本主義の方が相対的に良いと言っていた。

小川　先生は社会主義の方が良いという言い方をしていたのですか？

福本　いや、断ずるまでの定見ではないと思うが、利潤追求のあまり、反道徳的なことが広く行われていることへの倫理的批判ではないのか。寮の先輩の息子さんが大きな商社に勤めていて、アフリカでの日本の会社のひどいやり方などを聞いて、そんな話を引き合いに出していた。

注

勉強会　福本氏によれば、勉強会は二種類あり、一つはチューター方式で、チューターになった人がテーマを決め、その事について報告する。幕末から明治にかけての人物についての報告が多かった。もう一つは自分の体験、考えを踏まえて考えを述べるもので、これは自分を追い詰めるような内容にもなり、きつかったという。以下は会報『アジアの友』№９（一九六三年八月発行）に掲載されたもの。

「研究会は毎月第三水曜日に開きます。名付けてこれを「三水会」と称することにいたしました。今後の予定は次の通りです。」

第一回　吉田　松陰　担当　田中、小木曽、千代田

第二回　西郷　隆盛　担当　榊、富永、小川

第三回　福沢　諭吉　担当　高橋、田中、中島

第四回　岡倉　天心　担当　杉浦、福本、草場

第五回　内村　鑑三　担当　雨谷、関川、松岡

❸ ＡＢＫ新館増築（一九六八年七月竣工）

千代田　ＡＢＫの新館（ＡＯＴＳ事務局が大きくなって非常に狭くて、困っていた）をつくるに当たって、穂積先生と相談したことがあった。「このままではＡＯＴＳは出て行きますよ」と言ったことがある。そして、隣の安田邸の土地を買って新館を建てた。

その新館をつくるときに、免税措置のためには文部省（当時）の副申書（意見書）が必要なわけです。ＡＢＫは文部省の管轄だから。それで、私が海外出張に行く前に申請書類を準備して行ったのだが、帰ってきても「まだ認可が下りていない」という。しようがないので、担当の留学生課に行ったら、課長がウンと言わないという。当時穂積先生はアンチ文部省だったことが、原因だった。先生は審議会の委員などをしていたのに再任されていなかった。免税措置が取れない。その表向きの理由は、駒

1968 年 7 月に完成した ABK 新館（南側から見た ABK。左端の白い建物）

場の留学生会館でもまだ冷房が入っていないのに、今度の申請には冷房装置が入っている。だからハンコは押せないということだった。課長補佐の担当官がこちらを気の毒がってくれたが、とにかく駄目だった。

それで「では、装置を付けても冷房を使わないという一札を入れればよいですか？」と話をして、漸く「それならいいだろう」という話になった。

佐藤　新館の事務所の冷房を使わせないのは穂積先生だとずっと思っていましたが、違うのですか。

千代田　ＡＯＴＳの事務所で冷房装置を使う、使わないで穂積先生とガタガタした時の穂積先生の理由は「ＡＢＫの留学生の個室には冷房装置がないのだから、職員は仕事中、冷房を使ってはなりません」ということでした。文部省が、難色を示した理由とはちょっと違う。元はこの事なのです。ＡＢＫの個室に扇風機が入りましたが、ＡＯＴＳ理事で富士電機の社長だった金成増彦さんからの寄附でした。それからしばらくして、文部省の課長が替わって相談に行ったら、「もう昔のことだから、冷房装置を使わないなんてものは、いいんじゃないですか」とあっさりとＯＫになった。

❹ 旧仮名遣いと穂積先生のアジア観

千代田　穂積先生の旧仮名遣いは、関西経済連合会（関経連）の工藤友恵氏（当時副会長、ＡＯＴＳ理事。穂積先生の大変なシンパ）の影響を受けたのだと思う。私が一度、工藤さんにボールペンで礼状を書いたことがあって、工藤さんから、礼状をボールペンで書くとは何事だと叱られたことがある。それ以来、礼状は万年筆で書くようにしている。

杉浦　その前に日経新聞の小汀《おばま》利得氏の影響がある。小汀利得さんは徹底した旧仮名遣い論者でした。穂積先生の旧仮名遣いは、工藤さんと付き合い始めてからです。言ってみれば、俄か旧仮名遣いです。だから、先生は結構、間違った旧仮名遣いをしていた。

穂積先生は私の寮生時代には旧仮名を使っておられなかったと思いますよ。千代田さんのおっしゃるように、関経連の工藤さんの影響によるものだと思います。それはＫＫＣの建設が始まった頃ですね。

小川　先生は事務的な文章も旧仮名遣いにしたのですか。なぜ、そんなに旧仮名にこだわったのか？

千代田　東大の市原豊太先生（当時東京大学文学部教授、フランス文学者、ＡＯＴＳ主任講師）の影響もある。市原先生は旧仮名遣い論者だったが、福田恒存（評論家、劇作家）のように徹底的でなく、動詞の送り仮名は旧仮名で、「てふてふ」等の名詞は新仮名でよいとの妥協案を言っていたことがある。それも、穂積先生は拒否したのではないかな。新仮名は汚いと言っていた。

小川　そういうプロセスは興味がありますね。福本さんが以前言われていた、「共存共栄」、本当の意味でのアジアとの共存。穂積先生にとって、アジアに対する思いというのは何だったのか。それを知りたい。

穂積先生は、文化的なことは余り発言していないが、なぜ旧仮名にこだわったのか。戦後、日本が敗戦で放心状態だったときに、アメリカが持ち込んだ文化を批判していた。文化というのは利害打算ではないと先生は言われました。

千代田　その辺の理論的な背景は、市原さんですね。先生のアジア論は一貫している。朝鮮の学生とは戦前から付き合いがあった。

広島の讃井先生（故広島大学讃井鉄男教授夫人、讃井光子氏）が広島に留学生会館をつくるときに最初は「国際留学生会館」という名前をつけようとしていたが、穂積先生は「国際」なら協力しませんと言って、最終的には「広島アジア文化会館（一九六八年〜二〇〇一年）」という名前になった。その時のアジアというのは、どういう国だったのか。

市原豊太（1902年〜1990年）AOTS主任講師、東大教授、文学者、随筆家

杉浦　留学生はほぼ全員東南アジアだから、東南アジアのことだろう。
佐藤　アジアということであれば、ＡＯＴＳ十年史の穂積先生による「刊行のことば」のなかで、『「彼ら」は、私達日本人とは異なる歴史を歩いた人達で、殊にアジアの人々は日本によって苦難を受けたといふ内面の抵抗をもっており、アフリカ、ラテン・アメリカの人達も、かっての支配国と同列に日本をみなしてゐるやうです』とある。
千代田　国際という言葉を非常に嫌ったですね。
榊　ＡＢＫが始まった頃、寮生が間違ってイスラエルのデビット君という人に入館ＯＫの返事をしてしまった。彼は喜んで入館したが、これに対してアラブの人がこぞって大反対した。
杉浦　彼は寮生として入れたのですね。決して間違って入れたのではないのです。
小川　この問題に先生はどういう立場だったのですか。
杉浦　先生は、両方いてほしいという立場だった。最終的にはデビット君は出て行った。自主的に。エジプトのオマールさんが強硬だった。
千代田　北海道旅行の時、根室かどこかのロータリークラブの歓迎会で、来年のロータリークラブの大会は、イスラエルでやりますと言ったら、アラブの留学生達は一斉に出て行ってしまった。こういう事があって、私が思ったのは教育というのは恐ろしいものだということです。不倶戴天の敵ということが摺り込まれてしまう。

小川　先生は、日本人には反アジア的な発想があると言われていたが、それには歴史的な背景があった気がします。

穂積先生は「明治以来百年、日本はアジアを犠牲にして発展してきた。満州での五族協和とか、大東亜共栄圏とか言っていたが、結果的にアジア諸国を侵略した。だから戦後の日本はアジアの国から信用されなくなった。日本が信頼を取り戻すには独立を勝ち取ったばかりのアジアの国々のためをはからなければならない」と言っていた。そういった歴史観を我々も新鮮に受け止め、若い人達も共鳴したというか、ひきつけられた。

また、先生は思想的には国家社会主義みたいな、五・一五事件とか二・二六事件とかに影響を受け、共鳴するところがあったのではないのか。ただ、先生はテロには反対だと言っていたとのことですから、日本改造の方法論は違っていた。

北一輝等は枢要な位置にいる人間では国家改造はできず、若い人がやらねばと思って若い軍人、将校に期待した。それと同じで穂積先生は若い人を育てようとしたのではないか。

新星学寮はそういう場所だった。先生がアジア学生文化協会（ＡＳＣＡ）をつくろうとした時、期待したのがアジアの若い留学生だった。若い親日的なアジアの人材を育てることによって、だんだんと日本との関係を良くして行くという非常に息の長い構想をもっていたのではないか。しかし、ＡＯＴＳの事になると曖昧だと私には思えました。

千代田　「親日的」ということについては、穂積先生は抵抗感を持っておられた。アジアへの贖罪をしない日本なのに「親日」になってくれとは言えない、ということでした。せいぜい「知日」になってほしいと願っておられたが。

小川　『内観録』に、自分は戦争世代ではないからアジアに対する戦争責任ということでは、責任はないと寮生が発言したという文章があって、先生は怒ったという話がある。

なぜ日本人はアジアを軽視するようなったのか。日本は功利的な理由で後れたアジアと付き合っていられないと考え、欧米化を目指した。そんな歴史が影響したのではないか。

千代田　脱亜入欧ということ。

杉浦　戦前、戦争が終わるまでの日本人は、中国人、朝鮮人を馬鹿にしていましたよ。社会が、です。学校で教えているわけではないが、社会的にはいろいろ軽蔑的な言い方があった。

福本　今でもあると思う。これは少なくとも明治以降の日本人の宿痾というか、持病のようなもので、日本社会に根深くあると思う。建前論ではいろいろ言われるが、実際には直っていないと思う。

小川　私は寮に入ってからアジアということを意識しだしました。その前はアジアという意識は全くなかった。といってアジアを馬鹿にしていたということはない。

千代田　先生は、何かの折に、「人種問題の解決は、永遠の課題だ」と言っていた。日本と朝鮮、中国というようなことです。

小川　千代田さんは、本当のところ穂積先生を敬愛しているのですね。千代田さんに理事長穂積五一というのはどういう人であったか語ってもらえますか。

千代田　不思議な人ですよ。

榊　当時、杉浦さんはじめ第一世代がいなくなった後の、第二世代の中で、苦労されたのは、千代田さんです。

❺ AOTS創立に参画した職員と穂積先生の思いの違いの顕在化

千代田　穂積先生の一番の失敗は、山本、杉浦さん達に事業を任せきらなかったことだと思う。責任はとるから、頑張ってくれということが穂積先生になぜできなかったのか。

福本　穂積先生と山本さんはやはり、合わなかったと思う。山本さんの本に書いてあるけれど、「やっぱりあの人は右だ」と。「俺は絶対右は許容しないというか、与しない」ということだった。世代の差も大きいと思う。穂積先生は、戦争中、指導者だった世代であり、学徒動員や特攻など学徒兵として犠牲の大きかった山本さん世代との違いがある。太平洋戦争が始まった時点（一九四一年）で穂積三十九歳、山本十三歳で明らかに戦争の受け取り方が違う。

杉浦　それは現実問題として大きいですね。

福本　最近の日韓関係でも歴史的にみないといけない。韓国はしつこいと言っている人がいるが、日本に三十五年間も支配されて、創氏改名・母語の使用禁止など、民族の尊厳、矜持を全否定に近い形で強制された恨みは容易に消えるものではない。しかも賠償も彼らからすれば十分とは言えない。形の上ではできていることになっているが。

小川　時代の流れと言えば、最近は、若い人が「必要な戦争はせざるを得ないんだ」とか、「売られた喧嘩は買う」とか簡単に言いだしている。愛国はいいのだが、やたら勇ましくて、もし戦争になったら大変だという感覚が薄いですね。

福本　あれではね、靖国に祀られた英霊も浮かばれないだろう。沖縄戦で戦火に巻き込まれて亡くなった民間の人達もね。また、山本さんから後の世代になると、私とか千代田さん、杉浦さんもそうだろうけれど、良くも悪くも我々は穂積先生の子供みたいなものだった。この辺が対穂積先生との関係ということになると山本さんと我々の決定的な違いだろう。反省文を出せとか、給与の一％拠出とか、あるいは支持政党を書けといった、結構めちゃくちゃな事を言ったのも、親子関係のような甘えが双方にあったということだと思う。その点は、明らかに山本さんは違う。

新入職員の紹介で通産省（当時）の担当部署に穂積先生と挨拶に行った時に、課長が「研修協会の方は入職じゃなくて、穂積さんのところに入門、入塾と言った方がいいんじゃないですか」と冗談めかして言われたことがある。

❻ＡＯＴＳへの思い

杉浦　ＡＯＴＳ創立については、皆それぞれ夢があった。関川君も夢があったと思う。山本さんにも夢があっただろう。夢は何かというと、ＡＢＫという、寮とは比べられない規模の建物をつくり、官界、産業界と組んだことで、我々はルビコン河を渡ったということです。この仕事の面では、国際協力のパイオニアだと思っていた。創立はＪＩＣＡより早かったのですから。

将来は富士山麓に大中央研修センターをつくろうという構想もあった。新幹線も高速道路もできたし、他にも、各地にセンターをつくる、海外にもバンコクとかに海外事務所をつくる。アフリカに、また中南米では成功した日系人が多いので、そういう人達と組んで仕事をする。日本でだけ考えていたら我々は井の中の蛙のようなものだから、若い人達を外へ出す機会もつくる。ご縁ができた友人達に、各地で同窓会をつくってもらい、大きなネットワークを立ち上げる。歴史に「イフ（if）」はないが、もし穂積先生が我々に仕事を任せてくれていたら、今頃は、タイの友人達が泰日工業大学（ＴＮＩ）をつくったように、日本でも同じような大学をつくったでしょうね。

山長さんは、将来はノーカレンシー、ノービザの世界が来る。民族とか、国境はあるかもしれないが、通貨が共通化されビザがなくなり人々の移動が自由になる世界が来ると言っていた。我々はその先駆けだという思いがあった。

第一回の帰国研修生実態調査（一九六四年一月初旬から五十二日間の現地訪問調査）をやって我々が行ったところには、全部同窓会ができた。ＡＢＫ同窓会の発足は一九六四年の十一月ですが、それ以前に、ＡＢＫ内の学生文化会で、会館の規約とか同窓会の規約をダン・ルオン・モーさん、ファン・バン・ガンさん、Ｎ・Ｋ・ジェインさんなどの在館生と毎晩遅くまで議論して共同して作った。ドラフト委員会というので随分議論した。同窓会をつくったのも一緒に事業をつくっていこうということだった。この国際的な絆をもとにして、仕事をして行くことを考えていた。

その頃は、私はこの仕事にかけて、骨を埋めるつもりだった。当時、私も皆も死にもの狂いになって働きましたね。

その頃、また多くの寮の後輩達が入職して来たが、彼らは、給料を払えるようになったこともあるけれど、我々先輩達が

1964年1月第一回帰国研修生実態調査に出発する山本長昭（右）、杉浦正健の両職員

大きな夢をもっていた、そのことに魅かれて入って来たのだろうと思う。それでなければ、それほど給与の良くない協会に来るわけがない。

ＫＫＣを担当したときは絶対に赤字を出してはならないと決意して、事務職員は定員通りにしか採用しなかった。食堂職員も最小限にして、食堂の材料の仕入れとかは、自動車の運転免許を取って、高瀬さんという食堂のチーフと一緒に自ら買い出しに行きました。彼女は物の値段を値切るのがうまく、結構安く仕入れができた。コーヒーも安く提供しようと、食堂の一角にコーヒーコーナーをつくって、在館生や職員に大変喜ばれた。

館内の温度管理も厳しくした。冬だって十八度に設定して徹底的に無駄を排除して黒字を達成した。食堂の運営もいろいろと工夫して、効率を上げた。それでも研修生の数は少なくて、企業の派遣前社員研修を引き受けたりして会館の利用率向上に努力した。職員皆の努力のおかげで、ＫＫＣは会館も食堂も赤字にならなかった。

❼ AOTSとの離別

熊沢　一九六九年から数年にわたり、AOTSの創立を担った多くの幹部職員がほぼ一斉に退職することがありました。そこには、一口では言えないさまざまな思いがあったのでしょうね。

杉浦　先に述べたように懸命な努力を続けてKKCの運営に当たっていた頃（一九六四年〜一九六七年）、例の反省文を書け、給与の一％を出せという話が本部からきた。カチンときて本部の山本さんに問い合わせたら、「組織としてやってはいない」ということだったので、KKCで毎月曜日にやっていた朝の事務局会議で「書くのは自由だが、一所懸命KKCの運営をやっていて何のやましいこともない。私は書かない」と言った。結局、KKCは誰も出さなかった。

先生がKKCでの講義で来られる折には、先生に直接問いただしたことがある。「こんな指示を先生が出されたのですか」と。でも、先生は「私は出していない」と言う。同じようなことを私が本部に異動になった後でも、先生と「さし」で話しました。でもその都度、先生は否定される。

千代田　AOTSもASCA（ア文協）にもこの指示は全部出た。自己批判、反省文を出せというのと、一％拠出は同時期。これらの発想は穂積先生です。さすがにア文協の職員の中でも反発があって、「思想の自由に反する」と言っていた者もいたが、ア文協では出した。当時は穂積先生の言うことは何でも、正しいと思っていた。

福本　本部にいたが、この件は知らない。

小川　私も知らないが、別の内容のアンケートみたいなのは覚えています。

千代田　穂積先生は、職員に対して「自分は、〝アジアの独立と発展〟に貢献しているかを絶えず反省すること」を求めた。その自己批判が反省文の趣旨だった。

〝アジアの独立と発展〟については、一九六三年十一月五日、穂積先生の提案で「アジア・アフリカ・ラテンアメリカの独立と発展に尽くした先人慰霊祭」を大々的にABKでやったことがある。「先人」の選択は留学生に任せられた。韓国の留学生は「安重根」を選んだ。祭壇に掲げられた安重根の写真を見て、参列した韓国大使館員が「大丈夫ですか」と心配されたが、穂積先生は平然としておられた。私が行事のお金はどうするのかと聞いたところ、「君はすぐお金のことを言う。お金は良い

1963年11月、ABK3周年記念並びに「アジア・アフリカ・ラテンアメリカの独立と発展に尽くした先人慰霊祭」開催。穂積先生（左）

事をすれば自ずと集まってくる」と言われた。私は、良い事をしてもお金は集まらないとひそかに思った。

杉浦　一％を出せというのも変な話で、政党が組織として党員に拠出を求めるのは勝手だけど、政党でもないのにおかしいと思って反対した。我々は会館の運営等で、一所懸命やっていて、しかも安月給なのに何を言うかということだった。

私を堕落していると非難して、協会の若手の一部の人間達が結構きつく当たってきた。当時役所との付き合いも、今と違って頻繁にやっていたからその辺のことが、そう思われたのかもしれないが。

佐藤　当時、自分はまだ新星学寮にいたが、その頃夜になるとよく職員が集まって議論しており、昼にＡＯＴＳで決まった事が、(寮に集まった何人かの職員が先生の指示を受けて）翌朝引っ繰り返るというのはこういうことだったんだなと後で思った。

小川　我々は、ＡＯＴＳは有意義な事業であり大きくしようとして頑張ってきた。一方、穂積先生は自分の理想とする世界での整合性を取ろうとする。ＡＯＴＳという組織ができて、現実のシャバの世界（財界、政界、官界）との整合性というものがあって、それは必ずしも先生の考えとは同じでない。その整合性を取らなければならないところは、穂積先生は山本さんとか杉浦さん、千代田さん達に丸投げした。しかし、穂積先生は自分の理念の世界での整合性を絶えず強く職員に求めた。仕事を丸投げされた幹部は非常に気の毒で苦労されたと思う。創立に参画した山本さん、福本さん、杉浦さん、関川さん達、そして、その矛盾が大きくなった時に、ASCAからAOTSに異動した千代田さんです。杉浦さんが辞めるというなら、私も辞めようと思っていた。山本さんは、本当は恨み骨髄の思いで辞めたと思う。その頃から随分経って山本さんが作った私家本の『AOTS外史』の山本さんのインタビューの項には、「AOTSはもともと穂積先生がつくった団体だから、俺は手を引いた」みたいな表現になっているが本音はそうでない。

榊　山本さんはAOTSを辞めるに当たって、相当悔しかったのだと思う。山本さんはAOTSを辞めた後、日本機械工業連合会に短期間いましたが、そこからUNIDO（国連工業開発機関、本部ウィーン）に勤務することが決まった折、その挨拶状の一文に「一将功なって万骨枯る」の文言を入れたいものだと言われた。

福本　いろいろあったものが燃え尽きたというか、その反動で五一さんのいろいろな事を話しているのではないか。

小川　穂積先生の肩を持つということではないが、私達の辞職騒動が穂積先生との条件闘争になっても、それで穂積先生が変わるとは思えなかったし、仮に変わったとしても、両雄並び立たずで、混乱を招くのはまずいと思った。

福本さんは辞める時に、だれかに相談したのですか？

福本　いや、しなかった。独自に辞表を出した。辞めた動機は皆違う。それぞれですね。皆にとめられたが、九年四か月くらいで辞めた。あんな状況でいつまでもいるのは嫌だったからきっぱりと辞めた。

小川　当時、山本さん、杉浦さん達が先生や若い職員の批判の対象になっていたと思うが、自分自身を省みて、上司の皆さんが堕落者なら私も同じようなものだと思っていた。

杉浦　山本さんと話をした時は、辞表を預けるということだったのですか？

小川　いや、そういう言い方ではなかった。非常に遠慮がちというか、「みんなが辞表を（私に）預けるということなら、穂積先生と交渉する余地もあるな」という感じでした。山本さんはすごいリアリストだから、負けると分かっている戦はしない。結局辞表は集まらなかったのではと思う。

福本　山本さんはＵＮＩＤＯに約十二年（一九七〇年～一九八二年）いたわけだけど、そこにいつまでもいるつもりはなかったと思う。いずれ、ＡＯＴＳに戻ってこの仕事をやりたいと思っていたと思う。

千代田　見果てぬ夢みたいなものを抱いて、ＵＮＩＤＯに行ったわけですね。「心ならずも」だった。

杉浦　私もその言葉は山本さんから聞いたことがある。まだ、自分が辞める前ですが。

小川　山本さんが辞めると言った時に、これは藤幡武二さん（寮友。元ＡＯＴＳ職員）から聞いたことですが、「自分にはもう企業との調整ができない、というか不可能だ」と言っていたそうです。

穂積先生は実務については、山本さん達に丸投げでしたが、山本さんとしては穂積先生の意向を汲んで仕事をしようとしていただろうと思います。でもそれが不可能になったと言って協会を辞めた。

千代田　電気でいえば、プラスとプラスみたいなものだから、合うわけがない。これは福本さんが言われたことですが、我々の世代の先生との関係は、親子のような関係といってもよいものだったが、我々より前の寮の世代は、全然違う。

杉浦　ＫＫＣから本部に研修課長として異動する頃には、協会を辞めるとすでに決めていた。穂積先生の言動や、先生に忠実に従っている若手職員の背景には、中国の文化大革命があるとしか思えない。穂積先生は変わられたと思った。穂積先生は自分の考えでア文協、ＡＯＴＳを仕切ろうとしている。ＹＫＣ、ＫＫＣをつくるということについても、先生はノーと言わずに黙っていた。黙っていたのだから賛成だろうと思っていたのだが、それが、どうやら駄目と穂積先生は思っているらしいと思い始めた。そうだとすると、中央研修センター構想とか、海外に打って出るというようなことを穂積先生が認めるわけがない。これは駄目だ、我々の夢とは合わないと思った。

やることはやったとも思った。皆さんもそうだと思うが、私が青春を捧げてＡＢＫをつくり、ＡＯＴＳを発展させ、三十五歳で退職するまでに成し遂げたことは、もちろん皆さんと心と力を合わせてしたことだが、我が青春の金字塔だと思っています。今にして思えば、千代田さんも言われていますが、穂積先生は組織を動かしたことのない人だったし、人に仕事を任せて動かすということができなかった人なのだろうと思う。責任をとるから思う存分やれというのであったら、夢を形にするためにいろいろやったと思います。

人は叱られても、そこに何か愛情のようなものが感じられれば、納得するものです。でも穂積先生のやり方は、そうではなかった。ご本人が意識していたかどうかは分からないが、結果的に人を使って非難・中傷するようなやり方になっていた。

辞めることは山本さんにだけ相談した。山本さんは、穂積先生とのさしでの話のなかでは、自分の後のことは山本さんに任せるという言葉は聞かれなかったし、その気持ちの心づもりがあるとも感じられないことも話した。私が辞めることで、先生が多少でも反省してもらえれば、と思っていることも率直に口にした。山本さんは少し待てという言い方をされた。はっきりは言わなかったが辞表を俺に預けろということもあったと思う。山本さんは、それらをもって穂積先生と対峙することも考えていたのではないかと思う。それだと、私の本意と違うと思って、黙って穂積先生に辞表を出した。

佐藤　後に山本さん、杉浦さん達に強硬に叛旗を翻した職員がまだ学生の頃、ABKの五〇一号室か四〇一号だったかに一緒に住んでいたことがある。その時の感じでいうと、彼らが、山本さんが言うような考え方をしていたとは思えなかった。AOTSに入職してからそうなったのかなという感じがします。

小川　勝山隼さん（後にAOTS専務理事）は仕事熱心だった。寝食を顧みないあの働きぶりは驚異に思っていた。

彼が亡くなった後だが、奥さんのところに弔問に行ったことがある。その折に聞いたことだが、彼は本当に仕事に打ち込んでいた。週のほとんどを自宅に帰らず、滅茶苦茶な仕事ぶりだった。家庭を極端に犠牲にした仕事のやり方だった。それを聞いて私が研修協会にいた初期の頃と変わらなかったのだなと驚きました。

職員はこの仕事をしていたら結婚できないという話が当時あった。私の上司も同じような話をしていた。

千代田　三十五歳定年説というのが言われていたが。

杉浦　誰が言い出したのかな？　僕も口にしていますが。

佐藤　杉浦さんが言い出したと思っていましたが。

小川　杉浦さんが言い出したと思う。穂積先生はこの仕事に高度の使命感を求めていたので、職員に生活を犠牲にするくらいの覚悟を求めていたのではないでしょうか。

杉浦　辞めると決めた後のことだけれど、こういう、滅茶苦茶な仕事ができるのは三十五歳くらいまでだと思ったことはある。

佐藤　我々も本当はそうなんだけれど、自分達はできなかった。

杉浦　私も俗人的で出来は悪かったが、でもこの仕事でメシを食おうとなんか思っていなかった。

千代田　三十歳前後はそれでよかった。仕事に打ち込んで不思議ではなかった。ところが、三十五歳くらいになって、家族ができたりすると家族のことを考えてくる。これは穂積精神に反すると思ったりした。

福本　当時、幹部職員は堕落しているとかいう話があったが、当時のことだから役所、会社等との懇親会をやるのは普通で、それをア文協の人達は堕落と言っていたのだろう。我々は好きでやっていたわけではないのだが、ア文協にはそういう関係が組織としてないところだから、分からないのだろう。本当は全然違うのだけれど、表面的にはそう見えた。

杉浦　晩年の穂積先生は研修協会をつくって失敗したと思っていたかもしれない。

千代田　特に晩年は失敗だったと思っていたと思う。

小川　研修協会が穂積先生の思うようにならなかったからですか？

千代田　要するにABKが当初考えているよりは、大きな会館になったことだと思う。それを維持するにはAOTS事業を取り込むしかなかった。そこが躓きの元だった。

杉浦　先ほども言いましたが、補助金が出るということで、経済界も金を集め始めた。財界人は安定的な経営ができるということが大事と考えていた。

千代田　運営がしっかりして、後々まで面倒を見る必要がないというのが財界側の腹だった。安定した運営ができるということを財界は気にしていた。

福本　杉浦君がKKCから本部に戻っていた頃のことだと思うが、杉浦君はもう辞めるなと思ったことがあった。私が、たまたま理事長室に行ったら、あなたと穂積先生が言い合いをしていた。杉浦君は「我々は良い事業をやっているのだから、企業が金を出すのは当然だという先生の感覚がおかしい。企業も必死になって努力して利益を挙げている。その果実を簡単にもらえると思っているのはおかしい、と会社の担当者が言っていた」と報告した。先生はそれを聞いて、杉浦君に「それを聞かされた君もそう思うのか?」と反問されて、杉浦君は、きっぱりと「私もそう思う」と穂積先生に言っていたのを思いだす。先生は杉浦君も変わったと思っただろう。

杉浦　よく覚えていますよ。私も、当時も世間知らずで未熟だったのですが、仕事に全力を尽くすなかで、当然変わって行ったのでしょうね。

穂積先生に辞表を出して、川越の我が家にこもって、司法試験の勉強に集中しました。福本さん、関川弘司君、小川巌君、田久保絹子さんや竹山とみ子さん、貫田幸江さんはじめ沢山の同僚が慰留のために足を運んでくれました。穂積先生の許に最初に飛び込んだ私が、最初に辞めるのですから、皆の顔を見るのが正直辛かったですね。

辞表を出した翌年初め、穂積先生も田井さんと一緒に訪ねて来られました。先生はひとことも発されず、田井さんがぽつぽつと何とか翻意できないかと言われましたが、私は熟慮の末決意した事なので、気持ちは変わらないと申し上げました。お二人は三十分程おられたと思います。最後に私から、研修協会を辞めるのは、私が最初で最後にしていただきたいとお願いしました。

その時は、私は、何人かは辞めるかもしれないが、まさかあのように多くの幹部が協会を去るとは思いもよりませんでした。私達がかげで「紅衛兵」と呼んでいた若手の寮出身者は結束しており、その後も新星学寮から穂積先生を慕っての入職が続いていましたので、研修協会の行末は安泰だと思っていました。

佐藤　皆さんに伺いたいのですが、この時の幹部の一斉退職は新星学寮から入職する人に影響したのでしょうか。またなぜ寮生がアンチ穂積になったのか、分からない。

この時期（一九六〇年〜一九六五年頃）の寮生でその後研修協会に入ったのは、敬称を省かせていただくが、榊正義、岩尾明、雨谷弘夫、大木隆二、小川巌、坂田忠義、田村義郎、松岡弘、勝山隼、髙木正紘、代田泰彦、杉浦義昌、高橋徹生、赤塚昭一、そして佐藤正文などだった。その後は、石渡博明、小林孝信、そして熊沢敏一が最後ではないか。寮のその後の世代のことはあまり知らなかったし、自分達で最後だろうと思っていた。

熊沢　暗黒の十年という言い方があります。つまり六〇年代後半からAOTS創立に関わった職員が退職し、組合が結成されて厳しい労使交渉が始まり、「拘束契約問題」が提起され、ベトナム戦争やアジア各地で反日デモが行われていた頃のことです。組合との関係の中で寮出身者と公募で採用された職員との間の何とも言えないぐちゃぐちゃした関係があった。私のいた時期の同期は小林孝信さん等でした。もちろん他にもマレーシア、ベトナムの留学生もいたし、日本人学生は六、七人いました。

佐藤　プラユーンさん（タイ留学生。後にTPA（泰日経済技術振興協会）会長）も穂積一成さんと寮で親しくなったそうです。

杉浦　寮で生活した人が、何故アンチ穂積になったのか分からない。

千代田　彼らがアンチ穂積、組合結成に動いたのは、穂積先生の労働組合無用発言からではないのか。

杉浦　彼らがいた一九六八年〜六九年頃は丁度学園紛争の頃か。そういう時代背景もあると思うな。

小川　労働組合というのは、労働者側に立つのが普通だが、組合は拘束契約問題ではアンチ穂積で千代田さんというか、事務局側についた。

杉浦　熊沢さんはいつ研修協会に入ったのか。

熊沢　学校を出たのは、一九七一年春ですが、AOTSに入ったのは一九七四年です。その前に穂積文子奥様から、一旦は外に出た方がよいとの話があって、ストレートに研修協会には行かなかった。一応、他の会社も受けて受かった会社があったのですが、実際に行ったのは従業員十人未満の零細旅行社でした。学生時代の一九六九年に日中学生友好参観団という全国規模の任意の学生団体で総勢百二十人超の大学生が、二つのグループに分かれて中国を三週間くらい旅行したことがあった。一九七二年の国交正常化の前の、文革の頃の中国です。その後、一九七〇年の団を送り出す事務局を、ボランティアで旅行会社を拠点にしてやっていた時に、その会社から来ないかという話があり入った。

その時の面接者の一人に長谷川敏三さんという人がいて、後でその名前を聞いたのですが、目つきの鋭い人で、面接の最初にいきなり「穂積先生はお元気ですか？」と言われて、びっ

在りし日の穂積五一先生と文子夫人

くりしたことがありました。寮に帰って穂積先生に「今日、長谷川敏三さんという人に面接で会いました」と言ったら、「彼は明治大学の卒業で、中国で戦争中に行方不明になり、日本では家族が葬式をあげた人だ」と言われた。長谷川さんは後に日中友好協会では、事務局長・役員もやった人でした。『アジア文化会館と穂積五一』のP．510に「無言の師」という文章を寄せています。

杉浦　なぜAOTSに寮生が入らなくなったのか、それが分からない。

千代田　寮に入る日本人学生が少なくなったのが原因です。高度成長時代で、あんなぼろい寮に入る日本人学生がいなくなったのです。寮費が安いというのはインセンティブにならない。

佐藤　留学生も寮に入るくらいなら、ABKの方がずっとよいと考える学生が増えた。社会が変わってきたのです。それが一番大きいのではないか。

杉浦　そういえば、今度できたABK学館日本語学校（二〇一五年四月開校）に入学するアジアからの若者達も、トイレ、シャワー、キッチン付きの下宿を皆求めているということを、ア文協の小木曽友さんから聞きましたよ。中国の文化大革命、ベトナム戦争、学園紛争といった、大きな時代の流れと、日本もアジアもその間に豊かになったという背景があって、新星学寮も日本人学生も、留学生もが変わっていったということでしょうかね。

第4章　AOTS幹部一斉退職から山本長昭氏AOTS復帰まで（一九七〇年～一九八二年）

❶幹部一斉退職後のAOTS

杉浦　千代田さんが会社を辞めてア文協に行った頃（一九六三年）と、ア文協からAOTSに行った頃（一九六九年十月）のことを聞かせていただきたい。

千代田　会社に勤めていた頃、武田さんも、田井さん達も社宅に来たりしたが、ア文協に来てくれというか、そういった直接的な話は何もしないで、帰って行ったことがある。家内は「田井さんは何をしに来たのですかね」と言っていた。そんな中で、結局先生の始めた仕事を手伝うことになったのですが、それでも会社を辞めてア文協に行く前は、ABKにア文協とAOTSという二つの団体があることを知らなかった。ア文協での先生を交えた会合で、山本長昭さん、杉浦さんもいたと思うが、その場で「あなたはア文協に行ってもらう」となった。

杉浦　あの頃は、関川さんも私も両方の団体の事務をやっていたのです。他にやる人がいないからね。日中はAOTSの仕事、夕方からア文協の仕事という具合だった。山長さんはうるさいから、仕事の区分を明確にした。杉浦、関川はAOTS、千代田さんはア文協という具合に。しかし、辞令は出なかったですね。あの頃は、ABKに住み込んでいたから、夜は留学生達

（タイのタムチャイ、ベトナムのファン・バン・ガン等）と喧々諤々の議論をしていた。

千代田　ア文協で仕事をしていて、その後五、六年して一九六九年頃からＡＯＴＳ幹部の一斉退職になって、ＡＯＴＳの執行部が真空状態になった。

杉浦　ＡＯＴＳに行ってほしいと先生から言われたのですか。ア文協の仕事は辞めてということですか。

千代田　もちろんそうですが、その頃は、穂積先生の言われることは絶対でしたから。当時ＡＯＴＳで残っていたのは、関川さんくらいですか。彼とはＡＯＴＳ勤務時期は重なったのかな。その状況をみると、口幅ったい言い方ですが、ＡＯＴＳの事務的な事をやれるのは私しかいないと思った。ア文協の方は、小木曽さんということです。

福本　千代田さん以外にはいないというのは、全くその通りです。

杉浦　田中宏さんはア文協の職員だったことはあるの？

千代田　彼は東京外語大学で中国語をマスターし、その後一橋大学の大学院で東洋史を専攻し、留学生問題では注目される論客になっていた。ＡＢＫでは最初、食堂担当をやっていたのです。また、あの頃文部省の依頼で、謝金を払うからということで、留学生問題の論文を書いてほしいという話があった。それを穂積先生が田中宏さんに下請けに下ろして、その時に私も手伝えということで、共同執筆で論文を書いた。どこかに残っているはずだが。もちろん、穂積先生の名前で書かれた文章となっていますが。その後、瀬川さんがそれに少し手を加えて、『アジアの友』に載せたいということで、編集されて掲載された筈です。どの号に載った論文であるか、ちょっと分からないですが。瀬川保さんは一時期、事務局長格でア文協にいたのです。

杉浦　瀬川さんは寮の先輩としてKKCにも来ていた。

福本　それは、瀬川さんが、ア文協に関係する前の話。

杉浦　その頃、AOTSに残っていたのは？

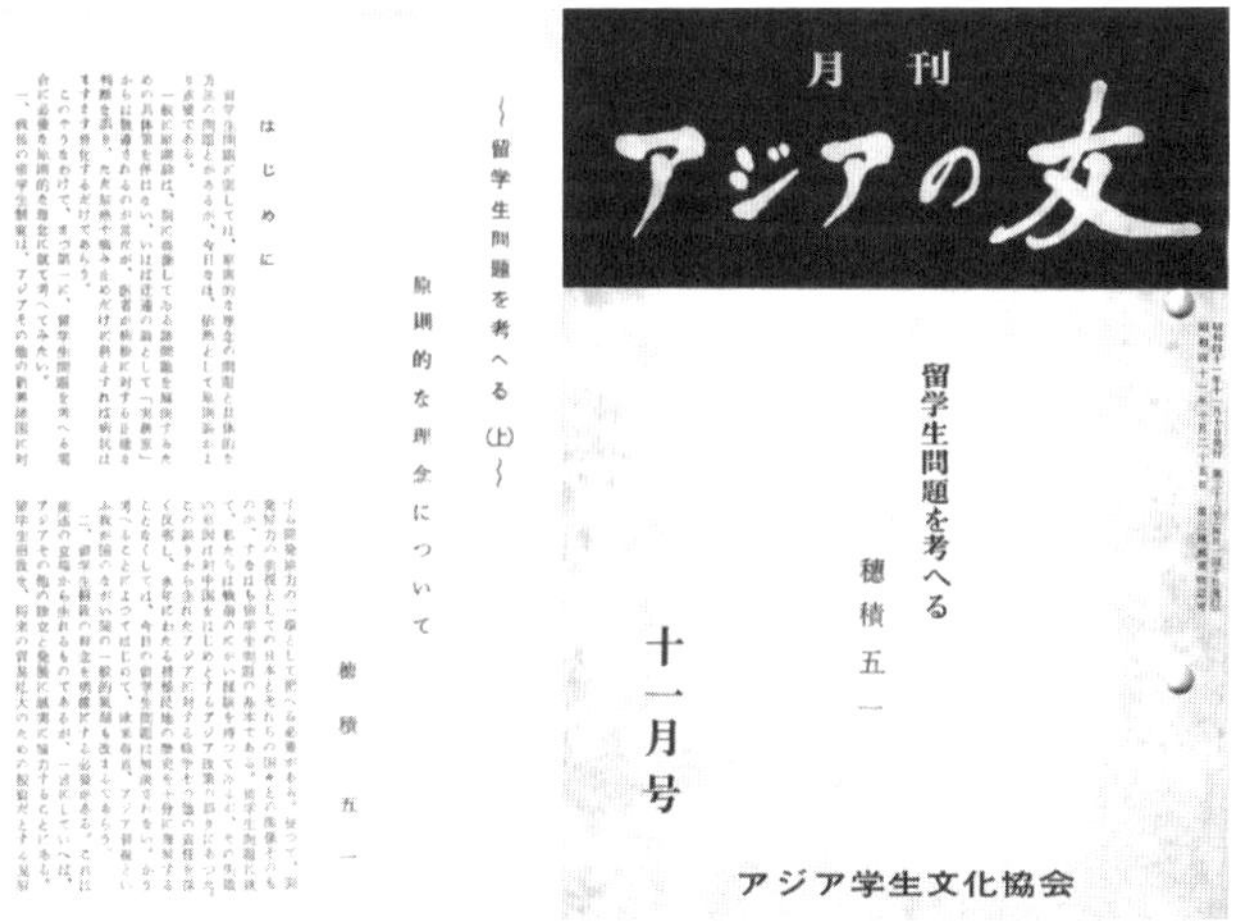

1966年11月発行『アジアの友』第38号から9回にわたり「留学生問題を考へる」を掲載。第1回「原則的理念」、第2回「医療保障」、第3回「進学」、第4回「身分保証」、第5回「帰国後の問題」、第6回「留学生との交流事例」、第7回「留学生の世界的動向」、第8回「留学生課程（3年制）改変」、第9回「学卒後の巾広い実地研修制度への拡充を」。1964年6月発行『会報アジアの友』No.19には別冊「留学生問題について」、1967年8月発行『アジアの友』第46号には「シンガポールで考えたこと―帰国留学生を訪ねて―千代田博明」など

千代田　藤幡武二さん（寮友）は辞めていたし、橋本さんも辞めていたし、皆辞めていた。残っていたのは、少し若いグループだが、勝山、富永、田村、坂田、高木、代田、佐藤、高橋さんですか。私は、業務課長としてAOTSに移った。関川さんは、YKCにいたのですか。

榊　関川さんは、家族がYKCにいて、東京の本部に通勤していたのではないか。でも、一九七〇年の三月には関川さんも辞めてしまった。

千代田　その頃、私の時の最初の予算事業で、受入人数八百人という予算で、実績は八百二人、ギリギリ何とか予算達成できた。皆さんがいなくなって最初の頃の話ですが。その後始末ばかりしていた。日本自転車振興会の予算（競輪資金）、海外長期出張員（バンコク事務所）予算とかいろいろだった。

福本　日本自転車振興会の予算は、私が通産省に書類だけ出して、AOTSを辞めた形になった。当時の通産省技術協力課は広野課長と緒方課長補佐で、お二人にはいろいろご指導いただいた。

千代田　最初この日本自転車振興会の予算は研修生受入人数二十人くらいだったか、当時今後増やさないという申し合わせがあった。その後、日本自転車振興会から、それは昔のことだからいいですよということで、金額凍結は解けた。

福本　自転車振興会の予算は補助率百％だから、有難かった。同窓会推薦研修生の受入れはこの予

千代田　バンコク事務所の予算がついたのは、皆さんが予算要求をしたまま辞めた後だった。海外長期出張員の予算がついたのは一九七〇年だから、六九年ですね。最初は駄目だとあきらめていた。そうしたら、その日の夜に連絡があり、端数処理で予算がついたとのことで、急遽予算要求の書類を持っていったことがある。初代のバンコク事務所長には富永佳志さんに行ってもらうことにしたが、最初彼は、「私を飛ばすのでしょう」と言って嫌がった。
私のア文協からの異動の後、ＡＯＴＳには予算、海外事務所、同窓会といった皆さんが残した案件が沢山あった。

❷研修生拘束契約問題のインパクト

熊沢　研修生の拘束契約問題（P．127注）は正にAOTSとア文協（ASCA）を分断した問題になってしまった。穂積先生はAOTS事務局内部で賛成する者が少ない中、主任講師、寮関係者の政治家などにアプローチした結果、この問題は国会でも取り上げられることになった。

拘束契約問題関連の動き

一九七三年九月　第三回ABK同窓会代表者会議（拘束契約問題提起）
一九七六年六月　『研修生の「契約問題」に関する主任講師の所見』（AOTS主任講師）
一九七六年七月　田口連三AOTS会長声明文
一九七六年八月　『主任講師の所見に関する一理事の見解』千代田常務理事
一九七九年十二月から一九八〇年一月にかけて丸谷金保参議院議員による参議院決算委員会での契約問題に関する国会質問
一九八一年二月　学識経験者等による「拘束契約問題検討委員会」答申
（座長　大河内一男元東大総長）

千代田　少し経緯を話すと、研修生の日本での研修に伴う現地企業との間で結ばれたいわゆる研修生拘束契約問題は、第三回ABK同窓会代表者会議（一九七三年九月）でのフィリピンからの研修生の訴えが契機となっている。簡略に言うと、日本での研修修了後、帰国してから一定年限派遣元企業で働くことを誓約させた契約で、この契約に違反し退職した場合は、研修生に日本での研修費用を返還させるというものであった。

これに対して、穂積先生のこの問題に対する全廃を求める基本姿勢と、受入企業の考え方、諸外国の事例を踏まえた私のこの問題に対する考え方、見解の違いがASCA、AOTS双方の職員を巻き込んだ大きな問題となった。

私は一九七六年六月に出された『研修生の「契約問題」に関する主任講師の所見』に対して、諸外国の事例を挙げ、また各国の労働慣行との関係があることを例に挙げ、「・・所見」が言う「前略……このような内容の契約は、研修生の身分並びに人格を長期に拘束するものであって、奴隷の契約だと評されてもやむを得ないだろう。……後略」に反論した。

いくら何でも「奴隷の契約」というのは、ひどいというのが、私が反発した第一の理由です。そんなことを言うなら、体制で締めつけられている中国などの社会主義国からの受入れはできなくなるではないか、というのが私の反論でした。しかし、それは所詮私の「へ理屈」です。これに対し穂積先生は拘束契約にひそむ反アジア的思想を直観的にとらえ、猛然と戦いを挑んだのでしょう。

この問題は、私の言う「へ理屈」の論理に対して、穂積先生の、いわゆる「直観的正義」からくる拘束契約全廃論との関係をどう考えるかにある。私の願いは拘束契約廃止に固執した、穂積先生の考え方の礎となったのは何かを考え、明らかにすることですが、私はまだ十分に理解するに至っていない。

小川　ア文協の人の話では、穂積先生は「アジアの人達が、(拘束契約があっても)それで良いと言うならそれで良い」と言っていたという。しかし、アジアの心といっても、誰の意見なのかよく分からない。留学生なのか、研修生なのか、国にいる人なのか。先生は同窓会の決議を頑なに守ろうとした。

拘束契約問題では、穂積先生はAOTSの事務局とほぼ全面的に対立するようなってしまった。穂積先生は有能で非常にしたたかだと思う。拘束契約問題の時に出てきた先生の抗議の断食とか、そういった矮小な噂に結びつくような人ではなかったと思う。道半ばであり、もっと長生きしたいと思っていたのではないか。長生きして次のことをやってもらいたかった。穂積先生は晩年絶望したという説もあるが、私は先生の心の中では、AOTSは生きていたと思いたい。

福本　アジアの人といってもいろいろあるが、私の推測ではアジアの知識層、政治家は歴史的、地政的に多くの苦難を強いられてきた経験から、一般に思慮深いので「穂積先生の言われるようなことは、大変ありがたい。でも今それを言っても日本には日本の立場があり、国としてあるいは企業としての立場があるから、ひとまずは、それはそれとして、一旦受けましょう。その上で、技術協力を通じて自分達が力をつけて、本当の意味での対等な関係になりましょう」ということであったのではないか。
穂積先生は、そういう相手側の思いを斟酌することなしに、当方の立場に配慮して抑制的な言い方に反応してはいけない。その深いところでの彼らの心を理解していないということではなかったか。それでなければ、アジアに対する贖罪の心ではないし、本当の意味での技術協力にならないと。

小川　私は研修生拘束契約というのは、奴隷の契約ではないと思っています。反対した人は現地での労使関係は奴隷関係と同じような力関係だから奴隷の契約というのです。

杉浦　私はこの当時、すでにＡＯＴＳは辞めて、弁護士になっていて部外者だったけれど、この契約をなぜ穂積先生が問題とされたのか理解できませんね。それは国際的な慣行で、アジアの人達がアメリカとかドイツに行っても同じような契約を結ぶ。そうでないと、帰ってきてすぐに辞めてしまうことがあるからです。私がＡＯＴＳに在職していた当時も日系企業からＡＯＴＳベースで研修を受けた人達の転職が多くて問題になっていた。
もし、ＡＯＴＳが協会として全廃に踏み切るとしたら、経済界、学界はＡＯＴＳから離れていくと私は感じました。我々の世代だと、アメリカに派遣される場合が多かったが、帰国後三年間程度は働けというのが普通でした。

佐藤　アジアの心といっても人によってずいぶん違う。ＡＯＴＳで拘束契約問題を議論していた当時、私はタイに四年半滞在していたが（一九七三年〜一九七七年）、日本でいうアジアの心と私が現地で感じたアジアの心とは同じではない。
定義もしないでアジアの心云々と一般化するのはおかしいと思った。例えば、当時タイで反日運動はあったけれども、TPAで日本語を勉強するタイ人学習者の数が減ったことはなかった。

小川　拘束契約についていえば、当時シンガポール政府派遣の研修生には全員、帰国後の拘束契約がついていた。私がAOTSで一般研修の担当をしたマレーシア研修生が帰国後、転職しようとして、拘束契約条項が問題になったこともあったが、それは日本の会社がすべて悪いと一般化して糾弾すべきことではなく、個々のケースを解決していくべきだと思った。先生はその辺は分かっていても、全廃を主張された。同窓会の決議に先生がこだわった。先生は最初から全廃にもっていくことしか考えていなかったことになります。

杉浦　それで結果としてこの契約は全廃になったのですか。

佐藤　いや、「不当な契約」はしてはならないという、ごく当たり前の結論になった。すべて日本の中だけで議論されたことだと思う。タイに滞在していた間、AOTS・ASCA関係者はバンコクを経由して移動したから、私は皆と直接会って話を聞いている。石渡博明さん他の職員も帰国研修生実態調査でやって来た。拘束契約関係の調査で特に派遣された職員もいた。

一九七五年にはＴＰＡの新館開館式などで穂積先生や小木曽さん、田井さんなどが来られたが現地の元研修生を交えて拘束契約問題について議論した記憶はない。ただ、ひとつ明らかに穂積先生がおかしいと感じたのは、ＡＯＴＳバンコク事務所長として初代の富永佳志さん（一九七〇年〜一九七三年）、二代目の和田昭さん（一九七三年〜一九七六年）に続く三代目にＡＯＴＳ勤務経験のない宇戸清治さん（寮友。後に東京外語大学教授）という学生を送ってきたことだ。

ＡＯＴＳ本部事務局を信頼できない穂積先生が、彼から現地情報を直接得ることが期待されていたと思う。しかし、宇戸さんは一般的タイ情報の報告しかできなかったはずだ。当時私はＴＰＡに出向していたが、ＡＯＴＳについて宇戸さんに一からオリエンテーションをした。

注

拘束契約問題　一九八一年二月の学識経験者等による「拘束契約問題検討委員会」答申を受け、ＡＯＴＳでは「研修後の勤務に関する拘束条項付研修契約の取扱基準」が定められ、海外日系企業で日本側出資比率が二十五％を超える派遣企業に適用されることになった。即ち、①研修期間が六か月未満のとき拘束期間は一年以下、②研修期間が六か月以上一年未満のとき拘束期間は二年以下、③研修期間が一年以上のとき拘束期間は二年半以下とする等。

また、派遣企業がＡＯＴＳの制度で従業員を日本へ派遣する場合、派遣企業は研修生に対し事前にその研修が日本政府の補助金で行われること、並びに契約内容について十分説明し、説明を受けたことを示す当事者双方署名の申告書をＡＯＴ

Ｓへ提出しなければならないとされた。
この「拘束契約問題」に関して、当時ＡＯＴＳ常務理事兼事務局長であった千代田博明氏は、ＡＯＴＳ社内報『東音西風』第二十五号（一九八二年二月）に「穂積五一先生追悼」として以下の一文を寄せている。

「（前略）
……拘束契約問題で死を決意される位なら、先生は別のもっと重大な問題でとっくの昔に死を選んでおられた筈である。つまり、アジアの独立を一貫して主張しつづけてこられた先生にとっては、戦前、戦中の日本のアジアにおける行動は、拘束契約問題どころではない、もっと激しく深刻な憤りの対象であり苦悩の種であった筈である。敗戦と占領、天皇制の事実上の崩壊といった事件も先生にとっては死に勝る苦しみであったに違いない。このような、先生にとって決して関わりがなかったわけではない歴史の節目々々、もし命を賭けて抗議するとすればとっくに命を賭しておられたにちがいないその時機々々を、耐えに耐え生きてこられた先生は、とにかく生きることによって、生ある限り、力の限り、アジアの独立のために尽すという決意を固めておられたにちがいない。その先生が、これら歴史的諸事件に比べればはるかに小さい拘束契約問題で命を賭されるというのは、どう考えても合点がいかない。（後略）」。

佐藤　マレーシアのケースだったと思うが、同じように違約金を払うケースで、転職先の企業で違約金を払えるくらいの給与をもらって、それで違約金を払って解決したという話もあった。転職先の企業が違約金を払える以上の給与を支払って。

杉浦　昔、山本さんとＡＯＴＳで最初の帰国研修生実態調査（一九六四年一月）をした時に、企業側も訪問したわけだけど、一番彼らが困っていたのは転職問題でした。研修を受けて帰国したら給与の良い別の会社に転職してしまう。

千代田　あの頃はそういう話が沢山あった。

榊　主任講師会議を本部、ＹＫＣ、ＫＫＣで三館別々にやるのですが、穂積先生は会議中、拘束契約のことばかりを話して、他の議題にいかない。これには困ったですね。事前に通産省へ説明した議案などは全く無視されてしまった。困ったのはこの話で結論が出ないことでした。一応会議をするのですから、議案があって物事を進める場なのですが、全くそれができない。そういう状況でした。研修生の転職ということでいえば、ヒンズー日立の研修生達（日立製作所がインドのヒンズー新聞社と協力し新聞公募で選考したノンコマーシャル・ベースの研修生）は非常に優秀なものだから、彼らが帰国すると、彼らを引き抜きたいＧＥとかいろいろな会社の人が勧誘のために空港で待っていた。そういうこともあったのです。

杉浦　ヒンズー日立推薦の一番最初の研修生はシャルマさんとラマナットさんという二人で、私が担当した。シャルマさんは後に大学教授になっています。

千代田　私の時には、ディビカールさんでした。彼はヒンズー日立の研修生の中でも特別な人かもしれないが、とにかく日本人によくしてくれた。彼にインドで相当世話になったのだろうと思うが、ＡＯＴＳとはまったく関係ない人が突然ＡＯＴＳ事務所にやって来て、あるインド人に大変お世話になったとお礼を言いに来た。世話したのはディビカールさんだったが、なぜ「こんなに見ず知らずの日本人に親切にしてくれるのか」と聞いたら、日本で「ＡＯＴＳというところで大変世話になった。その恩返しです」と言われたのだそうです。

福本　ディビカールさんは特別だったよね。

佐藤　ディビカールさんのような人は他にも沢山いたんですよ。全部自費で活動してくれていたし、今もしている。そのような人がＡＢＫ・ＡＯＴＳ同窓会を支えている。

小川　私は、第三回ＡＢＫ同窓会代表者会議（一九七三年九月）であのような決議が出たが、今でもあれは研修生全体の意見なのかなと疑問に思っている。

佐藤　この頃（一九六〇年代）、世の中では外国資本による発展途上国への海外直接投資は悪と考える風潮があった。日本企業の海外進出も現地経済を搾取する経済侵略であり、新植民地主義と呼ばれたりした。自分もプレビッシュ・レポート（Ｐ．１３１注）などを理解しようとしていた。しかし、タイに行ってみると、日系企業で働く元研修生・留学生にはそういった意識はなく、とにかく日本企業から技術を学んで、自国の技術水準を向上させなければという一心で、日本国内の反応にはタイにいて強い違和感があった。

千代田　穂積先生の理論の根拠となったのは東大の国際関係論の坂本義和教授（Ｐ．１３１注）で、穂積先生の考えと同じだった。

佐藤　坂本さんの話は分からなかったが、衞藤瀋吉教授（Ｐ．１３１注）の話はよく分かった。

千代田　衞藤さんはどちらかというと右よりでは？

佐藤　そうでしょうね。でも衞藤教授は国際関係論を東大駒場の教養学部でやっていて、その話はよく分かった。私は、どちらが右とか左とか認識はしていなかった。

千代田　穂積先生は、かつて覚醒剤を日本に運んだという容疑で逮捕されたタイの留学生の釈放のための身元引受人になったことがある。強制送還されることになっていたベトナム留学生を自分の養子にして、在留特別許可を取ったこともある。穂積先生にとっては経済協力とか技術協力ということでなく、アジアの人との人間的な信頼関係こそが生涯のテーマだったのではないか。拘束契約に対する穂積先生の取組みもそういう視点で理解すべきかもしれない。

注

プレビッシュ・レポート　Raúl Prebisch（一九〇一年〜一九八六年）はアルゼンティンの経済学者。プレビッシュは一九六四年の国連報告書『開発のための新しい貿易政策をもとめて』において、高度に工業化された先進国を「中心」と捉え、開発途上国を「周辺」と捉えて、自由貿易体制が「中心」にとっては有利だが、「周辺」にとっては不利であることを論じた。

坂本義和　一九二七年〜二〇一四年。東京大学名誉教授。専門は国際政治学、平和学。戦後のいわゆる進歩的文化人を代表する人物の一人。

衞藤瀋吉　一九二三年〜二〇〇七年。元亜細亜大学学長、元東洋英和女学院院長、東京大学名誉教授、亜細亜大学名誉教授。専門は中国を中心とする東アジア政治史、国際関係論。

❸ AOTS労働組合の結成（一九七二年七月）

熊沢　AOTSに労働組合が結成されたのは一九七二年ですが、そのときAOTS創設に関わった幹部職員は退職しており、武田信近専務理事、庄司徳治常務理事と千代田事務局長の時代でした。事務局と穂積理事長との溝は、拘束契約問題でますます深まっていた時期でした。

榊　先生は研修協会に組合は要らないというか、ふさわしくないという発言をしたことがあり、これで猛反発をくらった。

千代田　それは、留学生団体の懇談会の公的な席上で、「アジアのことを考える団体で、自分の利益を第一に考える労働組合のようなものはあってはならず、そのようなものは私のところにはありません」と言ったことがあった。そうしたら、政労協（政府関係特殊法人労働組合協議会、現在は政労連（政府関係法人組合連合））から「穂積はけしからん」といって猛烈な抗議の電報、手紙や直接組合員がやって来るはで、その対応は本当に大変だった。それがきっかけで組合ができたのではないか。

榊　武田信近専務理事、庄司徳治常務理事、千代田博明事務局長の頃で、自分も組合との団交に出ていた。徹夜の団交もあった。

千代田　組合ができて、最初の頃の団交で給与の話になって私の方から「協会の場合、役員といっても皆さんとそれほど変わらないのです。この仕事をしている限り、役員だからといって給与をたくさんもらうということにはならないですよ」と言ったら、私の部下の一人が「それは千代田さんの趣味でしょう。私達は趣味で仕事するわけにはいきません」と発言した。

杉浦　山本さんが帰って来るにあたって、職員の反応はどうだったのですか？

千代田　山本さんは復帰にあたり、すべての職員一人一人と話をしたいと言っていたが、私の方から、「いろいろな考えの職員がいるから、まずは管理職から話をしたらよいのでは」とアドバイスしたことがある。

組合は山本さんの復帰は大歓迎でした。それで、組合幹部も山本さんは話が分かると評価していた。山本さんが復帰するにあたって、職員の間に特に抵抗はなかったと思う。最初の頃は歓迎ムードだった。でも、その後山本さんと決裂し裁判沙汰になった、その経緯が分からない。

福本　山本さんは国策パルプで結構戦闘的な組合活動をしていたと言われる。当時の国策パルプの労務担当は専務（後、会長）の南喜一さんといって戦前の非合法共産党にいた人で、これとやりあうのは相当きつかったとのことだ。組合もその後、山本さんが交渉相手として相当手強いということが分かったのではないか。

熊沢　山本さんは団交で缶詰め状態になったことがあって、それ以降組合との関係が悪化したと聞いている。

福本　組合の数人が、山本さんの家に押しかけて来て、話合いをしたことがあったと聞いた。それが延々続くので山本さんも疲労困憊し、いい加減にして帰ってくれと語気を強めた。そんなこともあって、だんだん関係も悪化したのだろう。しかし、そもそも組合の主たる要求はなんだったのか。

千代田　もちろん、賃金ですが、それ以外にアンチ穂積です。

杉浦　留学生関係団体が集まる公的な席上、反組合のような発言をするというのは異常ですね。このあたりから変調をきたしていたのではないですか。

小川　この座談会でいろんな話を聞いて、もし事前に穂積先生が国家社会主義者だとか、寮は右翼の巣窟だと言われていたら、私は寮に入らなかったと思います。だけど、何も知らずに寮に入って楽しく過ごし、しかも学校を出てからストレートで協会に入った。でも結果的に私は、AOTSに入ったことは、本当に感謝している。

当時、アジアのためにと頑張れる場をつくってくれた。私自身も燃えて仕事に打ち込めた。思想的なことを曖昧にしたままなぜ穂積先生を尊敬し、好意を持っていたかですが、「きれいな人物だった」からだと思います。能力がある人はいくらでも存在するが、私利私欲でなく大きな目的のために命を懸ける人は少ない。また人生を重ね、年を取るにつれて人間は変わる。先生は最後まで世俗的な欲望などでなくきれいな生き方を全うしたのではないか。この座談会ではいろいろ穂積先生への批判的なことが出てきましたが。

千代田　「群盲象をなでる」という言葉があるでしょう。我々は穂積先生という象の一部分をなでているんです。私は象の全体像が分からない。

杉浦　しかし、穂積先生がこの拘束契約問題の時のような対応をする人で、それが象の一部分であったら、私は最初から研修協会に入らなかったと思う。

千代田　先生は変わったのだと思う。

小川　山本さんも「五一さんは、昔はリベラルだった」と言っていました。

熊沢　『アジアの友』の創刊号に山本さんが小さなコラムを書いているが、穂積先生への感謝の文ですね。

杉浦　そうですよ。山本さんも穂積先生を尊敬していたのです。そうでなければ、研修協会に来るわけがないし、我々も山本さんを説得しようとも思わない。

千代田　山本さんも、穂積五一という存在がなかったらこの仕事に加わらなかったでしょう。

過ぎし良き日　山本長昭

協会機関誌の創刊号に「過ぎし良き日」でもあるまいと思いましたが、新星学寮が発展的に解消した姿が協会（財団法人アジア学生文化協会）であり、協会が建設を計画している学生会館であり、穂積先生を中心とした会館の発展であることを考え、私が学び生活した時代の新星学寮を語ることにしました。人間の形成には、両親・歴史等によって形成された先天的要素と、環境・風土・民族によって形成される後天的要素の二者によって決定されると考えます。

この両者が非常にうまく適合した時、その人間の力が一番発揮されるのではないでしょうか。昭和２６年４月１日より昭和２７年３月末までのわずか一カ年の短日月でありましたが、私が過ごした新星学寮の生活は真に意義深いものであり、社会にでた現在でも大きく影響し、高校三年、大学三年の学生生活で教えを受けた数々の諸先生にもまして、穂積先生からうけた影響、考え方等々は私の身体にしみこんでおります。もちろんその生活は世間的な意味での豊かな幸福な順風満帆のものではありません。そこには意見の対立も貧しさも、妬みも排斥もありました。だが、お互いに当番で便所掃除をし、炊事をし合い、みそ汁と麦飯・外米を食べ、灰皿にすてたバット（タバコの銘柄）を更に拾ってパイプでふかし、夜を徹して議論し勉強し行動した日々、脳中は「人生如何に生きるか」のみ、とにかく大真面目な生活でした。新しく国家をつくり、新しく世界史を書き改めようとしている、アジア・アフリカ諸民族の学生諸君が、新星学寮の先生である穂積先生経営の会館に集い、日本人学生と起居を共にして勉学にいそしむこと、そこには夢があり、若さがあり、希望があり、更にまた厳しい現実があると思います。一日も早く会館の完成を願ってやみません。否完成させたいと痛切に思います。

（寮友・会員・国策パルプ勤務）

（注：アジア文化会館完成は 1960 年 6 月）

なお、同じ創刊号の P.58 から P.60 にかけて「アジアの若者を結ぶもの—アジア学生友好会について—」　委員　杉浦正健寄稿がある。

新星学寮時代

1958 年 9 月発行の ASCA 機関誌『アジアの友』創刊号（P.62）に、当時国策パルプ勤務の山本長昭氏は「過ぎし良き日」と題して「新星学寮が発展的に解消した姿が協会であり、協会が建設を計画している学生会館であり、穂積先生を中心とした会館の発展である」として、穂積先生と過ごした新星学寮での生活の意義深さを語っている

❹ 最晩年の穂積先生

杉浦　拘束契約問題で先生とぶつかるのは、後の話で、何か予兆のようなものはなかったのですか。いつ頃から穂積さんとの距離を感じるようになったのですか。

千代田　穂積先生との距離を感じ始めたのは、アジアに対する穂積先生の贖罪論あたりがきっかけかと、今になっては思う。その話に必ずしも賛同しかねるということだったと思う。いつの頃からか、行き過ぎた自虐史観のように思えるようになった。市原豊太先生の贖罪論も語られた。日本（人）の原罪は神功皇后の時代まで遡るという話には、どうにも納得できなかった。

熊沢　当時、理事長である先生から、ＡＯＴＳのやっている仕事は新植民地主義の手先だというようなニュアンスの話が、毎年折にふれて話される。これを、職員の前でやられると、職員は自分達の仕事を否定されてしまうことになる。職員は先生の話に反発したし、仕事で元気は出なかったと思う。

千代田　我々の仕事は新植民地主義の手先だということになる。先生は経済協力・技術協力というのは、結果であって人間のつながりをつくるというのが大目的であると思っていた。だから、有償の経済協力はあり得ないという理解だったと思う。経済協力は無償であるべきとの考えだったのだろうと思う。

しかし、主任講師所見への反論で書いていると思うが、有償であっても発展途上国から評価されている実態はあるのだから、それも立派な経済協力・技術協力ではないのかという議論をしたと思う。とにかく、有償は駄目というバッサリの議論だった。

佐藤　穂積先生は、私がＴＰＡに出向している間（一九七三年～一九七七年）に何度かタイへおいでになって、そのときは食事に気を遣われながらも、とても颯爽としていらっしゃったのですが、私が日本へ戻って少し経った頃からの穂積先生は病気がちで、今思えばお考えのほうにも少しご高齢の影響が出てきていたのではないかと思う。自分としては、日本に帰国してから、タイでＡＢＫ同窓会のメンバーが頑張っていることを日本の皆さんにもっと知らせたいと思ったが、当時は拘束契約のことばかりで、あまりＴＰＡに関心を示してくれないのを残念に思っていた。

1975年8月TPA会館完成式で来タイされた穂積先生はタイ駐在スタッフとその家族を日本料理店で労われた。写真中央穂積先生の奥に田井重治氏、手前にAOTSバンコク事務所長和田昭氏とご子息

榊　拘束契約問題の最後の頃だったと思いますが、大河内東大総長からの話ということで、勝山隼、杉浦義昌、工藤正司、榊の四人が当時工学院大学にいた中本守先生と横浜国大の中村康

治先生から学士会館に呼ばれて、あまり穂積さんをいじめるなと注意を受けたことがある。後で分かったのですがお二人の先生は「穂積先生も年を取り、頑固になっていた」ことを知っていたのではないかということです。

❺ＡＯＴＳは左傾との評判

千代田　最初に体験したのは、自民党の議員とのことだと思う。これは六〇年代後半から七〇年代初めの世の中の動きに影響されたものだと思うが、寮というか、穂積先生が理事長のＡＯＴＳが、永田町あたりでは、左翼と言われるようになった。

きっかけは、自民党のある議員が、当時ベトナム戦争での南ベトナム解放民族戦線の帰順兵を日本に呼んで、ＡＯＴＳの制度で技術を学ばせようという話を持ってきたことですね。議員自身が、招聘計画をつくってパンフレットを用意していた。

これは、本来政府ベースの話で、政治に絡むような事案は民間の制度であるＡＯＴＳの趣旨からすると合わないということで、議員の事務所にお断りに行って、一旦は分かったと言ってくれた。この件では、庄司さんと相談したが、この頃穂積先生は癌研かどこかに入院していて、先生とは相談していない。

しかし、その後衆議院の決算委員会の事務局（議員会館の地下にあった）に私が呼ばれ、事情を聴かれた。議員から「ＡＯＴＳは政府補助金団体としてふさわしいのかを調べろ」という指示が来た。ＡＯＴＳには新星学寮というところがあって、過激なベトナム支援活動をしているという理解だったようだ。その後、決算委員会の事務局の人が気の毒がっていたが、まあ、事情を聴かせてくださいということでした。この話はその議員からですかと言ったら、ニヤッと笑っていましたが。

杉浦　でも、その話は穂積先生にとって一種濡れ衣ですね。

千代田　いや、そうとも言えず、当たっていたところもあった。当時、「穂積は赤、左翼説」というのは政治家（永田町近辺）では結構流布していた。

ＡＯＴＳが政府補助金を受ける団体としてふさわしいのか、左翼ではないのかという話が、永田町で出た最初は、この議員のベトナム帰順兵の受入計画に対するＡＯＴＳの対応に不満を持った自民党議員の反応が始まりだと思います。

協会事業の検査機関としては、通産省、会計検査院、行政管理庁などがあるが、この頃、行政管理庁からも呼ばれて、説明を求められたことがあります。ＡＯＴＳについてはこんな風評が出ていますが、どうですかといったことでした。

熊沢　千代田さんが言われていたのは、たぶん一九七〇年前後の頃のことだと思うが、当時の寮は寮内に「ベトナム留学生支援の会」の事務局があり、またベトナム留学生が当時の南ベトナム政府への反対活動をしていた「ベ平統（ベトナムに平和と統一を求めるベトナム留学生の会）」の中心メンバーもベトナム人寮生であり、寮外の多くのベトナム人留学生が寮に出入りしていた。

彼らはビラを作ったり、ポスターを書いたりして食堂はいつも遅くまで作業場だった。確か、中古の謄写印刷機もあった。日本人寮生は、全部ではないが、ほぼ皆、「支援の会」の活動で、忙しく動いていた。小田実で有名な「べ平連」（ベトナムに平和を！ 市民連合）の人達も、寮に出入りしていたし、東大はじめ各大学にあった支援団体の人達も来て、寮内はいつもにぎやかだった。まだベトナム戦争が拡大をしていた頃で、東大安田講堂が陥落する前後だった。

平和運動に"徴兵旋風"
ベトナム留学生
三幹部に帰国命令
"弾圧"と拒否の構え
兵役は国民の義務 大使館側

1969年10月4日朝日新聞朝刊。「べ平統」幹部のベトナム留学生グエン・アン・チュン、レ・バン・タム、グエン・ホン・クアンの三氏に本国政府から帰国命令が出たことを伝える

私と同室の留学生ゴー・ジュー・ケーさんがベトナム人で、東工大で勉強していて、静かな人だったが、べ平統の中心メンバーでもあったので、この活動に参加していた。杉浦さん達が知っているダン・ルオン・モーさんもケーさんを知っていました。

ある時、べ平統のメンバーが代々木上原にあるベトナム大使館に抗議に行くということがあり、寮生も一緒に行って留学生が捕まりそうになったら日本人である寮生が捕まるようにするという計画で、待機したことがあった。文子奥様も食堂で、おにぎりを作るのを手伝ってくれた。

杉浦　そんなことがあったのか。知らなかった。中国の文革があり、ベトナム戦争、日本では全共闘運動という時期で、先生も影響されたのかもしれない。

❻ＴＫＣ（東京研修センター）の建設（一九八二年四月）

千代田　ＴＫＣを建てるに当たっては、ア文協の経営のことがあるものだから建設をずっと躊躇していたのです。受入会社からはＡＢＫの宿舎では社会人である研修生を遇する施設としては駄目だということは散々言われていた。

その頃ですね、当時、通産省の経済協力部長から呼ばれて、「今の研修協会にとって必要なことは何か？」と聞かれた。私としては、「企業からの要望もあり、新しいセンターがほしい」と言ったら、「なぜそれを要求しない。予算を組み直して持って来てください」と言われた。大慌てで、組み直した予算要求書を出した。最初は、建設の調査費がついて、予算用語でいう「目出し」ですね。その後建設予算がついた。

ＴＫＣとＡＢＫの関係では、ＡＯＴＳが出てしまうと、ＡＢＫはどうなるんだろうと思いました。それで、最初の数年はＡＢＫの新館の事務所と研修場所も使いました。ＴＫＣに一気に移動したわけではなく、いわゆる激変緩和措置をとりました。ＴＫＣでもＡＢＫでも研修をやるという体制をとりました。

1982 年 4 月東京都足立区北千住に
東京研修センター（TKC）完成

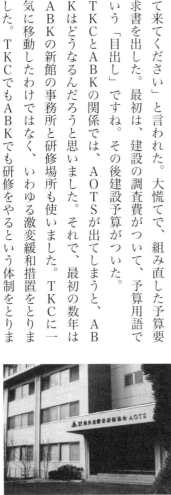

した。最後は全面的にＴＫＣに移動したのですが。その時、組合から、ＡＢＫにもＡＯＴＳの研修生がいるのだから、「ＡＢＫでＡＯＴＳ職員の宿直をやらないのか」という話があって、組合からは宿直を廃止しろという話が来ると思ったらそうではなくて、宿直をやるべきだとの話が来るのはありがたいと宿直を両センターでやりました。

熊沢　その頃、一般研修はＴＫＣとＡＢＫでやったのですが、受入会社はＡＢＫを使うのを嫌がりましたね。ＴＫＣとの設備面での差が大きくて。

千代田　ＴＫＣをつくる時に、「私の失敗だったのだけれど、「ＴＫＣに役員室はつくらない」と言って、田口会長が来た時などに必要な応接室だけをつくった。現在のＴＫＣの入り口から入ってすぐ左側にあった。しかし、実際やってみると、電話等で余り聞かれたくない内容の話もあって、いかにオープンな経営といっても、これは失敗だと思った。その後山本さんが、二階に理事長と副会長の部屋をつくった。

❼日・タイ協力事業の意味（JTECS・TPA・TNI）

小川　千代田さんにTPAのことを話していただきたいのですが。

千代田　穂積精神を具現化したのが日・タイ経済協力協会（JTECS、一九七二年設立）とタイ側にできた泰日経済技術振興協会（TPA、一九七三年設立）の仕事なのではないですか。

穂積先生の中国、朝鮮への思いを具体的に形にできる方法、方法論はなかったのではないかと思うが、唯一具体化したのは、タイとの関係であると思う。通産省からタイ国を対象として「ひもなし」経済協力の提案があり、予算もついたが、どういうわけか、AOTSの事業とすることはできないとのことだった。予算では新団体を設立して実行することになっていた。しかし、実務はAOTSで引き受けてくれないかということだった。

予算要求の段階では、日本に新法人を設立し、その法人がタイで直接事業を行うという構想だった。穂積先生は、タイの人達の意見を聞くべきだと主張され、訪タイ（一九七一年五月）して元留学生・研修生達の意見を聞かれた。当時、初代AOTSバンコク事務所長だった富永佳志さんがその意見をまとめ、

①タイでの事業は元留学生・研修生が中心となってタイ法人を設立して行う。

②日本の新法人はタイ法人に対して事業資金を提供する。

③日本の新法人はタイ法人の活動に一切口を出さない。

という案を送ってきました。金は出すが、口は出さないという穂積構想はタイ側の提案で、具体化することになったのです。この構想に基づいて設立された日本法人がＪＴＥＣＳで、タイ法人がＴＰＡということです。

一九七〇年にＡＯＴＳバンコク事務所を設立するとき、富永佳志さんは、最初赴任を嫌がっていた。しかし、後に彼は「もっとタイにいさせてほしい」というほどになって、タイが大好きになった。

ＪＴＥＣＳの設立について当時のＡＯＴＳ田口連三会長（株）石川島播磨重工業の社長・会長を歴任）の果たした役割が大きかったことも記録として残しておきたい。経団連の日・タイ協力

1973年6月経団連の訪タイ・ミッションを引率してTPAを訪問した田口連三AOTS会長（前列左から3人目、右隣はTPAワリー会長、左隣りはタヌース事務局長）

委員会（佐藤喜一郎委員長（三井銀行社長））で、経団連として協力するかどうか議論された。私も傍聴したが、このような〝ひもなし協力〟には、企業側はかなり消極的だった。しかし、田口会長が「こういう純粋な〝ひもなし協力〟があってもよいではないか」と大いに熱弁をふるい、会議が設立賛成の方向に舵が切られたということがあります。

佐藤　私は一九七二年にAOTSからJTECSに出向し、ア文協からは柳瀬修三さんがJTECSに出向し、二人一緒に一九七三年二月タイに赴任して、TPAの立ち上げ時期を支援した。AOTSからは一九七〇年十月から富永さんがバンコク事務所長として駐在し、ABKタイ同窓会と密接な協力関係を築いていた。

小川　このJTECS・TPAの事業は、日本側は金

2012年7月TNIに穂積五一先生とソンマイ・フントラクン氏の銅像が完成し、除幕式を前に杉浦正健氏が訪問。右から3人目が杉浦氏。その右がTNIクリサダ学長、左端がJTECS山本創造氏

は出すけれども、口は出さないという原則に沿った仕事ですね。

千代田　ＴＰＡは、新星学寮の人達がＡＢＫ、ＡＯＴＳをつくった情熱に匹敵するか、それ以上の情熱でこの団体をつくった元日本留学生達がタイにいたということではないですか。穂積精神は日本でなく、タイに残っていると言えるのではないか。

杉浦　穂積精神が最も生かされているのがタイかもしれない。タイの泰日工業大学（ＴＮＩ。ＴＰＡが母体となって二〇〇七年六月開学）には、日本にはない穂積先生の銅像がある。ＴＰＡ名誉顧問のソンマイ・フントラクンさん（慶應大学卒、タイ国元大蔵大臣）と一緒に並んで座っている。

❽ 穂積先生の後任

杉浦　ＴＫＣの開館が一九八二年の四月。その前年の一九八一年七月に穂積先生は亡くなっている。

福本　この頃の理事長は誰がやったのですか。

千代田　田口連三会長に理事長を兼任してもらったのです。穂積先生の葬儀には、ＡＯＴＳ職員は焼香させてもらえず、寮に一歩も入れてもらえなかったのだから、悲しかったですね。寮の外の道路際で、葬儀を見守るしかなかったのです。山本富雄さん（寮友。参議院議員、第二次海部内閣で農林水産大臣。一九二八年〜一九九五年）が棺を担いで出てきたのは覚えている。

福本　庄司さんは葬儀に出たのだろうか。

千代田　庄司徳治さんはア文協としても断れないでしょう。穂積先生との関係からいっても。穂積先生が亡くなった後は、田口連三会長が理事長を兼務したわけですが、それ以前田口さんは、会長に就任した頃「穂積さんと話をしてもちっとも話が分からない、説明に来てくれ」と言われ、説明（穂積先生の言わんとすることの、通訳のようなもの）をすると、「それで分かった」と言われることがあって、穂積先生への評価は大変低かった。日・タイ経済協力協会（ＪＴＥＣＳ）をつくる時もそうでしたね。「穂積さんは何を言っているのかさっぱり分からない」と言われていた。ところが、穂積先生の葬儀の時に、先生の自宅（寮の後ろ側）を見て、すごく感激して「穂積さんはこんな陋屋に住んでいたのか」と言って、その評価を一変させた。

田口さんは石川島播磨重工業で土光敏夫さん（日本経済団体連合会　第四代会長）の弟子だから、独特の「貧邸の哲学」というものをもっていて、「豪邸に住んでいる人は信用しない」とかねがね言っていた。新星学寮の裏手の穂積家を見て、貧邸も貧邸、自分より粗末なところだったので、評価を変えた。

杉浦　小川さんがAOTSへ戻ったのは、一九八一年ですか。

小川　そうです。一旦AOTSに戻り、AOTSから㈱海外技術者研修調査会（現㈱スリーエーネットワーク）に出向して、私が戻った時には穂積先生は亡くなっていました。

千代田　穂積先生の生前に「君（千代田）は辞めた人を皆、復帰させるつもりか？」と言われ、「できるならそうしたいと思っている」と答えたことがある。この点では、先生は、例外はあったが辞めた人の復帰には反対はされなかった。

福本　私も、辞めるときに先生から直接、「いつでも戻って来ていいですから」と言われたのを覚えている。

杉浦　穂積先生の葬式の時に、後継の話が出たとのことですが、千代田さんを理事長にという話はなかったのですか。

千代田　全くそんなことはない。暫定的に鳥谷さんを理事長にという話を通産省の経協課長にしたが、課長はウンと言わないで、田口会長に理事長を兼務してもらう案を出してきて、役所がいいと言うのなら、ということで田口会長の理事長兼務が決まった。

私はア文協からAOTSに来てから（一九六九年十月）、ずっと自分の役割は研修協会をつくった山本、杉浦が帰るまでの「留守家老」だと周囲にも言っていたし、山本さんにも、それと杉浦さんにも言いました。

杉浦　葬儀の時に山本さんのAOTS復帰の話はあったのですか？

千代田　山本さんにはAOTSに帰って来てほしいと伝えてはいたが、穂積先生が亡くなった時点（一九八一年七月）ではまだ復帰の具体的な話はなかった。

山本さんの第一高等学校の学友、杉山和男さん（元通産省事務次官）に山本さんが手紙を書かれたのだと思います。杉山さん達、山本さんの友人による、通産省への根回しに時間が一年以上かかったのだと思います。やはり、役員人事ですから。専務理事復帰は一九八三年一月の理事会で決定したのです。

杉浦　ということは、山本さんは通産省や理事会（つまり、AOTSを支える財界など）の信任が厚かった、ということですね。結果として、穂積理事長の没後、その後継者となったわけですから、我々が一斉退職した頃、穂積先生がそれを認識して山本さんを後継にすると決断し、表明されていたらその後の事態は全く違っていたでしょう。歴史に「イフ（if）」はありませんが。千代田さんは、賛成だったのですね。

千代田　私はもちろん賛成でした。

佐藤　私は山本さんを具体的に知っていたわけではなく、山本さんの後任としてUNIDOに行くような話があってから、山本さんと接触するようになった。それまでどんな人か知らなかった。

榊　山本長昭さんは一九六九年九月にAOTSを辞めてからUNIDOに行かれたのですが、UNIDO時代（一九七〇年〜一九八二年末）に山本さんがホーム・リーブ（国連職員が母国に数年に一度、一時帰国できる制度）とかプログラム評価で日本に来る時は、私も出迎え等のお世話をしていました。

杉浦　千代田さんはいつ頃、AOTSを辞めるという話をしたのですか？

千代田　私が司法試験に合格した一九七六年に、穂積先生には司法試験に合格したので協会を辞めるとの話をしました。穂積先生は私が試験に合格する以前には、退職すると言っても、実際には辞めないだろうと夕カをくっていたと思うのですが、合格してからは本当に辞めるなと思い始めたと思います。試験勉強は、勉強していることを見せたくないとの意地もあって、事務所から通産省に打合せ等に行くまでの地下鉄の中でした。

この頃だと思いますが、私が協会を辞めるという話を聞いた十人くらいの職員から、話をしたいとのことで、ＡＢＫ地下の教室に缶詰めにされて、「辞めるという話は本当ですか。辞意を撤回しなければ帰さない」と言われてしまった。私も諦めてその時は辞意を撤回しました。

結局、一九八五年春にＡＯＴＳを辞めて、弁護士への道を歩むのですが、試験に受かってから九年間、ＡＯＴＳにいたことになります。山本さんとは一九八三年一月から一九八五年三月までの二年間ほど、一緒に仕事をしたことになります。

私は大体、杉浦さんの後を追う形になっていて、司法試験も後だし、弁護士になったのも当然のことながら後だった。政治家だけは、後を追わなかったですが。

第5章　山本長昭氏の専務理事・理事長時代（一九八三年〜一九九八年）

❶山本長昭氏のAOTS復帰（一九八三年一月）

杉浦　TKC開館の翌年、一九八三年一月に山本さんが専務理事でウィーンから帰ってきた。

熊沢　私は、多分一九八二年の冬だったと思うが、一時帰国されていた山本さんに初めて会った。寮生だった頃から、山本さんはヤマチョウの名で有名で、聞いてはいたが、ご本人にはその時に初めてお目にかかった。UNIDOを辞めて帰国された山本さんは、遅れて帰国した奥様と一緒にしばらくTKCに泊まられていた。その後お二人は自宅に移られたが、不幸に

就任ごあいさつ

海外技術者研修協会

専務理事　山本長昭

この度、協会の専務理事に就任致しました山本でございます。本年1月1日よりということですので、前任地のウィーンを1月2日に出発し、3日東京研修センター着、4日の御用始めより出勤しています。

協会関係の古い方々は知っておられると思いますが、私は協会の創立時より参加し、約10年の勤務の後、事務局次長で退職し、ウィーンに本部のあるUnited Nations Industrial Development Organization（略称UNIDO、国連工業開発機関）というところに1970年11月より1982年12月末まで勤務致しました。従って12年間以上の空白があるわけで、往時を思い起こし、現在の発展した協会を見て、感慨一入のものがあります。

私が退職した時の協会は、本部はアジア文化会館別館にあり、中部研修センターはやっと建設の目途がついたところで、勿論東京研修センターは夢のまた夢でした。

それが、研修生受入数は2000名、それに伴って極めて立派な施設をもつ中央研修センターが、実現しているではありませんか。この素晴らしい発展は、協会職員の努力もさることながら、通産省、関係各社のご協力の賜物と深く感銘している次第であります。

また、私の勤めていたUNIDO内でも、協会の実施しているUNIDOのコースは大へん高く評価されていて、絶えず受入人数の増、コースの増が要請されていることは、その評価を裏付けている事実であります。

私は目下、この12年間の空白を埋めるべく勉強中ですが、幸いにUNIDOでの仕事の大半は、工業訓練担当でしたので、この経験が協会の今後の発展にとって何がしかお役にたつのではないかと考えている訳でございます。

経済援助、技術協力の理念とか意義とか、色々と議論はありますが、まず第一に我々と同じ人間が、この同じ地球上で貧困に苦しんでいる、何とか脱却しようと努力している、彼らと比較にならぬ豊かな国々に援助を頼んでいる。この具体的且つ率直な事実を直視し、人類の一員としてこれに応えるのが、大前提ではないかと考える次第です。

次に、日本が次の世紀にも生き続け発展することを願うとき、21世紀を展望し、努力している発展途上国との連携、協力こそが最も重要な、しかも意味のあることではないでしょうか。

わが協会は、この10数年間、内部に種々問題を抱えつつも、驚異的な発展をとげて参りました。しかも発展途上国からその事業は極めて高く評価されています。UNIDOからも素晴しい仕事をやってくれていると感謝されています。幸いに、この状況の中で専務理事を仰せつかったわけですので、皆様のご協力、ご援助を仰ぎながら、協会に対する内外の厚い期待に応えるべく、努力致す所存であります。

1983年4月発行AOTS機関紙『研修』218号に掲載された山本専務理事の就任あいさつ

して奥様は日本帰国後間もなくして亡くなられた。

千代田　山本さんは一九六九年九月にAOTSを辞めた後、UNIDOに勤務した。それ以前から、山本さんのことを心配する人達は多く、後に通産事務次官となった旧制第一高等学校時代の友人である杉山和男さんとか、林さんという山本さんの一高時代の友人が「彼をいつまでもUNIDOにおくのはもったいない。彼のことをよろしく頼みますよ」と言っていた。杉山さんの穂積先生への評価は最初、非常に高く「国士」と言っていたが、後半の穂積先生については、かなり評価を下げていた。

そういった話があったのは時期的には穂積先生ご存命の頃からで、ウィーンから時々ホーム・リーブで帰国した時とか、AOTSが実施していた、UNIDOの研修事業の評価で来日した折に、山本さんには、「穂積先生と会って挨拶をしたらどうですか」と言ったが、なかなか双方、さしで話をしなかった。どうも、山本さんは穂積先生がいない時を見計らって理事長室に行っていたようだった。山本さんは、「穂積さん、いなかったよ」と言っていたし、また、穂積先生も山本さんがいない時に限って事務所へ行き、お互いに会おうとはしなかった。

私はといえば、一九六九年十月にAOTSへ入職した時から、「AOTSをつくったのは山本さん、杉浦さんであり、いずれは山本さんにAOTSに戻ってもらう。それまでの期間、

ＡＯＴＳを預かっている留守家老である」と思っていたし、そのように周囲にも公言していた。

杉浦　その頃の千代田さんは、どういうポストだったのですか。

千代田　常務理事兼事務局長でした。専務理事は庄司徳治さん。山本さんの専務理事就任に伴い、庄司さんは副理事長になり、その後ＪＴＥＣＳ（日・タイ経済協力協会）の理事長になった。

❷新センターの建設（一九八九年〜一九九七年）

熊沢　山本さんが専務理事になったのがＴＫＣ開館（一九八二年）後の一九八三年一月で、それ以後ＡＯＴＳの既存の研修センターは設備面でも収容能力の点でも不十分となったこと、旧センター（ＹＫＣ、ＫＫＣ、ＣＫＣ）の移転・建設が大きな課題となった。山本さんのイニシアチブで一九八九年に新ＹＫＣ、一九九四年新ＫＫＣ、そして一九九七年には新ＣＫＣが開館し、ＡＯＴＳは千床の収容能力と研修コース実施能力を持つことになった。これらセンター建設にはもちろん、通産省、産業界、そして地元自治体との調整が必要だったが、これらのセンター建設、企業からの募金を担当した役職員の苦労は大変なものであった。既に鬼籍に入ってしまわれたが、元職員の盛川紀二六さん、坂田忠義さん、勝山隼さん、富永佳志さん等である。他にも雨谷弘夫さん、高橋徹生さん、濱田修さん等、それに若手、中堅職員でこの建設事業に関連した多くの職員達の功績は忘れてはならないと思う。

1989 年横浜市金沢区に新 YKC 完成

なお、市川さんに今回出席していただいているので、市川さんのお話をお聞きしたい。

まずは、AOTS入職の経緯あたりからいかがですか。また、市川さんは山本専務理事、理事長時代を通じて、総務部長・常務理事として労働組合との交渉等での矢面に立たれていたので、その辺のお話をお聞かせいただきたいが、一部は寄稿として掲載させていただきたい。


市川　私の学生時代は、後半の二年ほど「モラル・リアーマメント（道徳再武装）」の活動をしていた。共産主義を超えてという考え方で、私自身も北大のクラーク会館の食堂でオルグに出会ったのがきっかけだったが、他大学にオルグにも出かけたりした。港区麻布の同団体の寮に寝泊まりしていたこともあった。卒業後は、山梨の実家で金物建築建材販売業の仕事を一年程手伝っていたが、東京に出て行くことにして、新聞でAOTS職員募集の広告を見て応募した。

私は一九七〇年五月にAOTSに入職した。同期入職は土屋順次さんだった。日本語講師募集ということで入ったが、私は北海道大学の地球物理学科卒で、土屋さんは文系の法学部だったので、彼が日本語講師になり私はYKC研修班が最初の仕事だった。その後一九七〇年十月、旧CKCの開館とともに名古屋へ異動になり、古屋久雄館長、続いて重野幸子館長の下で一九八四年三月まで十三年半勤務した。

その後、一九八四年四月から山本専務理事に本部転勤を命じられた。当時家内（市川（服部）

保子氏）も外部で仕事を持っていたので、ＣＫＣからの異動は大変だったが、とにかく東京に転勤となった。

今から振り返ると、家内は日本語文法をＫＫＣで寺村秀夫先生に教わり、その寺村先生のご紹介で、東京に来ても筑波大学などで教鞭を執ることができたのだからこの転勤は家内にとってても幸いであったと思う。寺村先生の当時の筑波のお宅には私もお邪魔したことがあり、家内は寺村先生が亡くなられた後も陶芸家の奥様と交際が続いている。

本部では業務課を担当し、五年ほど業務課長をやったが、当時は、研修生受入人数が多くてＡＯＴＳ利用制度を整理するのが仕事みたいな時期だった。会社の申し込みを各センターの研修開始時期に調整し、センターの宿泊利用も推進し、かつ年度内の研修経費を単年度予算内に抑えるのは非常に難しく、最初は手作業、続いて研修生受入システムのコンピュータ化を図った。

研修生の滞在日数が一日狂うと一人で一万二千百円（当時）の経費が変わった。研修生は平均毎日千人近く日本にいたので、平均の滞在日数が一日狂うと千万円が変わった。年度末近くになると、企画課と受入予算実績推定の打ち合わせを頻繁に行ったが、コンピュータ化が軌道に乗りかけた頃には、協会のこの仕事で結構疲れてしまった。

当時は、昼は受入れ、夜は人日計算とコンピュータ化が日課だった。その後、総務課長、総務部長、理事、常務理事となった。

熊沢　この座談会はこれまで、全員新星学寮の出身者で行ってきていますが、公募でＡＯＴＳに入職した職員はＡＯＴＳの仕事をどう思っていたのか。主要役職員が寮出身者ということで、何か違和感のようなものを感じることはなかったのでしょうか。

市川　寮出身者だからということを、仕事上で感じたことはないですね。学生時代にやっていたモラル・リアーマメントの活動等からこの仕事への素地は持っていたように思う。私はＡＯＴＳには純粋に求職活動の一環として入ったのだけれども、入ってからこの仕事の深さを感ずるようになった。ＡＯＴＳ、ＡＢＫ－ＡＳＣＡ、新星学寮、至軒寮と遡る歴史は、戦前を全て悪だとしてブラックボックス化した戦後の歴史教育に飽き足らなかった自分の空白を埋めてくれるものだった。ＡＯＴＳの仕事が続けられたのはその深さからだったと思う。今思えば私がＡＯＴＳに入った時期は、ＡＯＴＳの過去の歴史が薄まっていった時代だったのではないかと思う。

1979年8月四館スポーツ大会。打者は当時の市川CKC主事

佐藤　山本理事長時代を「行け行けドンドンの時代だった」と言う人もいるが、それは日本経済の成長に伴うＡＯＴＳ事業の発展結果なのであって、意図したわけではない。山本さんがＡＯＴＳに戻って来られる前から始められていたＡＢＫ・ＡＯＴＳ同窓会との協力事業（一九六七年同窓会推薦研修生受入れ開始）や、ＡＯＴＳ自身が企画実施する管理研修コース（一九七七年にＭＭＴＣ（中間管理者研修コース）開始）、海外事業、広報活動などが、山本理事長の時代に大きく発展した。

また、一九七八年二月からＣＫＣで中部産業連盟専務理事高仲顕先生のご指導により実施した、ＰＭＴＣ（生産管理研修コース）は、年度末に落ち込む研修センターの宿泊率向上に貢献した。これは、前年に開始したＭＭＴＣ（後のＰＣＣＭ、国際管理研修コース）と同様に、ＡＯＴＳが必ずしも受入会社の都合に左右されず、同窓会及び途上国のニーズをもとに指導講師陣の協力を得て企画したもので、研修センターの稼働状況を見ながら拡充された。一九七九年の年度末にはＫＫＣで大阪府立産業能率

1979 年佐々木教授（前列中央）と MMTC 修了パーティー

研究所阪野峰彦部長の指導によりＦＭＭＩ（中小企業工場管理研修コース）を開始し、同年夏には同じくＫＫＣで、京都大学近藤良夫教授によるＱＣＴＣ（品質管理研修コース）を開始した。

このようにＡＯＴＳが自前の管理研修コースをその後多数開設するようになったきっかけは、一九六八年に開始したＵＮＩＤＯの研修事業や、一九七四年に開始したＡＰＯ（アジア生産性機構）委託による研修事業などである。これら管理研修コースの主任講師であった東京工業大学の松田武彦先生や慶応義塾大学の千住鎮雄先生、川瀬武志先生、小野桂之介先生、金沢孝先生、東京大学の石川馨先生（後に武蔵工業大学学長等を歴任）、久米均先生、電気通信大学の狩野紀昭先生（後に東京理科大学教授）、その他多くの著名な先生方が非常に積極的にＡＯＴＳの新たな管理研修コース開設に協力してくださった。

ＡＰＯ事業をやる契機となった慶應義塾大学川瀬武志先生の言葉によれば、当時事業の委託を予定していた他団体が九時から五時の仕事をしているのに対し、ＡＯＴＳは当時広がり始めていたコンビニ店のセブン・イレブンのように朝七時から夜十一時まで頑張るということで、ＡＯＴＳの発展途上国経営管理者研修に取り組む態度がこれら先生方に評価された。

小川　ＨＩＤＡの機関誌（『ＨＩＤＡジャーナル』二〇一五年春号）に今回の第九回ＡＯＴＳ同窓会代表者会議の記事があるが、これはこれまでの積み重ねの中で初めて可能になったことだ。創成期の寮出身の職員のみならず、その後公募でＡＯＴＳ職員となった人達の献身的な仕事ぶりの結果であると言える。

榊さんが今回書かれたＹＫＣでの文章（「横浜研修センターとの出会い」、『Home away from Home－ＹＫＣの思い出』二〇一五年七月一日ＡＯＴＳ日本友の会発行）などを見ると、かつて穂積先生がほめていたＹＫＣでも会館運営の収支などの実務にも、いかに苦労したかがわかる。しかし、陰で穂積先生や一部の若い職員から事務的な仕事を軽視する声が聞かれるようになり、私のような本部のもっぱら事務担当だった者には、自分の仕事がＡＯＴＳでは軽視されていると実感するようになり、私は決して卑屈になることはなかったが、段々やる気をなくしていった。

この冊子の参考資料として一文を書いた。旧ＹＫＣの頃、赤字を出してはいけないというのは本当に大きなテーマで、そのために食堂の人も頑張ってくれたことを記述した。日本語研修についても同じです。当時、それからその後も、ＹＫＣはＡＯＴＳの人材の訓練場所であったと思っている。あのセンターの雰囲気の中にいた職員が、職能的にもあるいは仕事への取組みの姿勢でも、各センターに戻って中心的な役割を果たしたと思う。

榊

❸ ＡＯＴＳ同窓会の設立と同窓会との協力関係強化

熊沢　山本さんがまだＡＯＴＳに復帰していない時期だったが、一九八二年のＴＫＣ開館後の十一月、ＴＫＣ開館記念セミナーが開かれ、その席上参加者からＡＯＴＳ独自の同窓会の設立が提唱された。それを受けてＡＯＴＳは、「ＡＯＴＳ事務局は帰国研修生が独自に同窓会を結成し活動することを歓迎する、また一定の要件を満たす同窓会を登録し積極的に支援する」ことなどを呼びかけた。これには、ＡＯＴＳ創立からわずか五年後の一九六四年一月から五十数日にわたり、第一回帰国研修生実態調査を行ったのが山本さんと杉浦さんだったことが想起される。その頃からすでにＡＯＴＳには帰国研修生との連携の重要性が認識されていたといえる。帰国研修生との関係強化をこれまで以上に推し進めたのが、山本専務理事・理事長の時代だった。

一九八六年三月には第一回ＡＯＴＳ同窓会代表者会議がＴＫＣで開催された。以降、同窓会向けの各国管理研修コー

1982 年 11 月 TKC 開館記念セミナーで AOTS 同窓会設立を提唱

スの実施、巡回セミナーの共催など、強力に同窓会への支援活動となる施策を進めた。以降、同窓会代表者会議は一九八九年（第二回新YKC）、一九九二年（第三回タイ・バンコク）、一九九四年（第四回新KKC）、一九九七年（第五回新CKC）、二〇〇二年（第六回スリランカ・コロンボ）、二〇〇六年（第七回インド・ムンバイ）、二〇〇九年（第八回YKC）が開催され、その都度AOTSと同窓会との関係強化のための方法が討議された。一九九二年の第三回AOTS同窓会代表者会議では、同窓会交流基金（WNF、ワールド・ネットワーク・オブ・フレンドシップ）の設立が提唱・設立され、その資金を使ってセミナー等が開催されるようになった。

渡航費問題で一時、同窓会との関係がぎくしゃくしたことはあるが、その後の双方の努力により、今でもAOTS同窓会は活発に活動しており、他の発展途上国への経済・技術協力団体と比べてもユニークな機能を持つ団体となっているのは確かだろう。

第6章　結び　AOTSが「アジアの独立と発展」に果たした役割

杉浦　言うまでもないことだと思いますが、AOTSが「アジアの独立と発展」に果たしてきた、そして今も果たしている役割は極めて大きいと思います。

アジアの国々も、AOTS発足の頃は、独立はしたものの発展の道筋は見えていない途上国だったのですが、今は、昇竜のように発展し、中国、インド、アセアン各国など、おしなべて、高度経済成長期に入っていると言っていいでしょう。AOTSが、「技術研修」や「人の交流」を通して、それに少なからず貢献したのは間違いないでしょう。事業内容も、アジアの変化とともに充実・発展していますね。研修の内容も、技術の習得から、事業管理者の研修、企業マネジメントのスキル向上と高度化し、事業実施基盤も（民主党政権下で辛酸をなめ、YKCやCKCを閉鎖するなど

2014年10月第9回HIDA/AOTS同窓会代表者会議開催

あったけれども）東京・関西の研修センターや、アジア各地の出先機関はきちんと維持し、アジア全体のニーズに即応できるよう、皆頑張っていますね。

とりわけ、創立の頃から始まり、山本理事長時代に大きく花開いたＷＮＦ、同窓会事業は貢献の最たるものでしょう。二〇一四年には第九回の代表者会議が東京で盛大に開催されましたし、山本さんが尽力されたＷＮＦ基金（一億円）を活用して国際セミナーを開催したり、各国同窓会間の交流・協力も活発になっているようで、これから開かれてゆく時代では、むしろＷＮＦが主役となるような感じもしないではないですね。

穂積先生が力を入れ、ＡＯＴＳも協力して立ち上がったタイのＴＮＩ（泰日工業大学）の事業は、ＴＰＡの成果で、これからは、ミャンマーをはじめ、アセアン内での人・学術の交流の中心になっていくのでしょうね。

2007年6月TNI（泰日工業大学）開学

同窓会のなかで、これから注目したいのは中国の同窓会でしょう。山本理事長時代、特に力を入れ、その質・量共に同窓会のなかで群を抜いています。今は日中間が冷え込んでその活動が見えにくいですが、日・中の絆として大事にしていってほしいです。

最後にするのは、どうかと思いますが、ＡＯＴＳの創業に関わったアジア学生文化協会が、ＡＯＴＳの発展とともに、その経営基盤が強化され、穂積先生の没後も、その精神を忠実に受け継いで、アジアの若者との交流事業を担っていることを挙げたいと思います。小木曽友さんや工藤正司さん達が苦労され、最近は日本語教育の学校法人（学校法人ＡＢＫ学館日本語学校、二〇一四年四月授業開始）を立ち上げられて新天地を開拓されているのは、うれしいですね。

佐藤　ＡＯＴＳの創立から山本理事長時代を振り返るとき、創立者の穂積先生と「中興の祖」の山本さんの時代が目立つのですが、どなたかが発言しておられた、その間の「暗黒の十年」を担い、粒粒辛苦された人達の功績は忘れられてはならない、と私は思っています。
穂積先生のことはともかく、皆さんが考えたＡＯＴＳでやろうとしたことは、かなり実現できたのではないかと思うのですが、どうでしょうか。発展途上国への技術移転とか、設立当初考えたＡＯＴＳの事業は達成されたのではないでしょうか。

杉浦　ある意味そう思う。若い頃、穂積先生と目指したことはかなり実現できていると思っている。

2014 年 4 月 ABK 学館日本語学校開校

榊　ＡＯＴＳはこれまでの五十年以上の歴史の中で、三十五万人以上の発展途上国の人材の育成を途切れることなく、やってきた。民間企業との連携での技術移転あるいは経営管理手法の研修を企画・実施してきた。この管理研修を通じての小集団活動のリーダー養成は、次々と将来のリーダーを生み出し、とりわけアジア諸国の経済発展、企業活動の発展に大きな足跡を残してきた。これは特筆すべきことだと思います。

小川　私が入職した一九六〇年代は、「アジアの独立と発展」を真剣に考えた熱い時代だった。そんな人生を送る場所をつくってくれた穂積先生や諸先輩には今でも感謝している。

同時に現在の日本はどうかと思ってしまう。アジア、特に中国や韓国との関係は最悪だと思う。日本はアジアとどうあるべきか、世界平和のために何ができるかなどの課題は永遠のテーマでしょう。その意味ではＨＩＤＡのような事業は、ますますその役割が大きくなってゆくと思う。

以上

インタビュー

❶「新星学寮、ＡＳＣＡ・ＡＢＫ、ＡＯＴＳ」関川　弘司　談

聞き手：熊沢敏一
日　時：二〇一三年六月二十九日（土）十四時十五分～十六時十五分
場　所：お茶の水・山の上ホテル

一．新星学寮入寮と生活

学生運動と柔道に明け暮れた日々であったが、学生運動に打ち込んだのは、小学生時代の新潟県長岡市の空襲（Ｐ．１８２注）を受けた経験があるからかもしれない。終戦の二週間前の一九四五年八月一日にアメリカ軍の空襲で、長岡市はほぼ灰燼に帰した。通っていた小学校の校友の半数がこの空襲で亡くなった。焼け跡の中、母と姉を必死に捜してようやく会えた。そんな経験が戦争への道を歩みかねない、当時の政権に反対する学生運動に打ち込む契機となったのかもしれない。

東大に入り、駒場から本郷に移る時期になって、一九五六年（昭和三十一年）に東大柔道部の友人、是松恭治氏（一九三四年～二〇一四年。元新日本製鉄取締役釜石製鉄所長、ハリマセラミック社長等歴任）の紹介で新星学寮に入った。入寮に当たっては寮生による面接があって合意が得られれば入寮が許される。私はこの面接日の当日に、柔道部の先輩の外遊送別会があり酩酊してしまい、

この面接があるのを忘れてしまった。当然、寮の選考委員会では断固入寮拒否が大勢を占めていた。しかし、穂積先生は、私が是松氏の紹介ということもあり、先生の「ちょっと待て、わしが預かるから」という一言で、入寮が可能となった経緯がある。それは、戦前寮友であった是松さんの父君が戦争末期にインドネシア独立戦争への協力のために何度か物資輸送で出かけたが、結局アメリカの潜水艦に撃沈され亡くなった、その遺児が私を紹介してきた是松恭治さんで、先生の気持ちとしては、どうしても入寮させたいということであったと思う。

一九五六年（昭和三十一年）、晴れて新星学寮に入った。駒場の二年間は教室にめったに顔を出さず柔道の練習や自治会のオルグ、ガリ版刷り、デモの誘導、警官達との小競り合い等で明け暮れた反動か、急に勉強意欲が出てきて、少なくとも三年生の一年間は寮と教室と道場とアルバイトの四か所の往復で一日が暮れるという生活に変わった。日中、授業がない時、机に向かっていると時々穂積先生が各部屋を見回りに来られ、「お、やっているな」とニコッと笑っておられたことを思い出す。時には奥様の甲高い声、穂積先生のご子息の一成君の泣き声等が人気（ひとけ）のない、しかも風通しのよい（？）寮を駆け抜けて行く、そんな生活だった。

寮に入って、一つだけ熱心に実行したことがある。それは寮生全員毎日六時起床で、内外を清掃することになっていたが、自分は特に便所掃除を熱心にやった。どういう心情か今もって訳が分からない。しかしこの便所掃除は、後の旧横浜研修センターのトイレ掃除・修理で役立った。業者にいちいち電話せずに済んだ。

二．ＡＳＣＡ（アジア学生文化協会）、ＡＢＫ（アジア文化会館）の設立

(1)新星学寮の修増築活動

古くなって修理が必要な新星学寮の修増築（二回に分けて行われたが、ここでは一九五五年七月から十一月の修築を指す。二回目は一九六一年）を行う過程での、関係者の思いがＡＢＫ建設につながっていると思う。山本長昭さんの寮生時代（一九五一年〜一九五二年）に寮の修増築の件は既に話題となっており、彼の在寮時期には修増築の方向性を決め、募金活動に着手したところまでであった。山本さんは家族の経済的理由があり、一九五二年に国策パルプに就職（旭川勤務）し、その後旭川から一九五五年一月には東京に戻って来ていた。

一九五五年五月に寮友会総会を開催した折に、山本さんは幹事六名の内の一人となり、「寮増築時期は八月着工、資金戦前寮友百万円、戦後寮友並びに寮生五十万円」と決めた。彼の参加により修増築の完成への速度を速めることができた（『アジア文化会館と穂積五一』Ｐ．４３５〜４３６）。

山本さんによると、寮の増築完成を祝って寮で会合があった。その席で杉浦正健さん達が「これだけの事業をやったのだから、このまま終わらせるのはもったいない。ここに山本先輩もいるし、

留学生達との意見交換の場になるような留学生会館をつくろう」という話が持ち上がったという。山本さんはその話を受けて「いいな」と言ったと述べている（山本長昭著『息子や後輩たちに言い遺したいことなど（ＡＯＴＳ外史）』Ｐ．７７）。

⑵留学生達の置かれた劣悪な学習・生活環境

一九五四年（昭和二十九年）に国費留学生の受入れが始まって、留学生達は日本語を東京外大とか、大阪外大で勉強して、その後一九五五年の四月から各大学に配属になった。一九四五年の敗戦から十年程しか経っておらず、駒場の会館もひどい環境で、そんな中で留学生活を送っている彼らには、生活面、勉学面、あらゆる面での不満が鬱積していた。留学生達からは、新星学寮のような日本人と留学生が忌憚のない交流が行える会館があればとの願いがＡＳＣＡ発足、続いてＡＢＫ建設につながったと思う。

⑶東大アジア学生友好会（一九五七年発足）と北海道旅行

この頃杉浦さんは、川鉄勤務時代から東大アジア学生友好会の活動を続けており、その杉浦さんが川崎製鉄を辞めて（一九五八年）、留学生のための新しい学寮建設のために新星学寮に戻って来ていたことと、駒場でアジアの学生との友好活動の経験のある渋谷盛和氏が入寮していて、この会の活動が活発になった。一九五八年の七月から八月にかけて第一回の北海道旅行が実施されるが、その実現に向けての企業・寮友への募金活動、事務調整等に杉浦さん、私をはじめ寮生は汗を流した。

第一回の旅行には、私自身は参加していないが、杉浦さん、橋本日出男さんら寮生が七人参加し、他にも日本人学生が九人参加している。留学生は二十一名、指導教官として白倉昌明先生、早野雅三先生、堀幸夫先生、根本松彦先生が参加された。

なお、北海道旅行は一九五八年を第一回とし、一九六〇年、一九六二年、一九六四年、一九六六年の五回行われた。事業の事務局は新星学寮生が務め、資金集めのための企業訪問、寮友訪問、日程調整等を行った。

三．財団法人海外技術者研修協会（ＡＯＴＳ）創立の頃

⑴ＡＯＴＳ入職まで

ＡＯＴＳ創立の経緯については、『十年史』の座談会記録に尽きると思うが、私の卒業後の進路については、自分は全学連の末席にいたこともあり、普通のところへの就職は無理であろうと思い、新聞社くらいしか就職口は考えなかった。しかし、いずれも駄目で結局一年留年することになった。

その頃は一九五七年に設立認可を得ていたＡＳＣＡ（アジア学生文化協会）の決算期に当たって

いて、これを手伝うことになり、慣れない会計処理を行った。寮の入り口左の部屋を空けて事務所とした。

この部屋いっぱいを使って穂積先生の奥様、文子さんからいただいた段ボール二箱に入っていた領収書を広げ、「会計入門」を読みながら日がな一日、費目別に振り分けをした。

当時のＡＳＣＡの体制は、理事長は穂積先生、事務局長は武田信近さん、事務局員に杉浦正健さん、アルバイト（関川）という布陣であった。

武田信近さんの巨体にお目にかかったのは入寮してすぐのことであった。武田さんの慶應大学相撲部から戦中の敵陣踏破のお話が面白く、少年時代に読んだ山中峰太郎の数々の軍偵物語や冒険ダン吉、のらくろ伍長を地で行くような話に血沸き肉躍る思いがして聞き惚れたものである。

天野正治先生（レーモンド建築設計事務所社長、当時）の穏やかな人柄、市原豊太先生（東大教授、フランス文学）の飄逸な話術、田井重治さん一家のいつも変わらぬやさしい笑顔等々は、一歩前進二歩後退というア文協の苦しい業務の中で時に出会う心なごむオアシスであった。

一九五九年一月頃だったと思うが、杉浦さんに引っ張られて、寮の奥にある穂積先生の部屋に行き、杉浦さんが私をＡＳＣＡの正職員として採用するように直談判をしてくれた。穂積先生は例によって応諾は示さなかったが、その後はＡＳＣＡの職員として勤務した。ＡＳＣＡの仕事をしながら、ＡＯＴＳ設立の仕事もしていたのが、当時の状況だった。

山本長昭さんは前述のように、一九五五年一月には国策パルプの東京本社に戻っており、同年五月には新星学寮の寮友会の幹事にもなっていて、寮の修増築に尽力してくれた。その後、ASCAの認可（一九五七年七月）に向けて、経済的には報われない中で頑張っている杉浦さんと私が山本さんに、このASCA事業への参加を要請した。

ABK建設の仕事にはまず、その母体となるASCAの財産、基金をつくらなければならないのに、なかなかお金が集まらない。ASCAの基本財産は新星学寮の土地・建物を充てた。募金活動には山本さんも寮友幹事として何度も足を運んでくれた。

(2) AOTS創立に関係した人達

AOTSの創立には、ABK建設後の運営の実務的、経済的な問題が絡んでいた。たくさんの人達がAOTS創設に関係しているが、政界、財界、通産省、学界の多方面からの支援があった。

一九五八年（昭和三十三年）はまた、鳥谷寅雄さん（ASCA理事、後にAOTS専務理事）や通産省の林信太郎さんが寮に足繁く通われた年でもあった。特に林さんは、役人らしくなく、熱心に海外技術研修生の受入研修事業の理念―日本の技術移転の円滑化とより多くの知日派の養成―を説いて穂積先生を説得したようである。鳥谷さんが岸信介さんの紹介であったことも、功を奏したかもしれない。岸さんのア文協への四～五億円の補助金の話を断った先生も、別法人として新規に設立するということや、武田さん、山本さんの会館実現にはこれしかないという現実論に納得せざるを得なかったと思う。

財界では日本興業銀行の中山素平さん、石井一郎さん、富士電機の金森増彦さん、富士銀行（現みずほ銀行）の岩佐凱實さんらの尽力も忘れ難い。

(3) AOTS創立時の事務所の変遷と事業開始

創立当初の事務所は場所を転々とした。例えば、最初は富士銀行の丸の内支店の二階、次が岸本ビル、最後が東大の竜岡門の近くの木造二階建ての建物の二階であった。すべてにわたって富士銀行の岩佐凱實さん（当時は副頭取）のご尽力の賜であった。

土地が決まらないと寄附金が集まらない、募金がないと土地も建物もできない、という堂々巡りの中で天野先生には十四回も土地の下見のご足労を願い、その都度図面を引いていただいた。

この土地・建物か募金かという悪循環を断ち切れたのは、会社論理に通暁していた山本長昭さんと武田信近さんのすばらしい人脈によるところ大である。武田さんはその鹿児島人脈を使って役所に働きかけ、また住宅公団役員と何回にもわたる会合や煙に巻く話術等々、穂積先生の信念に基づく正攻法だけでは中々一般世間には通らなかっただろうと思う。まさに両輪相俟って初めてことがなったと信じている。

一九五九年八月にＡＯＴＳが設立され、九月にはアジア文化会館の着工を見、その少し前の三月にはア文協への寄附金免税許可が取れたのも、この両者がうまく絡まったためであろう。ＡＯＴＳは事務所を寮から外部に構えた。

一九五九年の後期から事業が開始された。四十五人分の予算がついていたが、そもそも研修生なるものがどこにいるか分からず、東京入国管理所（当時）に出かけて行って、招聘申請書類を一枚ずつ書き留めて、申請している会社に行き、研修制度の開始と制度利用の得失を説明した。

そして、日本プラント協会の事務所（当時、日活ビル）の一室を借りて、一般研修事業を実施した。なお、一年目の一九五九年度の研修生受入人数は四十三人であった。

研修生は青山のアジア会館（現ホテルアジア会館）やホテル住まいで、そこから通い、講師の先生達は直接日比谷の日活ビルに来ていただき、我々も岸本ビルから馳せ参じるという日々が続いた。

この状況はＡＢＫが完成する一九六〇年六月くらいまで続いた。

(4)ＡＢＫの食堂運営と会館運営

ＡＢＫの会館建設が進む中で、先輩格のアジア会館の平川直さんには、手取り足取りのご指導を受けた。その中で彼の忠告を聞かなかったことは、食事の受け渡しであった。曰く「いろいろと在館生から文句をつけられるので、小さな窓口で（お互いの顔も見えないように）やり取りしなさい」

ということであった。確かに、目玉焼きひとつとっても、一人ずつ好みが違いこれに応じるのは大変であったろう。しかし、慣れぬ生活環境の中で彼らが一番楽しいひとときは、食事をしながら友達と食べることである。その食事が気に入らないものであれば、楽しさは半減ということになる。事実、皿を床に叩きつけられたことも再三再四あった。これを避けてお互いに「手」だけでの付き合いでは友好もへったくれもない。この伝統が以後守られているのは嬉しい限りである。

一九六〇年六月にＡＢＫが開館するやいなや、留学生がどっと入ってきた。僕はこの部屋だ、いや、僕はこの部屋がいいと興奮しながら会館中を走り回っていたナイミさんやジャベリさんの姿を思い出す。日本人学生は特別に大部屋を二つ作ってもらい（四〇一号室と五〇一号室、建物の角部屋）、四〇一号室には私、関川が、五〇一号室には杉浦さんが数人の学生とともに寮から移り住んだ。

早速会館自治のための会則を作ろうということで、その草案作成委員会を設立した。口を開けば「ドラフト・コミッティ」と言う杉浦さんの綽名がミスター・ドラコンとなった。後にＡＯＴＳ第一回帰国研修生実態調査（Ｐ．１８２注）をやるようになったのは、こういった留学生・研修生達との交流があったからだと思う。

清掃はさすがに自分達ではできず、専門の人を採用した。

食堂のチーフもかつて新星学寮で栄養指導をしてくれた女性に頼むということで、当時女子栄養大学の直営食堂があった日本鉱業（現日鉱日石金属）に貰い受けに穂積先生自身が行かれた。

会館の運営問題では、会館の部屋八十室分のＡＯＴＳによる一括契約について、やはり武田信近さん（ア文協事務局長）と山本長昭さん（ＡＯＴＳ事務局次長）の丁々発止の運営委員会でのやり取りが、はらはらしながらも刺激的な印象であった。武田さんをやり込めるがごとく見えて、実はア文協の運営に良かれという趣旨の議論の展開は、山本さん以外ではとてもできない芸当とほとほと感心した。

以上

注

(1) 長岡空襲は一九四五年八月一日アメリカ軍により行われ、長岡の中心部市街地約八十%が焼失し、一万四千人余（当時の長岡市の人口は七万四千人余）が死亡し、罹災戸数は一万九八六戸に及んだ。今も行われている長岡の花火大会は、この空襲で犠牲になった市民の霊を弔うために行われたのが最初である。

(2) ＡＯＴＳが一九六四年に行った第一回帰国研修生実態調査（山本、杉浦）は、香港の曹其鏞さん（Chao Kee Yong, 東大機械工学）、台湾の張瑞謄さん（Chang Jui Teng, 三菱電機）らの発言が契機となった。

❷「穂積五一先生とＡＯＴＳ」　雨谷　弘夫　談

聞き手：熊沢敏一
日　時：二〇一三年十月二十二日（火）十三時二十分～十五時四十五分
場　所：池袋・ルノアール

一．新星学寮入寮からＡＯＴＳ入職まで

父（雨谷菊夫）が戦前、穂積先生（以下「先生」）と関係があり、その縁で寮の選考を受けて入寮した。

一九六〇年代初頭にいた元ＡＯＴＳ職員は、創立に関わった第一世代の山本長昭、杉浦正健、関川弘司、福本一氏以外では、第二世代ともいうべき岩尾明、大木隆二、榊正義、勝山隼、田村義郎、坂田忠義、松岡弘、代田泰彦、髙木正紘の各氏であった。

卒業後すぐにＡＯＴＳを志望しなかったのは、立派な先輩方がいる中で自分の未熟さを自覚していたからである。なお、将来の進路として自分なりに考えていたのは四つあった。（一）東大経済学部修士課程に進み日本経済史各論、特に藩政史の研究をすること、しかし、これは経済的理由で断念。（二）代議士の秘書。（三）先生の仕事（ＡＯＴＳ）。そして最後の（四）が会社への就職であっ

た。

この最後の選択（四）で外資系の石油会社にほぼ受かったが、内定式で入社を辞退した。兄や友人達の忠告もあり、外資への身売りに忸怩たる思いがあったためである。

それで、大学の就職課からは大学の面子をつぶしたとして、以降大学は一切就職の面倒を見てくれなくなった。結局、個人的な伝をたどり、富士電気化学㈱に入社し、四年勤めた。三年間の工場勤務を経て、本社勤務になった時、先述のように、先輩の小川巌氏等から、ＡＯＴＳに来ないかと話があり入職させていただいた。

二．寮時代に穂積先生から得たこと

「得たこと」とは厳密には該当しないし、また穂積五一という人は文章で自分の考えをまとめて残した人ではないので、先生の思想（考え）を語ることはなかなか難しいが、全体的な印象や心に残る言葉等を述べてみる。

⑴寮の奥でいつも和服姿で端坐し、にこやかで清潔感があり、正義を行う人という感じで、私は無条件に信頼と尊敬の念を強く抱いた（入寮の頃）。

⑵「誠意（まこと）を尽くせ」とよく言われた。

⑶「切って血のでる言葉（借りものでない自分の言葉）を使え」と言われた。

(4)寮会の席で、日本が軍靴で蹂躙したアジア諸国に対する「民族としての戦争責任論」及びこれに伴う「贖罪論」をかなり激しく説いておられた。この考えが後に、ASCAとAOTS事業の精神的基盤となったのであろうと思う（人造り協力）。

(5)学生時代の一九六一年に私は、一度「切って血のでない言葉」でAOTS事業を批判したことがある。即ち、「通産省（当時）、日本機械工業連合会、財界の肝入りで設立されたAOTS事業は〝新植民地主義のお先棒担ぎではないか〟」と。因みに、一九六〇年代はアジア・アフリカの時代と言われるように、アジア・アフリカ諸国が続々と政治的独立を果したが、他方で旧宗主国たる、主に西欧諸国が旧植民地を経済的に支配した。これを「新植民地主義、Neo Colonialism」と言い、当時岡倉古志郎（国際政治学者）等を中心に、喧しく論じられていた。日本の主にアジア諸国への経済進出もこの観点から論じられていた。

この私の質問に対し、先生曰く、「そうとも言えよう。しかし、研修生は我々の思惑や懸念と関係なく、陸続として来日し、不備、不安定な状態にさらされているのが実情であり、少しでも彼らのためになることをしなければならないと思っている」と言われた。「それでは社会改良主義ではないか」との私の問いに対し、先生は「そうとも言えよう」とのことでこの話は終わった。しかし、AOTS事業は刀の刃渡りのような難しい仕事ではあるが、観念論ではない、実効のある尊い仕事であると当時から思っていた。

(6)私のＡＯＴＳに対する基本認識（社会改良主義）はこの時から変わっていない。

(7)入寮選考（一九六二年四月入寮者）の折に、私が尊敬していた大学の同クラスの非常に誠実、真面目な日本共産党員を入寮させるべく推薦したが、先生の「寮生は未熟なので、こういう人が入寮すれば寮は混乱する」との強い反対で入寮が見送られたことがあった。かつての寮生、関係者には社会党の穂積七郎氏（先生の二歳違いの弟。元社会党衆議院議員）、村山富市氏（衆議院議員、元総理大臣）、丸谷金保氏（元参議院議員）等がいたが。

三．ＡＯＴＳ入職と仕事（一九六八年五月から二〇〇〇年三月の三十二年間勤務）

最初のところで述べたように、寮友からの誘いがあり入職したのだが、私が入職した一九六八年当時のＡＯＴＳは外から考えていたそれとは相当変容していた。ＡＯＴＳは先生を中心にした、「ユートピア的一枚岩の組織」では既になかった。事務局次長の山本長昭氏は事務所で、後を向いて新聞を読んでおり、鬼の杉浦と言われた杉浦正健氏はニコニコとして柔和になっていた。

私が尊敬していたこれら事務局中枢の人達（先輩）にもかつて私が寮時代に感じていた、燃えるような情熱も覇気ももはや感じられなかった。千代田博明氏が、ＡＳＣＡからＡＯＴＳに来られたのは一九六九年の十月であり、文字通り、ＡＯＴＳ組織の要となる人達がいなくなった時期であった。

これらの先輩達と先生との間にいろいろな考え方のくい違いや軋轢があったことは、この時はまだ知らず、また後にこれらの先輩が続々と協会を辞めていくことは思いも及ばなかった。後の「研修生の拘束契約問題」での軋轢、紛糾を「第二次の悲劇」とすれば、これら幹部達（先生の下に志をもって集まった先輩達）の一斉退職は「第一次の悲劇」であったと言えようか。しかし、この頃の私はいろいろ複雑な事情があったことなど全く知らず、正に先輩達に見捨てられたとの感を禁じ得なかった。

私が外部にいた時に抱いていた「穂積ユートピア」は幻想でしかなかった。今にして思えば、結局この「第一次の悲劇」の淵源は、ＡＯＴＳを「寮」の延長と捉え運営する先生か、または、事業体と捉え運営する幹部諸氏、いずれの方向を採ろうとするかによって、さまざまな軋轢・対立等が現象化したものと思われる。

⑴最初の仕事は業務課

最初に配属されたのは総務課だが、これは二か月のいわば待機人事だった。その後業務課（一九六八年七月〜一九七三年三月）、業務班（一九七三年四月〜一九七四年九月）と業務畑が実質的なＡＯＴＳでの最初の勤務部署であった。業務課長は福本一氏、課長代理は富永佳志氏（広報担当で和・英文『研修』担当）、企画調査係長は小川巌氏、研修生受入審査は髙木正紘氏だった。

この中で私は支給金業務を担当した。当時支給金の計算は手計算で、データを何度も転記するやり方をしていたので、煩雑だし間違いも多く、これをいかに合理的にミスをなくし、かつ楽に仕事をするかを考えた。基本的な考え方として「機械のやるべきこと、人間のやるべきこと」を分け、浮いた時間を有意義な仕事に使うということであった。この頃初めてオフコンのオリベッティP二〇三を導入した。業務課のファイリングシステムも作った。

また、開発という業務をつくり、受入会社開拓のために、会社別事業説明会、会社へのダイレクトメールの送付、会社訪問等も行った。その後の一九八〇年代以降のAOTSでは考えられないことだが、当時は研修生の受入数が少なく、かなり無理な受入れもせざるを得なかったのが実情であった。

即ち、研修（OJT）と労働の区別をはっきりとはつけ難いような案件もあり、受入会社と研修生間のトラブルが多発した。

(2)会費制度の抜本的改革（その後のAOTS事業の飛躍的発展の礎を築いた大改革）

この時期のAOTSとしての経営基盤の根本的な改革ということでぜひとも記録しておきたいことは、当時の事務局次長であった千代田博明氏が一九七三年に進めた「会費制度の抜本的改革」である。この改革なくして後のAOTSの事業の補助金によらない、自由度のある施策（同窓会関連事業推進、管理研修の同窓会推薦研修生の増大、職員の待遇改善等）を進めることはできなかった。因みに会費は、創立以来の一九五九年から一九七二年までは賛助会費、特別賛助会費、会館運営会費の三種があり、それらはすべて研修生滞在日数にのみリンクし、日額建てであった。そして会費を増額しようとすれば主要な受入会社が反対し、協会幹部は苦労していた。これを、次のように変更した

① 支給金分担金（全支給金×〇．二五 →（A）とする）
② 研修分担金（定額でコース毎に定める）
③ 運営分担金（定率制、三種の会費区分を設け甲、乙、丙で異なった係数（〇．八五、〇．九、〇．六）を（A）に掛けて算出する）

これにより事務局経費の安定的確保を実現したのである。千代田氏がどうやって、通産省（当時）や主要受入企業等の関係者を説得したのか、詳細は知らないが、とにかくこの改革がその後のAOTSの経営基盤を固め、事業の発展に大きく貢献したのは確かである。

（熊沢注：その後この仕組みは変更され、さらに現在では別のシステムになっている）

四．一九七〇年頃の穂積先生の言葉

一九七〇年代初期の頃に先生は次のようなことを言われていた。

⑴ＡＯＴＳがＡＢＫ、ＹＫＣ、ＫＫＣ体制になった頃かと思うが、「伽藍建って坊主廃る」と戒めておられた。

⑵「研修生の声は神の声である」、また「研修生のためのみを図れ」と言っておられた。

⑶「私は仕事から給料はもらわない」と言っておられた。

（ＡＯＴＳは事業体でなく、運動体であるとの認識だったのか。手弁当主義か）

⑷「研修生との交流を通じ、人間としての紐帯を図れ」と言っておられた。

⑸海外技術協力事業団（ＯＴＣＡ、後のＪＩＣＡの前身）に労働組合（以下「組合」）が組織された時に、公の席で、「こういう仕事は組合をやってできる仕事ではない」と切り捨てたと聞いている。一九七二年にＡＯＴＳに組合ができた時にはどういう考え方であったのか、残念ながら聞いていない。先生は一度も組合との団体交渉に出ていない。団交の席で先生の信念をお話しいただきたかった。

⑹一九七二年に韓国馬山輸出自由地域（日本側一〇〇％出資）からの研修生受入れをした時には、ＡＯＴＳ内部から相当厳しい批判を浴びた（先生が直接言及されたかは、不明）。

⑺「タイの八割の農民は貧しい。これに思いをいたさなければならない」と言っておられた。

⑻この頃には合弁事業からの受入れ可否論争、給与一％拠出問題、自己批判文提出等の話はもう終わっていたのか、私は聞いていない。

五．穂積五一さんとは結局どういう人であったのか

私は長い間先生に接し、折に触れいろいろとお話を伺ったが、先生の全著作を読んでいないし、また、戦前を含めた先生の全活動も知らないので、先生の人間像、または、思想（考え）について語ることは自分にはなかなか困難である。とりわけ、先生は元々論理の人ではなく、心（不立文字）の人で、打ち方によっていろいろな音がするし、また、接し方によって非常に多面的に映る方である。

それで、私がこれまでに先生について聞き及んだこと及び私なりに知り得た先生の行動（事跡）等を参考までに書いてみるが、これもまた先生の一面しか捉えていないと思う。

(1)少年の頃、「母が被差別部落の人に施しをしていたのを見て、深い感銘を受けた」と言っておられた。仏教的慈悲の心であろうか（詳しくは、「母のをしへ」『内観録』穂積五一遺稿P．100～103参照）。これは直接聞いている。

(2)旧制中学卒業後、闘病生活をしていた頃、「すべての草木が燦然と輝き生命の光に満ちるのをその心の深いところで感得した。即ち、草木生命ありという一種の悟りの境地（禅的悟り）に至った、と話しておられた。これも直に聞いている。

僭越ながら私の理解を付言すれば、草木にも生命あり、即ち万物生命ありとする無差別の平等観というか、生命の讃歌というか、この(1)と(2)が「穂積ヒューマニズム」の基底を為すもので

はないかと思う。
(3)東京帝大の頃
美濃部達吉博士の天皇機関説と真向対立した皇国史観の憲法学者上杉慎吉博士の愛弟子となり、後に同博士の私塾「至軒寮」を継承した。至軒寮は戦後、新星学寮となった。
(4)同じ頃、七生報国を旨とする七生社（一九二四年上杉博士が東大内に結成）を実弟穂積七郎氏とともに主導した。
(5)一九三七年、転向後の西光万吉氏（水平社の創設者の一人）の選挙を応援した。西光氏は『マツリゴトについての粗雑なる考察』を獄中で著し転向したと言われる。一九三三年、出獄後、石川準十郎の大日本国家社会党に一時期入る。一九三七年、皇国農民同盟の推薦を受け「第二十回衆議院議員総選挙」に奈良県より立候補するが、次点で落選する。この時に至軒寮や東京アジア学生協議会の多くの学生が西光氏の選挙を応援した事実がある。
（熊沢注：『至高の人　西光万吉　水平社の源流―わが心のふるさと―』宮橋圀臣著 人文書院P．222、P．224に関連の記述がある。また、西光万吉氏と先生との交流は上述の穂積五一『内観録』の「西光さん」P．146～148、及び同書の「西光さんの全集」P．150～152にその一端が垣間見られる）
(6)至軒寮に出入りしていた朝鮮独立運動家の活動を理解し、支持していた。特高警察に捕まった朝鮮人活動家に対する過酷な拷問の話を、自分達日本人に対する取り調べの様子とともに、話をされた。
(7)一九四二年創立の「皇道翼賛青年連盟」の要職を務めた。
(常務委員を務めたとの記述が、『アジア文化会館と穂積五一』P.376~377にあるが、あまり積極的な活動はしていなかったようである)
(8)一九四三年十月、弟の穂積七郎氏とともに反東条活動の嫌疑で、本富士署に拘束された。この時は至軒寮関係者も多数拘束された。
(9)一九三六年の二・二六事件の折、山口市太郎大尉(皇道派トップの眞崎甚三郎、荒木貞夫両大将と青年将校達とのつなぎ役といわれた)に会い、こういうやり方では国家改造などできない、と説得したと言っていた。直に聞いた話である。
(10)戦前、自室に天皇のご真影を掲げていたと聞いている。
(11)戦後、共同研究『転向』(三分冊の中巻。現在は平凡社の「東洋文庫」のシリーズの『転向』戦後編にある)という本に取り上げられた時、「私は転向などしていない」と明言しておられた。これも直に聞いた話である。
以上、二.の(2)、(3)、(4)、(5)、(7)、四.の(1)から(8)、及び五.の(1)から(11)の断片的事項等から先生の実像(思想・精神)をどう捉えるかであろう。

因みに、私達の世代で先生をもっとも深く理解していると思われる一人である代田泰彦さん（寮友。ＡＯＴＳ常務理事等歴任）は先生の思想を「人間インター」という言葉で表していたのを記憶している。けだし言い得て妙なりと思った。「人間インター」とは「社会主義インターナショナル」をもじった代田氏的表現で、人種・国家・民族・宗教党を超越した「人間の心奥での深い理解、共感、紐帯というようなことであろうか（これはＷＮＦ―ＡＯＴＳ同窓会活動から生まれた南南協力への仕組み―にも通じる考えであろう）。

最後に僭越かつ皮相の感を否めないが、敢えて、私の穂積観を言えば、「いわゆる右翼の範疇には属するが、真のナショナリストであり、東洋的モラリスト・ヒューマニストであった」と言えようか。しかしながら、組織運営に関しては、先生は最後までＡＯＴＳを事業体として認識、運営することを拒んだのではないかと考える。諸賢の批判を待ちたい。

六、その他在職中のことで特に記録しておきたいこと

この時期は、ＡＯＴＳに組合が一九七二年に結成される等、組織運営上の価値観の一大転換を求められた時期であったので、その辺りに関連した事項に若干言及しておく。ここに記した事項以外の個人的な履歴等については、この企画の趣旨に合致しないので一括して割愛する。

⑴総務課長時代（一九七四年十月〜一九八二年三月）

総じて、この時期は激しい組合活動への対応と「研修生拘束契約問題」への対応に追われた。AOTSに組合が結成されたのが一九七二年で、当初は組合員も相当数いた。組合結成の頃の事務局側は庄司徳治常務理事、千代田博明事務局次長、小林一郎総務課長だった。私は、一九七四年十月に総務課長に異動になり、その頃には武田信近専務理事は退任し、専務理事は庄司氏、千代田常務理事・事務局長、雨谷で団体交渉等に対応したが、穂積理事長自身は一度も団交に出たことはない。この頃から私は、先生を先生ではなく、理事長と呼ぶようになった。

（熊沢注：千代田氏は一九七五年末に常務理事・事務局長に就任。庄司氏も一九七五年末に常務理事から専務理事になっている）

当時週一回、朝に行っていた本部事務連絡会議では怒号が飛び交い、事務所にビラが貼られ、夜間にはシュプレヒコールが叫ばれる等騒然たる雰囲気だった。理事長が先のOTCA（現JICA）の組合結成に対する批判と自分のところとの関係をどう説明するのか、不可解だった。

当時、理事長は組合から逃げていると私は思っていたが、理事長は理事長と職員との関係を雇用者と被雇用者という法的関係とは離れて、労使関係と捉えず、主観的に運動体の一員としての関係と捉えていたのではないか。従って、双方の主張の土俵がもともと違い、議論がかみ合わないと分かっていたから団交に出席しなかったのではないか、と最近思うこともある。

なお、千代田氏は組合との団交の折に、協会の賃金に対する基本的な考え方として組合が主張するような、大企業並みの賃金というのはあってはならないことで、ものづくりをするわけでもない、この仕事のあり方への矜持を示されたと思うし、大事なことと思った。

(2)人治から法治への時代(一九七四年頃から一九八二年)

(運動体としての組織認識ではなく、普通の組織へ)

既に、一九六〇年代後半にはAOTS事業は時流に乗りつつあり、このため一般公募での職員採用が行われ、新星学寮出身者でない職員が多くなっていた。公募で働く場としてAOTSを選んだ人達と寮出身者とではやはり意識の違いがあり、その乖離が大きくなっていったのが、後の組合結成につながったのだろうと思う。

当時を顧みると、人事関係規程は就業規則と給与規程のみで、その他の公印管理規程等はなく、代表者印である会長印、理事長印等の公印は誰の許可もなしに押せるような状況だった。とても信じられないが、放縦・杜撰なことだった。

また、規則や規程に従って業務を行うといったことが、本質から外れた一種の堕落とみなされるような雰囲気があったように思う。これに対する私の考えは、人事関係規程は公平、平等を図るため、事業関係規程は事業実施の正確、迅速、効率向上を図るためのものであるとの基本認識で、要するにＡＯＴＳを一般の普通の組織にする以外にないという考えだった。たまたま、公益法人監査の指示（一九七七年）もあり、千代田事務局長の指示の下、規程の抜本的改訂・充実・改編等を行った。特に福利厚生制度の充実等に努めた。また、ＡＯＴＳシンボルマークの制定もこの頃である。

⑶新ＫＫＣ（新関西研修センター）建設と企業への募金活動
（常務理事・ＫＫＣ館長時代一九八九年～一九九五年）

新ＫＫＣ完成は一九九四年であるが、建設への活動はその六年前から始まっていた。これも、なかなか困難な事業で、特に関西経済団体連合会との募金仕掛けの調整がうまく行かず、企業からの募金には本当に苦労した。この件では、山本長昭専務理事（当時）とは随分と激論を交わした覚えがあるが、新ＫＫＣの完成は近畿圏に民間ベース技術協力の殿堂をつくったという達成感や充実感はあった。また、この頃、自分は不治の病を抱え込むことになってしまった。

⑷「研修生拘束契約問題」はＡＯＴＳを揺るがす大問題であったが、その経緯については、千代田博明氏の総括を待ちたいので、言及しないこととする

以上

❸「穂積五一先生について」 小木曽　友　談

聞き手：熊沢敏一
日　時：二〇一三年十二月十七日（火）十五時～十七時三十分
場　所：池袋・ルノアール

一．なぜ新星学寮に？

私の父は穂積五一先生と豊橋四中（現時習館高校）の同級生であった。父は東大の文学部西洋史学科を卒業して、大学の講師等をしていたが、戦時中、家族を愛知県の郷里に疎開させたのち、至軒寮の寮生になった。子供の頃から、「五一さんは神様だ」と父が言うのをよく聞かされていた。私が大学三年になる時に、父から「五一さんのところに行ったらどうか」と言われ、アジアも何も全く関係ないし、関心もないままに新星学寮を訪ねた。一九五六年の早春、初めて穂積先生にお目にかかったのが、今に至る始まりだった。

私が入寮したのは、一九五六年四月。同期の入寮生は、鈴木典之、廣瀬益雄、関川弘司、是松恭治、小田中聡樹、田縁良樹、平沢一彦、大久保武道の各君だった。そして、先輩として既に寮におられたのが、千代田博明、杉浦正健、渋谷寧伸、福本一、井上駿、藤瀬洋子、寺門克郎、田口英治、斉藤雄造、米満良暢の各氏だった。

二.人を評価するとき

私は一人の人物を評価するときには三つのことを考える。一つは何をやったのか、やってきたのか。二つ目は生い立ち、どういう教育を受けたか、どんな生き方をしたのか。三つ目は穂積先生とどういう関係であったのか、何でこういう長い関係ができたのか。この三点について話したい。

(1)穂積先生は何をしたのか

穂積先生の思想、理想の集大成は、つきつめて言えば、タイにTPA(泰日経済技術振興協会)をつくったということにあると思う。ただし、これは先生が、ABK、AOTSをつくった時から明確なヴィジョンを持っていたかといえば、必ずしもそうではなく、紆余曲折を経てそうなったのだと理解している。

ABKを建てようとしていた時期は、まだアジアへの関心とか技術協力ということには世間の理解がなく予算もなかなかつかなかったし、ABKの建設資金を集めるのも大変だった。

ご存じのように、ABK建設の最中にASCA(ア文協)理事でもあった鳥谷寅雄さんが通産省の構想にヒントを得て、AOTS設立とABK利用の話がでてきた。日本機械工業連合会とASC

Aが母体となってAOTSが生まれた。運営は穂積先生が理事長になり、ASCAのやり方でやらせてもらうということになった。

ABKの運営は結果的にそうなったのだろうが、専門性はあるが社会性というか広い視野が足りない留学生と、既に社会人で世の中の仕組みを知っている研修生、それと日本人学生が一緒に住んで、ABK内での自治会の活動、日々の接触で鍛えられたことが、今から振り返ると大きな意味があったと思われる。

クラハンさん、スポンさん等、後に一九七三年のTPAの設立に深く絡む元留学生達はAOTSの研修生としての一面もあった。現在TNI（泰日工業大学）の理事長をしているスポンさんは東大工学部で勉強していてABKに入館を希望したが、タイ学生の人数枠がないとのことで断られたので、大学院の修士課程に入った時、スポンさんの指導教官であったAOTS主任講師の東大教授・山村昌先生から三菱電機に話をしてもらい、三菱電機の持っていたAOTSの企業枠の部屋を使ってABKに入った。だから、スポンさんはAOTSの縁で初めてABKの在館生になった、ということができる。

JTECS、TPAができる前後の東南アジアでは、タイ、インドネシアなどで日本の企業進出とそのあり方に対する抗議の意味の反日・日貨排斥運動が盛んだった。通産省でもこの事態を憂慮し、これを改善するためには、本当にタイに役立つ経済協力をしなければならないと本気で考え、穂積先生に相談した。穂積先生は、真にタイ国に役立つ協力をしたいなら日本側だけで勝手に考えるのではなく、タイ側の意見も聞く必要があると主張し、通産省の同意も得て、タイに赴き、各方面の多くの人々の希望を聞いた。その結果、情報センター、高等専門学校等の分野でタイの将来の産業及び経済の基礎づくりとなるような人材の育成、教育を行う、そのための建物、設備を日本側が寄附し、運営は、元日本留学生や研修生で独立の組織（後のＴＰＡ：泰日経済技術振興協会）をつくって当たるのがよい、という結論を得たのである。

通産省は、このような構想を推し進めるため、日本側の推進母体として一九七二年にＪＴＥＣＳを設立し、その実質的な運営をＡＯＴＳが担う形にした。佐藤正文さん、柳瀬修三さんがそれぞれＡＯＴＳ、ＡＳＣＡからまず、ＪＴＥＣＳに出向し、そこからＴＰＡに派遣される人的支援の形をつくった。

通産省が穂積先生の協力を得てタイでＴＰＡをつくろうとした時に、ＡＯＴＳの事業を積極的に国際的に拡げて行こうとするこのような構想に、ＡＯＴＳで賛成したのはごく一部の人しかいなかったと聞いている。

穂積先生はＴＰＡ設立の時に、三つの原則、①タイ国に役立ちタイの自主性を尊重すること、②タイ人によって運営されること、③政治に関係を持たないこと、をタイ側と合意したが、まずもってタイの自主性を尊重することを第一に掲げた。

ＪＴＥＣＳを通じていろいろな活動支援が行われるが「金は出すが、口は出さない」ことを保証してくれるかがタイ側の大きな関心事であり、心配でもあった。通常、こういった日本との関係の団体ができると、日本人が主要な役員なり理事に入ることが多いが、先生は一人の日本人もＴＰＡの組織に入れなかった。また、ＴＰＡの会長を決める時、最初の候補はソンマイ先生ではなく別の人であった。初めは何かと噂があった戦前の元日本留学生が会長候補として日本の財界などを通じて推薦されてきたが、穂積先生は留学生であったスポンさん達に相談して、その人ではなく、彼らが推薦するソンマイ先生にお願いした。穂積先生とソンマイ先生は当時、面識はなかったが、スポンさん達が推薦するならと、即座に了解した。

先生は日本で周到な根回しを通産省、財界に行い、ＴＰＡの役員に日本人を入れず、またＴＰＡの発会式にも日本側からは、政府も民間も誰も招かなかった。通産省も経団連も呼ばなかったし、挨拶もなかった。また、一九七五年にＴＰＡの新しい会館が完成したときも、開館式に参列していた駐タイ日本大使に挨拶を求めなかったため、タイ側が「大丈夫ですか」と却って心配したくらいであった。これを見てタイ側も「タイの自主性を尊重する」との原則を守るという、穂積先生の決意の並々でないことを見てとり、本当にタイのために考えてくれているのだと実感し、以降、タイ元日本留学生・研修生を中心としたＴＰＡの活動に一層拍車がかかることとなった。

彼らはそれぞれ毎日の勤務を終えると、三々五々集まり、ＴＰＡの運営のこと、将来計画などを夜遅くまで議論した。報酬は弁当一つであった。その活動の中で、技術系の大学をつくるという夢を、とうとうＴＮＩという形で、二〇〇七年に実現させたのであった。

⑵穂積先生の生き方

穂積先生の場合、その原点にあるのは、

① 中学時代の懊悩と病気を通じて得た哲学する心と宗教する身体、いのちの直覚

② 科学する心。社会科学を学んだことで得た科学的なものの見方

③ 日本的なものに対する思慕。上杉慎吉先生に師事したこと

①についてはその源流は『内観録』の「母のをしえ」「西光さん」に書かれていることに、先生の生き方が示されているのではないか。人間を社会的身分によって差別してはいけないという基本的な考え方が見えるのではないか。中学を卒業した時点で大病をし、生の悩みに陥ったが、数年の懊悩の後、生きとし生けるものみな同じ命に繋がってるという、仏教的な目覚めを体験した。大学在学中から静岡県興津の清見寺において禅の修行に励んだが、それは専門僧と一緒に托鉢も行うという本格的なものであった。新星学寮が炊事、清掃を寮生自身で行うという生活スタイルを採ったのも、穂積先生のこの若い時の禅寺の修行が影響したものと思われる。寮生は、質素でもよいが清潔な服装を心掛けよ、部屋を整理・整頓せよ、散らかっているのはともかく、不潔なのはいかん、

と厳しくしつけられた。また、人間は生きるためには他の生物の命を犠牲にしなければ生きられない、ということから菜食中心の食事になったのもこの頃からである。なお、生命があると言えば野菜など植物にも生命はあるが、植物の種までは人間は食べない、種は大地に返すというところが動物とは違う、というような話もよくされていた。

②の点は、先生は社会科学系統の勉強を相当した人だと思う。第七高等学校は当時マルクス主義が盛んなところで、先輩の左翼活動家には佐野学、徳田球一がおり、穂積先生と同時代の活動家には、鹿地亘、是枝恭二、佐多忠隆などがいた。穂積先生は、この七高において、ロシア革命やデモクラシーに関心を深め、大きな影響を受けた。「自分がその後、社会、政治、国際問題について社会科学的な考え方ができるようになったのは、七高で揉まれたことが基盤になっている。もう一歩で共産党に入党しようか、というところまで行ったが、最後の最後のところで、人間に対する理解の点でマスクス主義を受け入れることができなかった」と私に語ったことがある。

昨日までの同志も、思想・心情の違いが生じると不寛容となり、裏切ったり攻撃したりする。それは、自分の人間観と違ったと後に述懐している。また、戦前の先生は学者には右翼に分類されているが、皇国史観などに走らず、朝野を挙げて推進した満洲移民に反対し、対米戦争に反対し、台湾・朝鮮の植民地解放を主張した。戦後は他の右翼が政商などに堕したのに比べ、新星学寮を主宰して日本人の学生はじめ、アジアの若者（留学生・研修生）の教育に身を投じ、ＡＢＫ、ＡＯＴＳ

を創設するなど、戦前の他の右翼とは全く異なる、いわば社会改革者、社会教育家の道を歩むことになった。それは、先に挙げた先生の人生の三つの原点のうち、②の「科学する心」を七高時代にしっかりと身に付けたことと無関係ではない、というのが私の見解である。

三. 穂積先生との関係

先に述べたように、一九五六年に新星学寮に入ってから、二年間を過ごし、大学を卒業して退寮後、何となく穂積先生のそばにいたくて、大学院に進んでぶらぶらしていた。一九六〇年六月頃、私のいたABKの近くのアパートに先生から電話がかかってきた。「友さん、元気かね。ところで、あなたの今のアパートの部屋代はいくらだね」「はい、○○円です」「そうか。そうすると会館は××円だから、会館の方が安いねぇ」。その一言ですべてを察して、私はそれから間もなく、全家財をリヤカーに載せて会館に引っ越したのであった。私の会館での生活はこのようにして始まった。

先生が亡くなって、大河内先生、田井さんと、大物の理事長が続いた後、一九九五年、はからずも私が理事長を継ぐこととなり今日（二〇一三年）に至っているが、ABKに学生として入った時、まさか将来私が理事長をやることになるなど、夢にも思わなかったことである。

四．一九七〇年前半からの研修生拘束契約の頃の穂積先生

この頃の先生は、もうこの問題で頭がいっぱいで、夜昼構わず誰彼となく電話をかけまくっていた。私のところにも、何度もこの問題で電話がかかってきた。私も最後の頃には先生と言い合ったことがある。「私は先生のような生き方をしてこなかったし、先生のように立派な資質に生まれついた人間でもない。私にこの問題でどうしろというのですか？」と。穂積先生は電話口の向こうで、一瞬絶句した後、出た言葉は、「友さん、僕にも何をどうすればよいのか、はっきり分かっているわけではないのだよ。だけど、自分が今こうするしかないと信じることをするしかないじゃないか」。また、「これ（拘束契約）を容認すると、自分が奈落の底に落ちていくような気がする」とも。先生の心の奥底に何があったのか、正直に言って私にはよく分からない。敢えて想像すれば、経済協力の名の下に受け入れたアジアの研修生達に対し、不当な労働契約を結んで行く日本の企業のやり方に、戦前の日本、日本人が犯した過ちが重ね合わされて危機感を抱き、その萌芽をこの拘束契約問題に見たのではないか。それは、先生のそれまでの生き方とは相容れないと深く感じられたのではないか。

今、私が言えることは、穂積先生も時代（明治終期、大正、昭和）の生んだ歴史的存在であるということ。そして、私にとって先生は宇宙であり、宇宙は、どの部分を見るか、どの角度から見るかで、全く異なる様相を見せるものであり、宇宙を丸ごと理解することは、私のような凡人には不

可能であり、人生の師として、学びたいこと、学べると思うことを学べれば、それでいいと思っている。

五．その他

穂積先生との思い出の中で、こんなことを言われたことがある。

①人間というのは本当に大成するには三つのことが必要である。大貧乏、大病、大恋愛の三つ。先生はこの三つをすべて体現した人である。大学を出てから、定職につかず、至軒寮を拠点とする社会改革運動に身を投じたのは、大貧乏は覚悟の上での人生の選択であった。大恋愛は奥様の池田文子さん（真珠王・御木本幸吉翁の孫）との恋愛・結婚である。大病はエピソードに事欠かない。七高時代に肋膜を患い血を吐いて死の直前までいったが、もうだめかと思った瞬間、一切を放棄して天に身をまかせるという心境になった時、出血が止まったという経験もした。東大卒業後（一九三〇年頃）、二回目の胃潰瘍を患い東大病院に入院したが、検査ばかりで一向に治療のなされないことに業を煮やし退院。以後、決して西洋医学にかかろうとはせず、代田文誌先生（科学的鍼灸の推進者）の鍼灸と、大塚敬節先生（昭和期の漢方の復権に功績があった医師）の漢方に生命を預けることとなった。このことは、一九七一年の三回目の胃潰瘍の手術まで続いた。

②穂積先生に会って一目で魅了されてしまい、感銘を受けたという人が多いが、それは先生の禅の修行から来るものと思う。興津の清見寺（住職は古川大航老師、後の妙心寺派管長）では専門僧に混じって托鉢をするなど、本格的な修行に励んだと、先生の口から聞いたことがある。戦後も古川老師や八木黙嘯師（鎌倉・円覚寺に安居）を訪ねて、常に禅の指導を受けておられた。禅の修行とは何か、ということは実際に座禅をしたなど、ある程度禅の修行をかじった人でないと理解が難しいが、ごく簡単に言えば、人と相対した場合、一瞬にして相手に「成りきる」ことができるようになることである。相手に「成りきる」ことができれば、相手のことはすべて即座に了解できることになる。相手からすれば、穂積先生は自分のことを全部分かってくれた、となるわけである。

③役員無給の宣言　ＡＯＴＳができるに際して先生は役員無給を言われたが、ＡＯＴＳの事業（アジア等発展途上国に対する技術協力）を「日本が中国はじめアジアに対する戦争責任を果たす」ために行うものと捉え、そのためには、せめて理事長は無給で引き受けたい、という信念に基づくものであった、と理解している。

あとがき

熊沢　敏一

この作業をすることになったのは二〇一三年五月十五日の銀座交詢社での会合であった。その一週間程前に杉浦先生から電話があり、五月十五日に会合をやるから来てほしいとのことで、当日は福本一さん、小川巖さんが参加されていて四人での昼食をはさんでの話であった。

その趣旨は杉浦さんの「はじめに」に書いてある通りであるが、杉浦さんは山本長昭元ＡＯＴＳ理事長が一九九八年三月に作られた私家本『息子や職場の後輩たちに言い遺したいことなど（ＡＯＴＳ外史）』のようなものを作りたいとのことであった。その会合で何となく私がこの作業をやることになり、ＡＯＴＳの三十年史、五十年史等の正史には書かれていない部分をカバーして、昔のＡＯＴＳ職員のインタビューをしてまとめていけばよいだろうくらいに思っていた。

私の方で、ＡＯＴＳ創成期に職員として活躍した関川弘司さん、少し経ってから入職した雨谷弘夫さん、それに穂積先生のことをよく知るアジア学生文化協会理事長の小木曽友さんに個別に会いインタビューをし、聞き書きをまとめるという作業をしていた。

また、千代田博明さんと榊正義さんには個別のインタビューの時間をいただき、かつ座談会にも出席していただいたが、その内容はインタビューの記録ではなく、座談会の中での発言としてまとめさせていただいた。これら以外にも記録として掲載はしていないが、数人と会合を持ち、最終的に掲載は見送ることになった。ほかにもインタビューを依頼したが、同意してもらえず諦めた人が数人いた。

座談会をやることになったのは、やはり皆さんが集まって当時のことを話す機会があった方がよいだろうとのことからであった。AOTS創生期の四人以外に、榊正義さん、佐藤正文さんにも参加していただいた。一回当たり大体四時間くらいの座談会で、最後の四回目の会合には市川悟さんにご参加いただき山本理事長時代の話を伺った。

座談会の話を進めるにあたり、一応大まかに年代別に話をしていただいた。しかし、実際には話が前後していることも多く、話された内容の事実確認と資料の補完を私の方で行った。発言記録については、発言者の同意を得ていることはもちろんであるが、この座談会記録が公刊を予定されていることもあり、関係者の発言にはいろいろな配慮がなされていることは了解いただきたい。

皆さんのお話を伺いながら、それぞれの時代に新星学寮に入ったことが、その後のその人の人生を決めてしまうことになったことが、よく分かる。時代によって穂積先生と寮生の関わり方が違っているのもよく分かった。

私が新星学寮にいた一九七〇年から一九七一年は、学生運動が全国的に起こっていた時期で、ベトナム戦争はまだまだ続いていた。当時、寮はベトナム留学生達による当時の南ベトナム政府への反対運動の拠点の一つになっていた。同室だった東京工業大学で繊維工学を専攻していたベトナム留学生も国から送金を止められたりして、あちこちアルバイトの掛け持ちをしながら、運動と勉強をしていたもの静かな人だった。こんな静かな人が、内に秘めた思いを形にして、運動をしていることに驚き、また何とかしなければとの思いがしたのを覚えている。

ＡＯＴＳに入って、ここは面白いところだなと思ったことがある。「研修生拘束契約」問題に関し、協会内で激しい議論がされていた時期に、ある時、穂積先生を交えて討論会がＡＢＫの地下の大教室で行われたことがあった。穂積先生は体調がそれほどすぐれない時期だったと思うが、出席されて夜の十一時くらいまで会議に参加し持論を述べられ、職員からはこれに対する反論、あるいは賛成の議論が延々と続けられた。先生は途中で、気分がすぐれなくなり、退席されることになり会場の端に控えていた私が、タクシーに先生を乗せて寮までお送りしたことがある。会合自体はその後も続き、ほぼ徹夜での議論になったが、この協会は発展途上国の問題について立場は違っても、実に真剣に議論するところだとつくづく思ったのを強く覚えている。彼ら研修生にとって何がよいのかを、多くの職員が議論に参加、傍聴する団体というのは珍しいと思った。

このような議論を喚起するような、協会の雰囲気が日常の仕事の中であったからだと思う。具体的には、留学後研修生の研修制度の創設とか、ＡＯＴＳでのコース中、あるいは実習中研修生へのフォローなど、研修生の言い分をかなり取り入れるような解決の仕方を協会の姿勢としてとっていたのは、

ＡＯＴＳ創設に関わった先輩達の考え方が反映したのだと思う。

さて、この座談会の司会のような役割をしながら、思ったことを記しておきたい。山本長昭元理事長もそうだったが、皆さん研修生あるいは留学生のことを実によく覚えておられることだった。覚えにくい外国人の名前をすらすらと会話の中で交えて、彼らとの生活上あるいはその他の場でのエピソードを実に鮮明に、楽しそうに述べられていた。それだけ、個々の研修生あるいは留学生との付き合いが、深かったのだろうし、それがＡＯＴＳのＡＯＴＳらしいところであったとつくづく思った。研修生あるいは留学生が何年、何十年も経つのにＡＯＴＳを、あるいはそこで出会った職員を覚えていて、懐かしがって来てくれる。それは彼らが研修中にどれだけＡＯＴＳに親しみを感じてくれていたかということの証だと思った。

そして、もちろんこの『ＡＯＴＳ外史』の影の主役はやはり、穂積五一先生であった。座談会の場で、皆さんはあるときは五一さん、五一ちゃんと言い、あるいは穂積先生と敬意と親しみを込めて、いろいろな言い方をされていた。穂積先生を抜きにして協会はなかったことを皆さんのお話を伺いながら、改めて思ったことである。

全体として、年を重ねた先輩の率直な話になっているとは思うが、この『ＡＯＴＳ外史』を読んで、若い人達が仕事の中で今後も遭遇するであろうさまざまな困難に際し、先輩達はどう対処したのだろうと振り返ってくれればよいと思う。

二〇一三年六月に最初のインタビューを関川さんにお願いしてから、二年半以上が経ってしまったが、なんとかまとめて、形にすることができた。皆さんのご協力に感謝を申し上げたい。
四回にわたって行われた座談会の具体的な日時は以下のとおりだった。

第1回　日時：二〇一四年七月十日　十三時四十五分〜十七時三十分
第2回　日時：二〇一四年八月十九日　十三時四十五分〜十七時三十分
第3回　日時：二〇一四年十月九日　十三時四十五分〜十七時二十分
第4回　日時：二〇一五年二月十三日　十六時四十五分〜十八時三十分

いずれも会合場所は銀座交詢社内会議室。

なお、この出版に当たり、座談会出席者が「AOTS外史編集委員会」として座談会、寄稿での発言等を検討した。また寄稿で書かれている個々の見解については、各筆者のものであることを付記しておきたい。最後にアジア学生文化協会がその編集に当たった、穂積先生に関する二つの著作『内観録』（穂積五一遺稿）、と『アジア文化会館と穂積五一』は穂積先生を知る上での基本文献であり、穂積先生をもっと知りたい方は、ぜひ読んでいただければと思う。

了

資料編

① 穂積五一先生略年譜

（『内観録　穂積五一遺稿』より転載・原文ママ）

年号	穂積五一先生・関連事項	一般事項
1902(明35)	**3. 25 愛知県八名郡能登瀬村(現、南設楽郡鳳来町能登瀬)にて、父鈴木麟三、母ただちよの6男として出生。**2才にして父と死別。	1904～5 日露戦争 10 日韓併合 11 辛亥革命
1915(大4)	3 狭間小学校卒業。◆4 愛知県立第四中学(豊橋、現、県立時習館高校)入学。	14～18 第一次世界大戦 17 ロシア革命
1920(大9)	3 愛知四中卒業。その後肋膜にて病臥、この頃人生問題に悩み、豊川の妙厳寺(曹洞宗)の福山白麟老師に師事。	19 三一運動、五四運動 21 ワシントン軍縮会議
1923(大12)	4 第七高等学校造士館(鹿児島)文科甲類に入学。	23 関東大震災
1926(昭1)	3 七高卒業。 ◆4 東京帝国大学法科に入学。憲法学の上杉慎吉教授に師事、七生社に加入。	25 治安維持法、普通選挙法 27 山東出兵
1930(昭5)	3 東京帝大を卒業。静岡県興津の清見寺にて、古川大航老師のもと療養、修行生活を送る。その後帰京、「至軒寮」(のち新星学寮)再興。	30 ロンドン会議 31 満州事変
1932(昭7)	春頃、加藤完治氏から満州移民計画への協力を要請さるも断る。	32 満州国、五・一五事件 33 ヒットラー政権発足、国際連盟脱退 36 二・二六事件
1942(昭17)	夏頃、至軒寮、「台町39」に加えて「森川町124」(現、新星学寮)を購入。	37 日華事変 41 仏印進駐、東条内閣、大東亜戦争
1945(昭20)	9 池田文子と結婚。 ◆年末頃、至軒寮、新入寮生により「**新星学寮**」と改名	45 日本無条件降伏 46 日本国憲法 48 大韓民国、朝鮮民主主義人民共和国 49 中華人民共和国 50 朝鮮戦争、日中友好協会
1952(昭27)	2 学寮の寮誌『のろし』創刊。	52 平和条約・安保条約発効
1955(昭30)	9 日中友好協会第5回大会準備委員となる。(59年まで常任理事)	54 国費留学生制度発足
1956(昭31)	年初、留学生会館建設の話もちあがる。 5 募金を行うことに決定。	55 バンドン会議
1957(昭32)	学寮に東大アジア学生友好会発足。 ◆4 中国学生代表を学寮に迎える。 ◆9 **(財)アジア学生文化協会**設立認可、理事長に就任。	56 国連加盟
1958(昭33)	7～8 友好会の北海道見学旅行(以降、66年まで5回) ◆ア文協機関誌『アジアの友』創刊。	
1959(昭34)	8 (財)海外技術者研修協会設立認可、理事長に就任。	
1960(昭35)	6 **アジア文化会館**竣工。	62 キューバ危機、中印国境紛争
1963(昭38)	11 アジアの物故先人慰霊祭。会館学生文化会編『アジア・アフリカの独立と発展に尽くした人々』刊行。	63 マレイシア連邦成立
1964(昭39)	11 **アジア文化会館同窓会**発会式、会長に就任。 ◆12 ア文協、国費打切り処分を受けたチョア君の救援に取り組む ◆10 日本に亡命したアンゴラのレモス君、会館で客死。	64 文部省に留学生課、OECDに加盟、トンキン湾事件 65 ベトナム北爆、日韓条約
1966(昭41)	6 同窓会第1回代表者会議(以降、80年まで5回東京で開催)。	九・三〇事件、文化大革命
1967(昭42)	3 在留が危ぶまれたベトナム留学生、ブー君、ビン君の在留延期に努力。◆11 同窓会推薦研修生の受入れはじまる(以降、94年まで継続。	
1968(昭43)	7 会館の新館竣工。 12 **広島アジア文化会館**竣工。	68 北爆全面停止、パリ和平会談開始
1969(昭44)	10 学寮にベトナム留学生支援の会発足。 ◆12 **蒼生寮**誕生。	69 東大闘争、 ホー大統領死、ベトナムのソンミ事件明るみに
1970(昭45)	4 中国支持の台湾留学生劉さんの事件を支援。	71 タイに反日クラブ、ニクソン、訪中発表、中国国連復帰、円の大幅切上げ
1972(昭47)	7 (社)日・タイ経済協力協会設立認可、理事長に就任、訪タイ。	72 沖縄返還、南北朝鮮共同声明、日中国交, 国際交流基金
1973(昭48)	1 タイ同窓会を中心としたタイ法人TPA認可。◆9 同窓会第3回代表者会議にて"拘束契約問題"提起さる。	73 金大中事件、タイ学生革命 74 田中首相東南ア訪問
1975(昭50)	10 国際交流基金の奨励賞受く。	75 インドシナ社会主義化 76 周恩来死、ロッキード事件、毛沢東死 78 日中平和条約
1979(昭54)	4 会館に初の中国留学生を受入れ。 ◆7 会館に進学補講日本語クラス開設(83年留学生日本語コースに発展)。	79 米中国交
1980(昭55)	3 中国留学生の大森寮(開設に協力)。	
1981(昭56)	6 食を断つなか慈愛病院入院、のち東京医科歯科大病院に転院。 **7. 17 午前4時半、肺炎のため永眠。**	

②『アジアの友』第86号（一九七〇年十二月）穂積五一巻頭言

『内観録』（P．146～148）に掲載される際に「西光さん」に改題された（原文ママ）。

「訓（おし）へ」

台町の傾いた寮の、二階の破れた畳に、チョコンと行儀よく座って、西光さんは、つつしみ深く、お酒をのんでゐなさる。酒の肴は、いつものように、小さいメザシ一尾である。何とも云へない満足感が、その全身をつつんでゐる。私もキチンと座つてそれを見てゐる。たのしくて仕方がない。二人だけの八畳の間の夜は、更けるにつれて、仙境のかをりがたちこめるのがつねであった。

お酒は、〝惣花〟である。代々木の宮島先生のお宅に伺ふと、よく、二・三合を小瓶にわけてとつておいて下さつた、この宮中からのお酒を、私にくださるのである。

「これを飲んで、時には、ゆつくりせよ」と先生は、思ひつめてゐたその頃の私を、励まされた。が、私が飲んだのは一度だけであつた。舌にのせると、何とも云へない芳味が、口ぢゆうにひろがり、それが喉を通るときは、そのうまさに、うつとりとなつてしまふ。こんなおいしいお酒がこの世にあるだろうか。

二度目からは、先生に心からのお礼を云つて、それを西光さんにとつておくのである。時々の〝たより〟の端に「お酒がとつてある」と書いて、上京をうながすこともあつた。西光さんのお酒は、ほんとうに〝よいお酒〟で、酒仙とはこのことを言ふのであろう。川崎さんの煙草が煙仙であつたのと好一対であつた。人をからだの底からよろこばせ、たのしませるものであつた。

はじめて会つたのは、二・二六事件の直後、私が高円寺で母の病を看てゐるときであつた。中村至道さんが案内をされて、お目にかかつたその時のことは、今も鮮かに眼にある。それから三〇余年の間、私たちは一度もむつかしい話をしたことがない。互いに感じ、学び、敬し、そして行つてきたのである。

西光さんの話といふのは、いつも、和かであつた。お酒のときは特にそうであつた。その一つをここに述べよう。

画筆を折つて郷里の奈良県に帰つたのは二十歳前後であつた。もゆる情熱を秘めて、昼夜をおかず部落解放と農民運動にうち込んでいつた。

「その前夜、あれほどかたく約束しておいたのに、わづか一升の酒で仲間をうらぎり、地主にくらがへするんですわ。」

「お百姓のその心根が、どうにも我慢がならず、きつく、その非を責めても、ただ、だまつて座つてゐるだけである。こんな自分のときは、いくら努力しても、お百姓は動かず、組織もできない。やつと少しかたまりかけても、その組織はいのちのないもので、すぐ駄目になつてしまふ。〝なぜだろうか〟と思ひなやんだ揚句、フト、気づいたことがある。自分の思想を正しいと思ひ込み、それで相手を説教してもどうにもならない。お百姓は何百年もの間、軽蔑と貧困のうちに生きて、貪欲と云われる性格ができあがつてゐるのである。お百姓のその歴史を、善も悪も、そつくり自分が背負つていくしかない。」

「そう気がついたとき、いつもお百姓と心がつながつて、いきいきとした組織がおのづと急速に生まれてきましたよ。」

注

宮島詠士（大八は通称）（一八六七年～一九四三年）

宮島詠士は戦前の中国語教科書「北京官話急就篇」を刊行し、中国語の私塾「善隣書院」を創設して生涯その経営にあたるなど、戦前の中国語教育に大きな足跡を残した。日中友好への強い思いがあり、彼のもとには日中の要人の往来があり、政界、財界、軍人等が彼のもとに相談に来ていたという。書家としても著名で、代表作「犬養公之碑」は日本書道史に残る楷書碑として有名である。

③ 日本経済新聞朝刊「私の履歴書・村山富市」

1996年6月7日発行

私の履歴書

村山《むらやま》 富市《とみいち》

⑦

寮長の穂積先生 敬慕

「人間的和合」の理念に共鳴

至軒寮

大島豊先生と並んで、私が学生時代に影響を受けた恩師に、穂積五一先生がいる。

昭和十九年（一九四四年）ごろ、印刷会社「一九堂」を退職した私は、哲学研究部の先輩の丸谷金保さん（元北海道池田町長、元社会党参議院議員）に強く勧誘されて、東大正門前にあった「至軒寮」に入った。

「至軒寮」は、大正十三年（一九二四年）、美濃部達吉博士との憲法論争で知られる上杉慎吉博士が創立した学生のための私寮だった。上杉博士が亡くなられてからは、弟子の穂積五一先生が寮長となり、ずっと学生たちのめんどうを見ていた。

穂積先生は、愛知県の山林地主の五男で、七高、東大を出られ、東大時代の友人には福田赳夫元首相がいる。弟さんは、衆議院議員を六期つとめた穂積七郎氏である。

穂積先生は、求道者ともいうべき立派な人だった。遺稿集『内観録』＝記念出版委員会（大河内一男代表）編＝は、その人となりをこう紹介する。

「絶対的な自主と平等を見すえ続け、個々の民族を超えた『人間的和合』の扉を開こうとするひたむきな求道者だった。社会の改造・発展を担う人間存在そのものに視点を据えて、人間の鍛錬・深化の中に自らの生き方を求めようとした」

「至軒寮」の寮費はタダだった。その代わり、寮生たちは玄米食の質素な自炊生活をしながら、人間の修練をつみ、清掃などの〝行〟を通じて生き方を学んでいた。

寮の建物は、木造二階建てで、三十人ぐらいの学生が寝起きしていた。東大や早稲田の学生が多かった。

穂積先生は、度量の大きい人で、先生を慕って右翼から左翼、また意外な人物も出入りしていた。五・一五事件に参加した国家主義者の三上卓、元共産党員の佐野学、水平社運動の指導者の西光万吉、さらには六十九連勝の双葉山を破った安芸ノ海といった人たちである。

「至軒寮」からは戦後、各界に人材を多数輩出している。政界だけをとっても、元自民党参議院議員の金丸三郎、山本富雄両氏、元民社党委員長の塚本三郎氏、丸谷さんなどがいる。

私は、先生の思想を十分理解できていた、とは思わない。しかし、その宗教的社会主義のような雰囲気に共鳴していた。私がのちに社会党に入党し、政治に人生をささげるようになったのも、この「至軒寮」の体験が大きかったと思う。

穂積先生は、戦後も東大の近くに「アジア文化会館」をつくられ、その理事長として、アジアやアフリカの青年留学生の受け入れや世話に尽力されていた。

18歳ごろの筆者㊧

先生は、日本が太平洋戦争でアジアの国々にもたらした深い傷跡のことを忘れず、心を痛めておられた。そして、過去の歴史への反省と、そこから生じる慎みをもって、留学生たちに接していたようだ。

私は、首相として、国会の場で、戦後五十年に臨み、「過去の戦争を反省し、平和への決意」をはっきりと表明した。そこには、「二度とあのような戦争を繰り返してはならない」という思いもあるが、「反省と慎みをもってアジアの人たちと接する」という恩師の考えが影響しているかもしれない。

昭和十九年九月、私は召集され、「至軒寮」を出て、宮崎県の都城の歩兵第二十三連隊に二等兵で入隊した。さらに十二月には「甲種幹部候補生」に採用され、翌年熊本に配属になり、軍曹で敗戦を迎えた。

軍隊に入隊するまで、「いかに死ぬか」を考えていた私だった。だが、実際に軍隊に入り、上官の命令はすべて天皇の命令とする不合理な軍の在り方に触れ、戦争にいくらか疑問をもつようになった。

それでもやはり日本の敗戦は大きなショックだった。私はほとんど虚脱状態となり、しばらくは何も手につかなかったのを覚えている。

（社会民主党党首）

④『アジアの友』第368、369、370号（1998年9月～11月）より転載・原文ママ

同文は『アジア文化会館と穂積五一』P.487～505に再録されている。

1943(昭18)年10月東條政権に逮捕され、年末に釈放されて至軒寮に帰り、庄司氏の母子たちに迎えられた穂積先生。

語り手　庄司徳治氏の略歴

明治42（1909）年5月11日、山形市生。旧姓豊川徳治。山形高等学校を経て、昭和7（1932）年東京帝国大学法学部入学。同10（1935）年同大学法学部卒業。卒業後、庄司マスと結婚。穂積五一先生の思想・行動に共鳴し、就職を断念。夫婦で至軒寮一階に居住し、無職で青年・学生運動を指導していた穂積五一先生を物心両面で支えるとともに、自身も社会運動に邁進。昭和16年7月、対ソ開戦をもにらんだ「関東軍特種大演習」（陸軍を中心に約80万人を動員）に際し、召集される。敗戦を杭州で迎え、昭和21年復員し、帰郷。一時、九州で農業に従事したが、昭和24年山形県に戻り、山形県立上山農業高等学校（戦前、加藤完治が所長をした山形県立自治講習所の後身）に10年勤務。後、県立山形中央高等学校長などを歴任。任期途中の昭和39（1964）年8月山形商業高等学校長を辞任し、穂積五一先生が理事長を務める（財）海外技術者研修協会横浜研修センター主事（実質上の館長）に就任。以後、技術協力事業に従事して開発途上国の人材育成に心血を注ぐ。同協会事務局長、専務理事、（社）日タイ経済協力協会理事長を歴任し、平成6(1994)年退職。インタビューは1995年12月26日。本文はインタビューの要約で文責は植田にある

聞き手　植田泰史（茨城県立水戸第一高等学校教諭・新星学寮寮友）

出会い

庄司　私が穂積さんに初めて会ったのは、昭和七年、東京大学に入った年の五月頃でした。大学構内の「山上御殿」で加藤完治先生の教育問題の講演会を偶々聴講したのがきっかけでした。その主催者が「七生社」で、その学寮は東大の向い側の本郷台町三九番地にありました。かなり立派な洋式のモルタル二階建の建物でした。「七生社」という看板が掲げられていたように思います。「七生社」とは上杉慎吉先生の人格識見を慕って集まった東大の学生たちの団体でした。

当時東京大学には憲法について競争講座がありました。一つは「天皇主体説」の上杉慎吉先生、もう一つは「天皇機関説」の美濃部達吉先生でした。

私が大学に入学した昭和七年には既に上杉先生は故人となられていたのですが、その年、穂積さんは日本社会の改造に初めて着手され、まず東大で学生運動を始められたのでした。私たちは穂積さんの意を体して、「国防研究会」「教育問題研究会」「満蒙研究会」「経済問題研究会」「社会問題研究会」などを次々に結成しました。運動のため二つの寮を入手しましたが、葦牙寮には満蒙研究会、向岳寮にはその他四つの研究会の会員等が共同生活をして、学内運動を展開したのです。

国防研究会は中田薫先生を指導教授とし、芳川俊憲（一高出身）、三宅太郎（六高出身）、川中勇（七高出身）、庄司徳治（山形高校出身）が創設委員でした。教育問題研究会は戸田貞三先生を指導教授として、小野正太郎（七高出身）、荻原浅男（松本高校出身）が委員、満蒙研究会は同じく戸田貞三先生を指導教授として、三宅勉（六高出身）と竹林勲雄（四高出身）が委員でした。経済問題研究会は橋爪明男先生を指導教授とし、吉田義雄（山口高出身）、淵上博（山口高校出身）、宗岡哲郎（山口高校出身）等が委員でした。社会問題研究会は田中耕太郎先生を指導教授に、高村巌（七高出身）と金丸三郎（七高出身）が中心となって創設されました。私たちはこれ等の研究会を中心に学内運動を始めましたが、間もなく学外にも展開することになりました。

この契機となったのは、昭和八年夏、満蒙研究会が中心となって関東軍の協力を得て実施した「満蒙視察研究団」の満州視察旅行でした。当時の全国の大学と農、工、商などの高等専門学校の千名以上の学生がリオデジャネイロ丸という一万トン級の客船を借り切って満州視察に行くということがあったのです。関東軍のはからいで、満州事件のきっかけとなった柳条湖を始め、北はハルピンから西は山海関まで三十日ほど視察旅行をしたと記憶しています。帰国後「満州視察研究団」は「至誠会」と改名して存続し、満州の視察研究は、その後も毎年夏実施されましたので、私達の学生運動も全国規模に拡大したのです。

血盟団事件後「至軒寮」をおこす

庄司　私が卒業する昭和十年頃は「七生社」は閉鎖され、同じ真向かいの二階建ての日本家屋に「至軒寮」という看板を掲げて、穂積さんが田中泰岩さんと住んでいました。「至軒」とは上杉慎吉先生の号で、「七生社」の性格は学生の人格修養でしたが、「至軒寮」は穂積さんが日本社会の改造を目指した昭和維新寮だったのです。
昭和七年二月、井上日昭の指導したいわゆる血盟団事件に七生社から四元義隆、池袋正釟郎、久木田裕弘、田中邦雄氏の四名が参加したため、「七生社」はそれ以来、危険な極右団体と見なされるようになりました。もともと修養団体的性格だったのに、世間の評価とは恐ろしいものです。

穂積さんのめざしたもの

庄司　穂積さんは、中学卒業後三年ほど肺を患い「いのち」の尊さを大悟され、大学卒業後は人間の尊さを犠牲にする日本の内なる資本主義的な矛盾と、外に向かって海外侵略を敢てするような体制を改革して、本然の日本の再構成を志されたわけです。穂積さんは社会科学の洗礼を受けましたので、既成右翼のように権力を倒す一人一殺主義をよしとしたのではありません。穂積さんは社会主義運動と変わらない運動論で、政治結社（政党）を中心とした労働運動、農民運動、学生運動、文化運動等、国民すべてを動員して改革を目指す有機的な組織運動を展開することをめざしたのです。

しかし、当時社会的認識のレベルが未だ低かったので、右翼からは「日の丸共産党運動」と怪しまれ、左翼からは「偽装の極右団体」と目され、茨の道を歩きつづけることになりました。

二・二六事件の検挙

庄司　「至軒寮」が正式に労働運動や農民運動などの社会運動に乗り出したのは昭和十一年の二・二六事件からです。当時「至軒寮」に出入りしていた、主として明治、早稲田、拓殖、國學院大学などの学生諸君が、いわゆる反乱軍の「蹶起書」を「至軒寮」に持ち込みました。蹶起部隊はわずか三日後には反乱部隊となり、「至軒寮」に初めて警視庁の手入れが行われ、穂積さんを始め在寮の私たちも逮捕され、留置場の生活を強いられました。

それまでも警視庁は、社会主義団体と運動形態が変わらないので疑いは持っていました。けれども、極めて純粋で清潔で真摯な団体だったので、一目も二目も置き、「至軒寮」の手入れは敢て行わなかったのです。当時の右翼団体は軍部や財界から金を引き出して運動するのが常でしたが、「至軒寮」はまったく赤貧で、他団体と性格を異にしていました。

労働運動と政治運動に進出

庄司　二・二六事件のさ中、東京の情勢を探りに上京していた関西方面の労働団体の幹部の一部は、当時革新運動を展開していた既成の「右翼団体」を避けて、「至軒寮」の穂積さんの蹶起を熱誠こめて促しました。このことが契機で「至軒寮」が労働運動や農民運動に乗り出すようになりました。「皇国農民同盟」の関西代表である西光万吉、吉田賢一の両氏と穂積さんの意気投合がきっかけとなったと思います。それ以来、関西や中部地方の右派系の労働組合との往来が激しくなりました。大阪の大橋治房さんや名古屋の伊藤長光さんなどの名前を今も覚えています。

「至軒寮」の若い大和正俊君（明大）や豊島慶輔君（早大）たちは、早速名古屋で「愛知時計」の労働ストライキを指導するような勇ましさでした。東京では、穂積さんの弟の穂積七郎さんが日本労働総同盟に入って、同じ総同盟の赤松常子さんなどと共に労働運動に従事しました。

また全国各地に、日本社会の革新を目指す団体があり、その中心的運動家との往来が激しくなり、穂積さんと一緒に東北地方を巡行したこともありました。「至軒寮」はいつの間にか学生寮から脱皮して、「昭和維新」を目指す全国はおろか満州の運動家たちも往来する拠点となりました。官僚の中にも革新を目指す、いわゆる新官僚グループができていました。大蔵省の迫水久常氏や内務省の大村健太郎氏など各省の新官僚のグループも穂積さんと連絡がとれていました。

各種の有機的な組織運動が進行していましたが、その中核となる政治団体が未だ確立されていないという状態でした。

向岳寮の中庭で（後列右端五一先生、前列右端庄司氏、二人目七郎氏）

実践をめざす

植田　庄司さんが仕事に就かれなかったのは、ご自身一身の考えだったのですか、穂積先生や七生社（至軒寮）の意志が関係しているのですか。

庄司　結論を先にいえば、卒業後の進路は私自身で決めた事です。穂積さんや七生社の意向とは関係ありません。穂積さんも「至軒寮」も、大学卒業後の進路に関与することはなく、全く私たちの自由で、一切制約などはありませんでした。

私は零落した貧しい家庭に生まれ、進学などとても出来なかったのですが、思いがけなく進学できました。しかし、中学・高校時代にも、読書による学問は甚だ不十分であっただけに、東京大学の生活では、全国の俊英と交わり、思い切って学問に励み、栄達することを望んでいました。そして、大学卒業後は「満州」に渡り、一生を大陸で終わりたいと思っていました。

そのために大学二年生の時「満蒙視察研究団」に加わって、満州視察に出かけたほどでした。しかし、前に述べましたように、私たちが各種の研究会をつくって学内運動を推進したのも、究極は日本社会の改造が目的です。具体的にいえば、当時の政治体制を倒すことです。「研究会」とは、在学期間に知識を得るために研究するという単なる趣味的なものではないはずです。「研究したことを実践する」ことが卒業後の当然の進路だと思いました。

枢要なのは国内改造

庄司　満州行きを断念したのは、「日本の改造」（昭和維新）の大道は、日本国内自体の改造から始めなければならぬと思ったからです。

当時、毎年のように私たちの同志が数十名ずつ「満州国」や「満鉄」はじめ、在満の会社に就職していきました。同志たちは、誰もがみな「五族協和の王道国家」の建設を目指してはいたのです。一方、軍部の革新グループは、三月事件、十月事件、二・二六事件など、「クーデターによる日本改造」をめざしましたが、みな失敗しました。その結果（二・二六事件は後のことになりますが）、クーデターを目指したグループは満州や外地に移され、結局外地から日本国内の革新を目指すことになりました。満州事変はその一例です。

しかし、このように外部から日本国内の革新を行うということは、かえって矛盾を重ねる「外道」であると私は考えたのです。

そういう訳で、就職を断念し、敢えて「浪人」となり、同じ志を持たれていた穂積さんと生死を共にしたいと思いました。東京大学の盟友で浪人したのは私一人で、その後もなかったのではないかと思います。

問わず語らずの十年

植田　そのように思いこまれる穂積先生の魅力というのは何だったのでしょうか。

庄司　私には戦前の穂積さんと戦後の穂積さんが全く別人のように思われます。裏と表のように全く正反対に思われます。戦前は「静」、戦後は「動」とでもいうのでしょうか、全く正反対に映じます。私の人生は結局人生の師を求める一生でした。人生の師を得たく、八十数年の人生路を歩んできました。勿論多くの師に出会い、その感化を受けて、魂の修行をしてきました。多くの師の中で、穂積さんは最も偉大な恩師の一人です。本当は穂積五一先生と呼ぶべきですが、不遜かもしれません

1936（昭和11）年至誠会の渡満にまぎれ出発する時の庄司氏（後列右から2人目）。帰路新義州でつかまり投獄された（中央の白い衣物姿は穂積先生）

が、穂積五一さんと呼ぶ方が、恩師以上の親近感と尊敬の念が伴うのです。戦前、私たちはみな「五一ツァン」と呼んでいました。

昭和七年、東京大学で初めて出会った時から、穂積さんに直感的にひきつけられました。出会いの瞬間から、この先輩に終生ついていこうと思いました。穂積さんは丁度三十才でした。波長の法則に、同じ波長のものどうしは通じ合うという、波長同通の法則があるといいます。その人の持つ理想が素晴らしいとか、所説所論が素晴らしいから、というようなことで、交じわってきたのではありません。

信じられないかもしれませんが、私が昭和十六年に召集を受けて日本を去るまで、ほとんど日常を共にしながら、日本の現状や将来のことで、一度も話し合ったことはありませんでした。日本の革新に挺身していながら、この方面のことで一度も話されたこともなく、すべて問わず語らずの裡に約十年の歳月を過ごしました。戦後の穂積さんと田井さんのように、私はつねに穂積さんと一緒で、形影相伴うという関係でした。

「極右」に苦労された井上さん

庄司　当時の穂積さんの生活について少し述べてみましょう。昔、肋膜を患ったせいか、常に健康に注意し、一緒に生活していた頃は、寮の二階で床を敷いて休んでいるのが常でした。来客があれば袴を着けて威儀を正し、正座して応対しておりました。

寮を訪ねてくる右翼の中には「極右」もあり、前に述べましたように、至軒寮は「日の丸共産党」と一部からは睨まれていたので、そのような人と会う時は真剣勝負に臨むような気構えでした。極右というか、従来の伝統的右翼は、穂積さんの国民の運動として日本を改造するというやり方を理解できず、労働農民運動に力点を置いていることをおそれ、至軒寮に「赤」のレッテルを貼りたがりました。この極右団体に対する対策は、井上穆四郎さんが人知れず（たぶん命懸けだったでしょうね）尽力され、その方面の了解に務《ママ》めておられました。

植田　井上穆四郎さんは佐賀県の人で大変柔道が強かった。たまたま佐世保に入港したフランス軍艦の水兵と試合をして、全員投げとばしたというエピソードがあります。

庄司　井上さんのお兄さんは副島種（しげる）さんで、副島さんは「満州国」の官吏（安東県副県長など「満州国」要職を歴任）として重きをなした方です。やはり穂積さんと親しく、優秀な官僚でした。副島さんは、戦後長期のシベリア抑留となり、筆舌に尽くせない辛酸をなめられました。

昭和維新を目指す全国の運動家の往来が、日に日に激しくなりました。満州に渡った同志の往来も頻繁となりました。

陋屋と貧困と

庄司　当時の台町の至軒寮は和風建築の全くの陋屋でした。一階は玄関、便所、台所、六畳と三畳二室、二階は八畳と三畳二室がありましたが、古い建物で、両側の柱が朽ちて落ち込んで、二階などは馬の背のように丸く曲がっていました。

この陋屋の二階に穂積さんが住み、下の六畳に私たち夫婦が住んでいました。家賃も毎月は払えず、盆と暮れの二回払いに交渉するという貧乏時代でした。七生社出身の先輩は官界・業界にたくさんおったはずです。しかし、七生社が血盟団事件以来、社会破壊の危険団体とされ、後継者の穂積さんが現体制の革新を主張し、しかも「日の丸共産党」といわれる労農運動を展開するので、在来の七生社の先輩たちはみな扉を閉ざして、私たちと無縁の人々となりました。

このような革新思想を持ち、それを実践しようとする者を雇う所など、当時はありませんでした。好むと好まざるとにかかわらず浪人になり、文字通り糧道が断たれるということになりました。全く収入のない穂積さんはお母さんの所から、時折、江戸時代の小さな四角形の金貨のような古銭を持って来て、それを売って暮らしに充てていたという状態でした。

しみじみ感じた友情

庄司

ただ、高校時代から穂積さんの親友であった日本興業銀行勤務の勝目行義さんが援助をしていたと思われます。私などは、時折、竹葉亭でうなぎの蒲焼きをご馳走になりました。

その外、神戸の中村健さん、広島の野島福太郎さんなどが、上京ごとに穂積さんを必ず訪ねて来られました。友情の素晴らしさをしみじみ感じました。

七生社では只一人稲葉圭亮大先輩が寮に見えられました。来る度にいつも本郷三丁目近くの蕎麦屋で信州そばをご馳走になりました。常に心配していただき、お

至軒寮の２階にて。後列右から４人目穂積先生、右端七郎氏（弟）。前列右端庄司氏（1936（昭和 11）年）

世話になった七生社の偉大な先輩でした。

稲葉圭亮さんは、新潟県選出の衆議院議員で、一九三〇年代に七生社を基盤に立候補して当選されました。戦後もアジア文化会館などによくお出でになりました。これも戦後のことになりますが、七十年代の三木武夫内閣時代に戦後最大の疑獄事件「ロッキード事件」が起き、田中角栄前総裁が逮捕されますが、その時の法務大臣の稲葉修さんは圭亮さんの弟（末弟）さんで、兄弟そろって正義感の強い人たちだったのですね。

話は戻りますが、戦前はよく穂積さんと一緒に鎌倉の円覚寺の八木黙嘯師を訪ね、お話しを伺ったりしていましたが、その帰りには北鎌倉山の内の勝目さんのお宅にお邪魔したものです。

私が穂積さんと一緒に台町寮で住むことになったのは、以上のような、当時の穂積さんの寮生活と関係があります。穂積さんは只一人で寮におられ、毎日大勢の学生達が来ていましたが、食事の世話をする人さえいなかったのです。

夫婦で寮へ

私は入学卒業後就職しなかったといいましたが、実は卒業後妻帯しなければならぬ事情がありました。たまたま、七生社の先輩で当時ドイツから帰国した憲法学者の大串兎代夫先輩が、私を私的助手にして、日本文化協会の第一回の研修生に推薦してくれました。そこから毎月五十円ほど頂くことになりました。結婚当初、私は目黒に所帯を持ちましたが、台町至軒寮の穂積さんのことを考えると、むしろ寮に同居すれば、家内が食事などの面倒をみれるし、私も穂積さんの仕事を手助けできると思いました。毎月お金を頂いていましたが、大串さんの勤めていた国民精神文化研究所の私的助手なので自由がきき、年一回の研究発表ぐらいで通勤の必要もなかったのです。そういうことで、昭和十年晩秋に台町の至軒寮に移ったのでした。国民精神文化研究所とは、当時文部省所管の団体で、政党解消後、軍部の施策を支援するための政党に代わる役割をしていた政府の団体でもありました。

二・二六事件の前後の頃は、以上のべたように穂積さんと私達夫婦が中心となって、寮生活を過ごしました。

庄司徳治氏

清冽な五一さんの人格

植田　穂積先生は、当時病身でしたね。

庄司　当時の穂積さんは書いたり、ものを言ったりすることで人を魅きつける人ではなかったのです。「内観」に徹した方で、心は清く澄んでいて、会う人の心が皆分かるのではないかと私などは感じたほどです。塵一つない日本刀のような清冽さを感じました。

また一面、何とも言えぬ暖かさと優しさとがあり、大声を発したり、喜怒哀楽を面に現すようなことは全くありませんでした。

当時の運動家の大部分、特に革新をめざした若い学生の活動家などは、外ばかり見て、談論風発に明け暮れていました。そういう会合の折の穂積さんは、終始沈黙がちで、発言も極めて少ないのです。それでも会議の結論は「穂積さんに一任」ということになるのです。ただ存在するだけで、組織や会議がまとまったり、おさまったり、安心できるような人はいるものですよね。徳のある人というのか、大器の人というのか……穂積さんはそういう人だったと思ってきました。

若い時に肺を患い、それを契機に「いのち」の尊さを悟られ、長い間座禅などを通じて内観を深めてこられた結果、直感力・洞察力が極めて強くなったのだろうと思います。

つねに背筋を正し、丹田に気力を集め、静かに腹式呼吸をしていました。これは心を養い、健康にもよいことなのですが、ことさらにその講釈を強要するということもありませんでした。西式の腹式呼吸法もやっていたと思います。常に菜食主義に徹し、正座するか床に横たわっているかという生活でした。

あの時代は人と会うこともいわば「真剣勝負」の時代でしたですね。穂積さんは普段は病気がちで床にふせっていることもあったのですが、人が訪ねてくると袴を着けて対座するのです。学者でさえ短刀をつきつけられて学説に命をかけているかを試されるような時代でしたから。

私たちは、穂積さんと幼時の思い出話をしたり、日常生活を談笑したりしながら、言わず語らずの裡に、大きな感化と教訓を受けていたと思います。

『学生青年運動』について

植田　話は変わりますが、『学生青年運動』という雑誌は何ですか。

庄司　至軒寮から発行された私たちの運動の機関誌です。先に述べましたように、穂積さんの日本改革運動は、まず学生運動として始まりました。当初は全く孤立無援で、運動の財源などなく、機関誌発行のゆとりなどは全くありませんでした。機関誌的な雑誌の発行は昭和十五（一九四〇）年頃からではないかと記憶しています。運動資金の調達が比較的順調にいくようになったのは、昭和十二（一九三七）年の近衛内閣の成立の頃からだと思います。これも前述しましたが、穂積さんが労働運動・農民運動に乗り出すのは、その前年の二・二六事件です。近衛内閣の頃から、私たちの運動の理解者が出て来たのです。

学生運動から始まって、労働運動・農民運動・文化運動と広がってくると、政治結社が必要になってきます。当時の青年層の中で最も信頼されていたのが、三上卓さんと穂積さんでした。この二人を中心に「皇道翼賛青年連盟」が昭和十五（一九四〇）年頃につくられたのです。至軒寮を基盤に全国に発行されたのが『学生青年運動』で、「皇道翼賛青年連盟」関連の雑誌です。ただ、「皇道翼賛青年連盟」の事務所は至軒寮と別の所にありました。

その頃、至軒寮も改造運動の中核として全国的に認知され、いずれ「政党」の結成を考えねばならないという状況でした。その時分、たぶん昭和十五年と思いますが、学生たちも正式に至軒寮を拠点に機関誌『学生青年運動』を発行することになったのです。私はその翌年に召集を受けて中国大陸に渡りましたので、その後の内地の情勢や同志の活動は一切わからなくなりました。

植田　「皇道翼賛青年連盟」の出していた機関誌が『学生青年運動』なのですか。

庄司　「皇道翼賛青年連盟」は至軒寮とは別に事務所を持っていました。その場所ははっきり覚えてはいませんが、連盟の事務所につめていた水戸市在住の町田益一さんが詳しいと思います。『学生青年運動』は、明らかに皇道翼賛青年連盟と関連した雑誌でしたが、至軒寮を発行所にしたものです。単に学生だけでなく、広く全国的に関係者に配布されたのです。

植田　「皇道翼賛青年連盟」は「翼賛壮年団」と関係がありますか。

庄司　今お話ししましたように、私は召集され内地を離れていたのでわかりませんが、この両者は関係がないと思います。大政翼賛会は、近衛文麿の新体制運動の結果、一切の政治団体が解

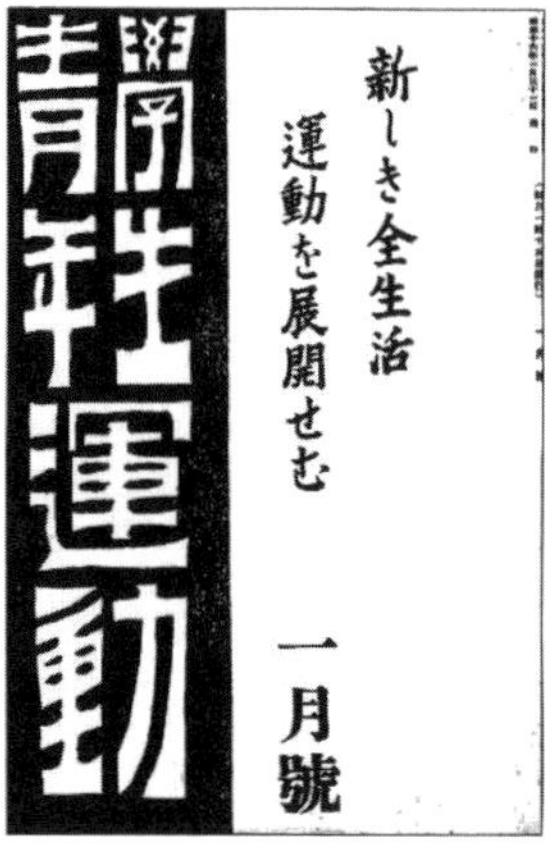

『学生青年運動』の1941（昭16）年１月号。庄司氏の文章もある

消されてできたものです。「大日本翼賛壮年団」は東条内閣時代の昭和十七（一九四二）年に創られた団体です。近衛文麿と東条英機は肌合いが違いますし、穂積さんが東条に協力するようなことは考えられません。

あなたは水戸市の人だそうですが、私も川崎本蔵さんと一緒に、龍ヶ崎市の名前は忘れましたが某氏、水戸市の奥野光男さん、水戸市郊外の五台村（現在の那珂町）の後藤信彦さんなどを訪ねたことがありました。奥野さんは「政党解消連盟」の人、後藤さんは五・一五事件の関係者で、愛郷塾の設立に関与した人です。川崎さんは、「政党解消連盟」をつくった松岡洋右が最も信頼した人で、今も富山県で「月土人村研究院」をつくり健在です。

穂積さんと一緒に東北地方の福島県・山形県・岩手県を半月ぐらいかけて廻ったこともありました。体制に批判的な人達の間に、しだいに、至軒寮に穂積五一という特異な人物がいるということが知られるようになりました。北海道から九州まで、多くの人が至軒寮に出入りするようになり、戦前の至軒寮は全国の革新分子の「たまり場」でした。

死を覚悟した新義州投獄事件のこと

庄司　先に話したように、二・二六事件後至軒寮は社会運動に進出しましたので、その財源を考えねばなりませんでした。それでその財源を満州国に渡った同志に頼ることにしました。国内では大学卒業生の初任給は六十～七十円ぐらいでしたが、渡満した者は一・二年すると月給が百円とか二百円だったからです。

この運動資金の工作を兼ねて在満の革新分子のオルグのために、私は昭和十一年の満蒙視察団に紛れこみ、約六十日間地下工作に終始しました。そして帰国の直前盟友の三宅勉さんから「これを五一ッァンに渡してくれ。ただし見つかると銃殺なのだ」と関東軍の機密文書「国策」を渡されました。

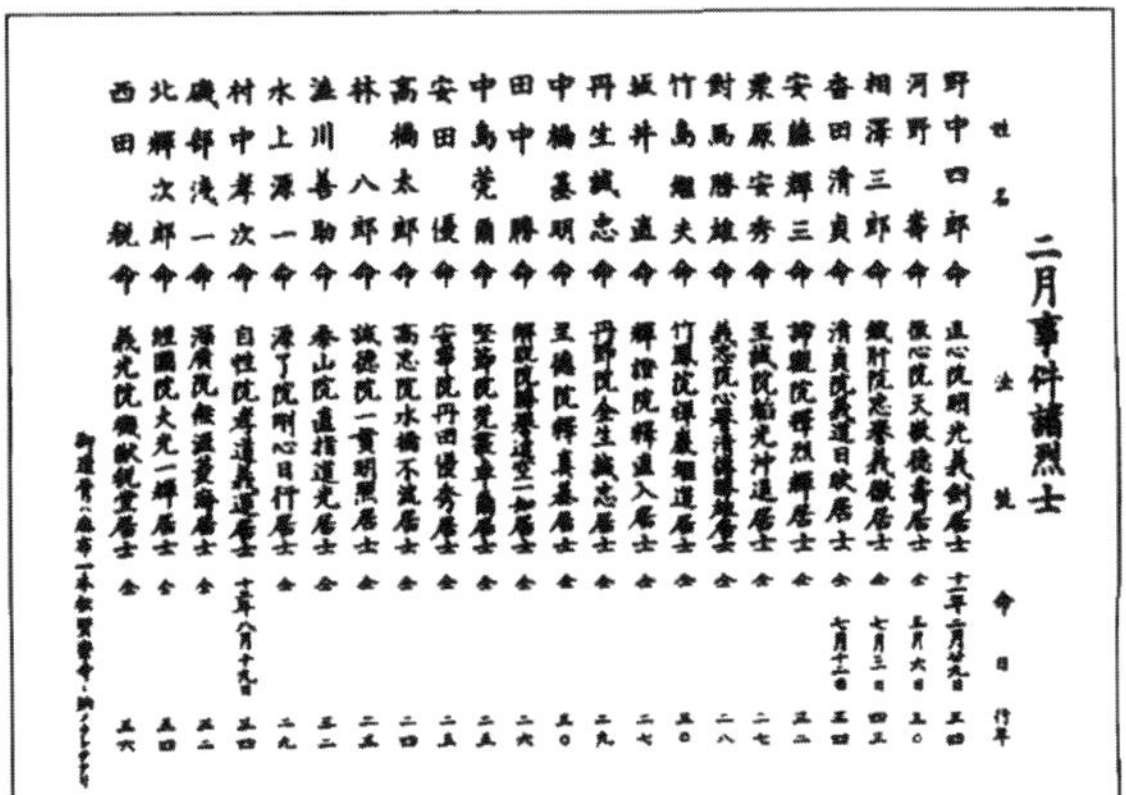

二月事件諸烈士

姓名	法號	命日	行年
野中四郎命	直心院明光義剣居士	十一年二月廿九日	三四
河野寿命	[illegible]	三月六日	三〇
相澤三郎命	鐵肝院忠誉義徹居士	七月三日	四五
香田清貞命	清貞院義道日秋居士	七月十二日	三四
安藤輝三命	[illegible]	仝	三二
栗原安秀命	[illegible]	仝	二七
對馬勝雄命	[illegible]	仝	二八
竹島継夫命	[illegible]	仝	三〇
坂井直命	[illegible]	仝	二七
丹生誠忠命	丹邦院金生誠忠居士	仝	二九
中橋基明命	至徳院釈真基居士	仝	三〇
田中勝命	[illegible]	仝	二六
中島莞爾命	[illegible]	仝	二五
安田優命	[illegible]	仝	二五
高橋太郎命	高志院水橋不滅居士	仝	二四
林八郎命	[illegible]	仝	二五
澁川善助命	[illegible]	仝	三二
水上源一命	[illegible]	仝	二九
村中孝次命	[illegible]	十二年八月十九日	三四
磯部浅一命	[illegible]	仝	三二
北輝次郎命	[illegible]	仝	五四
西田税命	[illegible]	仝	三六

二・二六事件の処刑者の名簿。「至軒寮」に保存された

先に話したように三宅さんは「満蒙開拓の父」と謳われた加藤完治先生の女婿で、東大柔道部の黄金期に「王道の三宅」「覇道の吉田」と謳われた猛者で、吉田義雄さんと山口高校後輩の宗岡哲郎さんの三人もみな私たちと同じ至軒寮の同志でした。特に三宅さんは熱誠あふれる一騎当千の憂国の快男児でしたから、関東軍将校の間で肝胆相照らす同志も多かったろうと思います。件の文章もこんなことから手に入れたものだろうと思います。

それはともかく、当時朝鮮・満州の国境は、密輸品の検査と思想犯の監視が厳しく行なわれていました。私はそこで友達から借りて着て行った夏服と私の麦わら帽子の名前が違っていたので、疑われ呼び出されたとき、例の「文書」を丸めて腰掛の下に置いて行ったのです。それを私服の警官が見ていて再び呼び出されました。そこで私はその文書を受けとり話しながら背後で破いて列車の窓から飛ばしてしまいました。これがきっかけで朝鮮の平壌で降ろされ、再び新義州に連れ戻されてそこの刑務所にぶち込まれたわけです。

新義州の留置場は東京で経験したものとは全く違って、江戸時代の「牢獄」の感じでした。天井が高く小さな窓が一つある薄暗い木造の牢屋には、ソ連と朝鮮の入牢者がゴロゴロしていました。大半は思想犯だったと思います。「ああ、ここで俺も一生を終わるのか」と肝を決めていましたのに、三日目に突然出獄が許可されたのです。

私は共産主義者と間違われ、新義州の警察から警視庁に「庄司という男を逮捕した」と連絡がいったわけです。当時穂積さんや私には常時特高が尾行していたのですが、警視庁は私が学生の満蒙視察団に紛れ込んで渡満したことは知らなかったのです。警察からの連絡で知った穂積さんは早速副島さんに連絡し、私の釈放となったわけでした。

副島種さんは七生社時代の穂積さんの盟友で、当時安東県の副県長をしていました。私もその前表敬訪問して初めてお会いしました。満州国で「匪賊」問題が起こるといつも副島さんが起用されて、その頭目と決着をつけるという豪胆な人として有名でした。敗戦の頃は陸軍中将級の満州国の高級官僚と聞いていましたが、その職名は分かりません。ただ日本の高級抑留者として最後に帰された方で、帰国時は白髪となりソ連抑留中の辛苦が偲ばれました。私が今日あるのも五一さんとこの副島さんのおかげと思っています。

向岳寮門前。1934（昭 9）年初冬で、穂積先生（中央和服）を中心とする研究会の全メンバー。穂積先生の右手前庄司氏、左手前戸田貞三先生（教育問題・満蒙研究会の指導者）、左後二人目三宅強氏、三人目穂積七郎氏

運動の資金捻出に苦しむ

庄司　さきに話したように、私は昭和十一（一九三六）年夏学生視察団にまぎれこんで渡満し、六十日ほどの滞在の間、至軒寮関係者はじめ、当時「満州国」「協和会」「満鉄」などの同志たちと話し合い、だいたい財源の目処もたちました。その責任者は雨谷菊夫氏でした。しかし、雨谷氏は翌年陸軍中佐であった橋本欣五郎氏とともに内地に帰り、改造運動を始めるという事態になり、穂積さんと私たちの財源計画は挫折しました。

その後、自前の財源を確保しようとする努力ももちろんしました。昭和十二（一九三七）年に日華事変が起き、日本は本格的な軍需工業化の道をたどることになります。至軒寮関係では日本大学出身の二村克己君と早稲田大学出身の大塚政雄君が工学部出身でしたので、この二人を中心に「日本総合機械製作所」を創り、大手の軍需工場の下請けを始めました。私は労働者を集め、その教育にあたりましたが、そこでの収益を財源にすることなどは到底無理で、その種のことはインテリの甘い夢と思い知らされました。

また、経済問題研究会の指導教官であった橋爪明男先生の斡旋で、川崎本蔵君が千葉県の鎌ヶ谷に五町歩の「豊富農場」を創ったのもこの頃です。

至軒寮としては自活の道を求めたのですが、運動資金の目処はたちませんでした。ただ、全国の同志の方々からの贈り物・土産物で、食べ物だけは豊かになりました。運動資金の方が、なんとかやりくりできる目途がたつようになったのは、一九三七（昭十二）年第一次近衛内閣ができた頃ですが、私は、日本総合機械製作所の責任者の一人として昭和十三（一九三八）年に至軒寮を出ることになりました。偶々家内が肺結核にかかったことも、荻窪に「別居」する原因の一つでした。その時から昭和十六（一九四一）年の徴兵まで、穂積さんとは日常生活は別になったのです。その頃「昭和研究会」の角田順氏がよく穂積さんの所に出入りしていたので、その関係から謝金が調達できたのではないかと想像しています。財源には極めて潔癖で、軍部や財閥から運動資金を得るということはなかったこと、調達した運動資金も、よくよく熟慮し納得できるものを受けることにきめたのでしょう。

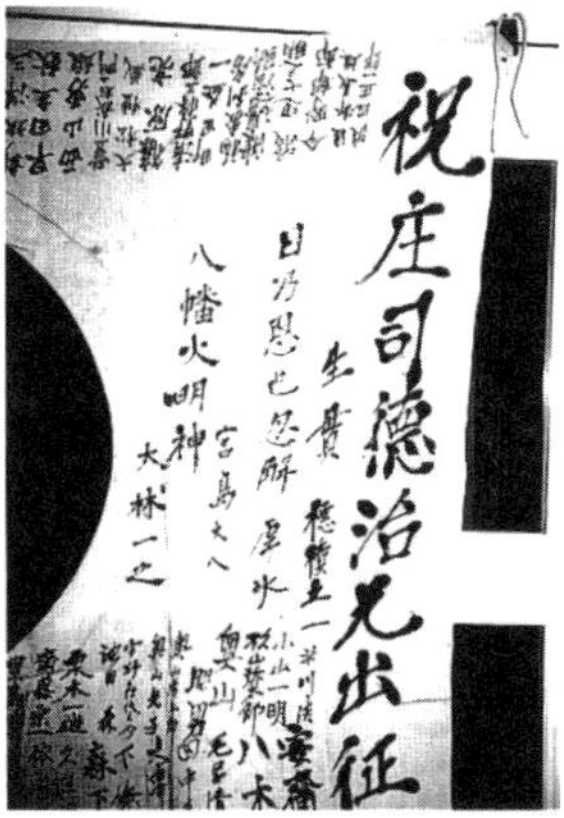

1941（昭16）年庄司氏の応召に署名をつらねた日章旗。穂積先生の「生貫」は「いのちを貫かれよ」と叫びかけながら「生きて還られよ」にかけられていよう

いわゆる「東条暗殺計画」について

植田　昭和十八（一九四三）年の穂積先生など至軒寮の多くの活動家が検挙された「皇道翼賛青年連盟不穏分子事件」は、一部の人から「東条暗殺未遂事件」といわれています。その件について何かご存じですか。

庄司　いや、その件については一切知りませんし、戦後も聞いておりません。ただ、兵役で「満州」の長春と吉林の間の九台にいた時、穂積さんが東条首相に反対して捕らえられて牢獄におることは手紙で知っていました。

確か、その頃豊島慶輔さんが河相達夫氏に随行して、中国大陸での対重慶工作の途中九台の兵舎に突然訪ねてこられました。その時「『庄司さん後は万事よろしく』というのが五一さんの伝言です」

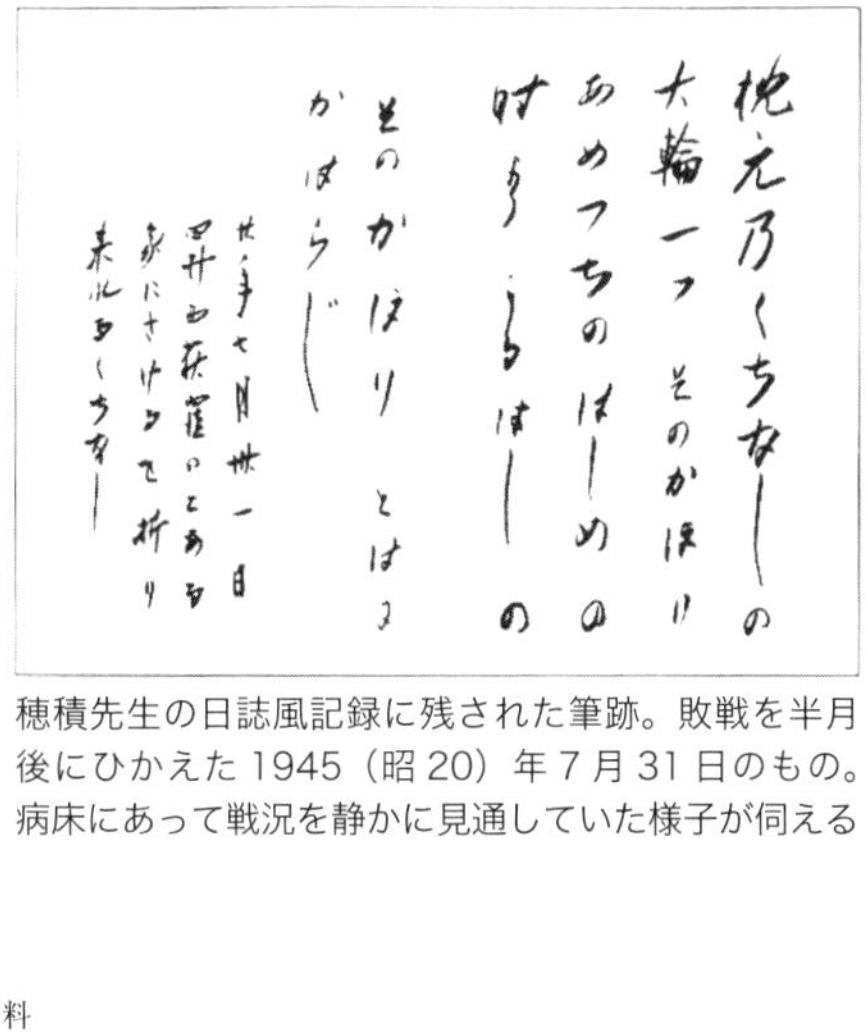

穂積先生の日誌風記録に残された筆跡。敗戦を半月後にひかえた1945（昭20）年7月31日のもの。病床にあって戦況を静かに見通していた様子が伺える

と後事を託すようなことを言われた記憶があります。いつも病気がちで健康を害しており、その時は病状の容易でないことを思い万一の覚悟を決めておられたのかもしれないと思いました。

あなたの言う「東条暗殺計画」と豊島さんの持ってきた「伝言」を結び付けて考えたことはありません。でも、この戦争を収めるには東条を罷めさせる他なしと考えていた人ですから、「暗殺」はともかく、真剣に東条内閣の倒閣を考えていたことは間違いないでしょう。

植田　長時間ありがとうございました。

庄司　古い時代のことですが、お役にたちましたでしょうか。

（おわり）

注

加藤完治　一八八四年～一九六七年。農本主義者。旧満州開拓移民の指導者。東京生まれ。東大農学部卒。一九一五年山形県自治講習所所長。二六年日本国民高等学校校長。満州事変（一九三一年九月）以後、東宮鉄男（とうみやかねお）と満州移民を推進。三八年「満蒙開拓青少年義勇軍」を発足させ、八万余人の青少年を満州に送りだした。

七生社　一九二五年、東大法学部上杉慎吉教授の指導の下に松岡平市を中心に卒業生を含めて組織された。本部は初め上杉慎吉邸のあった小石川区大塚坂下町におかれたが、後に本郷台町に移る。「少壮有為」の学生に、「切磋琢磨」「人格の陶冶」を促し、「経綸の大策を講図」し「他日の飛躍」を期した（「宣言」）。

上杉慎吉
上杉氏の三男上杉泰軒氏の言によれば、大塚坂下町時代には二階建ての学生寮が併置されていたという。
一八七八年～一九二九年。福井県生まれ。穂積五一先生の師。七生社・至軒寮の創設者。一九〇三年東大法科卒。同年東大助教授。穂積八束の後継者とされる。一二年東大教授。同年美濃部達吉の国家法人説に反対、美濃部・上杉論争を起こす。個人的には美濃部達吉と親しかったといわれる。二九年急逝、五二歳。

美濃部達吉
一八七三年～一九四八年。兵庫県生まれ。一八九七年、東大法科卒。一九〇〇年東大助教授。一二年公刊の「憲法講話」を契機に、美濃部・上杉論争が起きる。三二年東大退官と同時に貴族院勅選議員。三五年軍部・右翼からその「天皇機関説」と自由主義的言論が攻撃され、多数の著書が発禁になり、貴族院議員の辞任を余儀なくされた（「天皇機関説事件」）。

中田薫
一八七七年～一九六七年。法制史学者。東京都生まれ。わが国の近代法制史を確立。

戸田貞三
一八八七年～一九五五年。社会学者。兵庫県生まれ。日本の社会学の実証的基礎を確立した学者。

三宅勉
一九〇九年～一九四九年？香川県生まれ。一九三四年東大法学部卒。満州国協和会に勤務。昭和十六年召集を受ける。初め近衛師団、後に関東軍司令部勤務（死亡時は陸軍小佐）。戦後、延吉付近で銃殺されたといわれる（戦時死亡宣告）。夫人三宅治代氏は加藤完治氏の長女で、二人の結婚の仲介の労をとったのは、穂積五一先生と、当時日清紡勤務の末信一二三さん。

田中耕太郎
一八九〇年～一九七四年。鹿児島県生まれ。東大法卒。世界共通法が成立するという「世界法の理論」を唱えた。戦時中自由主義者として、軍部・右翼に攻撃される。四六年吉田内閣の文相となるが首相と対立して辞任。四七年参議院議員。五〇年最高裁長官。六〇年に国際司法裁判所判事。

血盟団事件
一九三二年二月前蔵相井上準之助、同年三月三井合名会社理事長団琢磨が、茨城県の青年に相次いでピストルで射殺された事件。計画者井上日召はテロによる国家改造を企図し、茨城県大洗の青年や海軍将校と結び、「一人一殺」を主張。多数の政財界人が暗殺リストに載った。七生社から参加したのは、田中邦雄（東大生。暗殺目標は前首相若槻礼次郎）、久木田祐弘（東大生。暗殺目標は前外相幣原喜重郎）、池袋正釟郎（東大生。暗殺目標は元老西園寺公望）。血盟団事件は同年の五・一五事件と密接な関係があった。

皇国農民同盟　全国農民組合のうち大阪府連の寺島宗一郎、吉田賢一が日本主義に転向、一九三三年に結成。理事長吉田賢一。加盟者約一五〇〇名。

穂積七郎　一九〇四年〜一九九五年。愛知県生まれ。穂積五一先生（六男）の弟。東大経済学部卒。同年商工省に人省したが間もなく退職し、労働総同盟に勤務。労働運動に携わりながら、言論活動を行い、産業報国会に関与。東条内閣打倒を計画し検挙される。四五年の敗戦後、住友財閥の小畑忠良氏の次女万亀子氏と結婚。四六年衆議院議員（無所属）当選。五三年から社会党公認衆議院議員（連続六期当選）。日中友好運動を生涯のテーマとし、中国各界の人々と交流した。

赤松常子　一八九七年〜一九六五年。山口県生まれ。山口女子高専卒。大正・昭和の労働運動家。赤松克麿の妹。労働総同盟婦人部で活躍、女工の相談相手として人望があった。

迫水久常　一九〇二年〜一九七七年。鹿児島県生まれ。東大法学部卒。昭和期の大蔵官僚、政治家。岡田啓介首相の秘書官。同氏の女婿。東条内閣打倒工作に関与。鈴木貫太郎内閣の書記官長として終戦の実現に努力。敗戦詔勅の文案を作成。戦後衆議院議員、後に参議院議員。池田内閣の経済企画庁長官、郵政大臣。

国民精神文化研究所　文部省直轄研究所の一。一九三二年設立。当時の学生の左傾化、特にマルキシズムに対抗する国民精神の原理を明らかにするのを目的に設立されたと考えられる。歴史、国文、芸術など九科に分かれ、所員・研究嘱託・助手がおかれた。一九四三年廃止。

近衛内閣　三次にわたり、近衛文麿によって組織された内閣。第一次近衛内閣は一九三七（昭十二）年六月から三九年一月。この内閣成立の一月後に盧溝橋事件が起き、内閣は事変不拡大をとなえたが、戦火は拡大した。三八年一月に「爾後国民政府を対手とせず」という声明を出し、日中戦争を泥沼化させたといわれる。第二次内閣は一九四〇（昭十五）年七月から四一（昭十六）年七月。四〇年に日独伊三国同盟を成立させ、政治新体制確立のため大政翼賛会を発足させた。日米交渉反対派の松岡洋右を除くため総辞職。第三次内閣は四一年七月から同年十月。南部仏印進駐などにともなう日米間の対立を解決できずに辞任し、この後東条内閣が成立した。第一次内閣の内閣書記官長、第二次内閣の司法大臣をつとめた風見章は穂積五一先生の知友。後のことになるが、一九四四（昭十九）年の東条内閣崩壊後、荻窪に病気療養中の穂積五一先生は、荻外荘の近衛文麿と政治的交渉があった。

皇道翼賛青年連盟
三上卓、穂積五一らが、日本主義団体を横断的に組織し、近衛新体制運動の外郭的組織にしようとして、一九四〇（昭十五）年に学士会館で結成。雨谷菊夫、浜勇次、長谷川峻、羽入三七、川崎竪雄、片岡駿、西郷隆秀、穂積五一、穂積七郎、溝口勇夫などが参加。戦時刑事特別法改正案に絶対反対の立場をとったことで注目される。

翼賛壮年団（翼壮）
大政翼賛会の指導下に国民運動を行うため一九四二（昭十七）年一月に結成された組織。初代団長は安藤紀三郎元陸軍大将、顧問に吉田茂、末次信正、中央本部長に是松準一などがおり内務官僚と軍人によって構成されていた。翼壮は四二（昭和十七）年四月の翼賛選挙への協力を求められていたが、必ずしも協力的ではなかった。戦局の敗色が強まると翼壮は政府・大政翼賛会批判を強めた。団長には安藤の後、後藤文夫、建川美次、緒方竹虎が就任。本部役員に橋本欣五郎、三上卓、四元義隆などの名がある。

大政翼賛会
一九四〇（昭一五）年十月第二次近衛内閣によって作られた新体制運動推進のための官製団体。昭和研究会の後藤隆之助らが素案をつくった。近衛は新党で軍部を抑えようとしたが、軍部特に統制派は新党をドイツ的な一党独裁に利用しようと考えた。

新体制運動
近衛文麿は「軍部をおさえ日支事変を解決」するため「既成政党とは異なった」「国民の間に根をはった」組織をつくろうとし新体制運動にのりだした。近衛周辺の風見章、有馬頼寧らが中心となった。社会大衆党、政友公各派、国民同盟、民政党が相次いで解党し、新体制運動に合流した。軍部はこのような流れを見て、米内光政内閣を倒し、第一次近衛内閣組閣に協力した。

東条英機
一八八四年～一九四八年。東京生まれ。陸軍中将東条英教の長男。陸士第十七期。駐独日本大使館付武官、歩兵第二十四旅団長、関東軍憲兵司令官、関東軍参謀長、陸軍次官。一九四〇（昭十五）年近衛内閣の陸相。四一（昭十六）年十月か

ら四四年（昭十九）年七月まで首相。この間の四一（昭十六）年十二月には対英米開戦に踏み切る。首相在任当時、陸相・内相を兼任。戦後A級戦犯とされ、巣鴨拘置所で絞首刑となった。

政党解消連盟　政友会代議士松岡洋右は、一九三三（昭八）年十二月国家改造を目的として、政友会を離党し代議士を辞任。政党解消連盟の結成を呼びかけた。しかし、松岡が満鉄総裁になると活動は不振になり、三七（昭十二）年七月解散した。

松岡洋右　一八八〇年～一九四六年。山口県生まれ。十三歳で渡米。オレゴン州立大学卒。外交官試験に合格。中国、ロシア、アメリカなどに勤務。満鉄理事。英米協調の幣原外交を批判。一九三三（昭八）年国際連盟脱退の主役を演ずる。三五（昭十）年満鉄総裁。四十（昭十五）年近衛内閣の外相。日独伊三国同盟締結。日ソ中立条約締結。戦後A級戦犯になるが病没。

雨谷菊夫　一九〇五年～一九八〇年。茨城県生まれ。東京大学卒。ハルピン特務機関などに勤務した橋本欣五郎の思想に共鳴。満州事変後、満州国民生部官史となるが、粛軍人事で橋本が予備役になると同人と行動を共にし日本に帰国。大日本生産党、大政翼賛会に関与。戦後は農業に従事したが、晩年失明し、盲目の歌人としての余生を送った。橘孝三郎、名越時正、矢吹正吾、毛呂清輝などと親交があった。

橋本欣五郎　一八九〇年～一九五七年。福岡県生まれ。陸士第二十三期。一九二〇年陸大卒。参謀本部ロシア班、関東軍のハルピンなどの特務機関に勤務。トルコ大使館付武官。参謀本部ロシア班長。国家改造を目指す「桜会」を結成し、三一（昭和六）年「三月事件」「十月事件」を起こす。三六（昭十一）年の粛軍人事で予備役（砲兵大佐）。大日本青年党、後に中野正剛らと大東亜建設国民連盟を建設。四二（昭十七）年翼賛選挙で代議士当選。大政翼賛会常任総務、翼賛壮年団中央本部長。戦後、A級戦犯で無期禁固になったが、五五（昭三十）年仮出所。

日華事変　一九三七年～一九四五年。三七（昭十二）年七月七日の盧溝橋事件に端を発し、四五（昭二十）年八月十五日の日本の敗北で終わった戦争。日中戦争のこと。盧溝橋事件は七月一一日現地では解決を見たが近衛内閣は陸軍の増派を決定し、関東軍は山海関を越えて中国に越境・出兵した。戦火は間もなく上海にも飛び火し、中国全土で日中両軍が戦火を交えた。日本軍は北京、天津、上海、杭州、南京などを占領したが、中国は首都を重慶に移して頑強に抵抗した。戦争初期には、ドイツ駐華大使トラウトマンや近衛内閣外相宇垣一成などの和平工作があったがいずれも日本の要求が過度で成功しなかった。四一（昭十六）年十二月太平洋戦争が始まると、日本軍は有力な軍隊を南方に送ったため、中国では積極的な作戦を実施できなかった。

昭和研究会

一九三三（昭十八）年に設立された近衛文麿の政策ブレーン集団。近衛の一高時代の友人後藤隆之助が設立した。「後藤事務所」が母体。はじめ志賀直方が資金援助をしたが、後に財界の援助をうけるようになった。研究会は「現行憲法内で国内改革を行う、既成政党を排撃する、ファシズムに反対する」という根本方針を掲げた。当初の常任委員に後藤文夫、後藤隆之助、佐々弘雄、蝋山政道ら、委員に大河内正敏、風見章、滝正雄、吉田茂らがいた。後に三木清、矢部貞治、尾崎秀実、三輪寿壮、笠信太郎らが加わった。矢部貞治の「新政治体制案」を基礎に、四〇年十月に大政翼賛会ができると、昭和研究会もこれに参加、後藤隆之助は組織局長となった。しかし、後藤がいなくなったことにより、昭和研究会は中核を失い、四〇（昭十五）年十一月に解散した。財界人、マスコミ人、新官僚、学者の参加が多かった。

皇道翼賛青年連盟不穏分子事件

皇道翼賛青年連盟の不穏計画事件ともいう。至軒寮居住者を中心に皇道翼賛青年連盟関係者に不穏な言動があるとされ、一九四三（昭十八）年九月三十日から数回に渡り、小島玄之、穂積五一、穂積七郎、毛呂清輝、矢吹正吾、大和正俊など五三人が検挙された。彼らは東条内閣に極めて批判的で、若手の活動家は非公然の東条批判活動を行うと共に、穂積五一など中心メンバーは、重臣層に極秘裏に終戦・和平を画策していたという証言がある。故人となった矢吹正吾（水戸市の愛郷塾生。五・一五事件の農民決死隊の一員）は、最晩年に筆者とのインタビューで、この前後に「英機を撃て」（英国機を撃て）と「東条英機を撃て」が掛けてあるが、意味は後者にある）というビラをお茶の水駅から本郷の東大周辺までの電柱に貼ったと証言している。田井重治（当時明治大学在学の至軒寮生。本協会前理事長）も筆者とのインタビューで、毛呂・大和を中心にした至軒寮生が明治神宮などでさかんに会合を持ったと証言している。また、近衛文麿の長男近衛文隆の友人である武田信近（慶応大学卒。戦後は海外技術者研修協会専務理事を経て現在同協会相談役）は、同じく筆者とのインタビューで近衛文隆（近衛文隆の応召後は細川護貞）を介して、穂積五一と近衛文麿間の反軍、対英米和平工作があったと証言している。

⑤ 新星学寮寮誌『のろし』No.12（一九五六年三月）より

「提案」　杉浦正健　東大経済学部４年

一・　提案があります。

それはアジア学生会館建設を推進する問題に関連してであり、三点に要約できます。

（一）アジアを中心とした諸国、及び諸国間の関係、又、それら諸国と日本との関係―政治・経済・文化・歴史、等々に亘る―を知るための資料、書籍、その他の収集を、寮友他有志の方々にもお願いして直ちに始めること。

（二）講演会、研究会のテーマの設定もこの問題を中心に行うようにし、この点を中心とする研究会の自主的な設定を認め、奨励すること。

（三）最も重要な点であるが、寮規約を改正すること。改正する点は、寮の目的と名称、及びそれに関連する部分。

このうち、(一)と(二)は、寮委員会の下に特別委員会を設けて実施に当たり、(三)は、寮委員会に付託する。

二．

こと改めて、このような提案をする理由は、一に、寮としてアジア学生会館建設の方向にふみ切るためであります。ふみ切るという表現を用いれば、誤解を生ずるかもしれませんが、既にふみ切っている方向に具体的に一歩前進するといった方がより適切でありましょう。

このような構想―アジア諸国からの留学生の寮を現在の寮の延長として建設し、もってアジアの相互理解と友好、その団結の一助とする―は、既にかなり前から寮内にあった。いわば、懸案の一つであり、又、懸案であっただけでなく、周知のように、本年五月以来、構想の具体案が寮外から齎され、具体的に実現に向かって進みつつもあったものでありました。この具体案については、勿論私達寮生としてもできうるかぎりの協力を行ってきました。それと同時に、又、個々に或いは機会ある毎に相互に、アジアと日本、その進路について考え、論じ、自己の処し方と結びつけて思索を深める努力も続けられてきました。従って、〝ふみ切る〟という表現を用いるならば、既に方向としてふみ切られているといえましょう。

しかし、私達寮生個々人の処し方、及び寮生全体としての対し方を省みてみるとき、まだまだ不充分であり、又、全体としての歩調には統一がなく、ばらばらであったといえると思います。私の提案の趣旨はこのような寮の立遅れといえると思いますが、寮としての取り組の弱さを取除いて、一歩前進しよう、という事に外なりません。

三.

提案の（一）と（二）は、要するに、もっと勉強しようということであります。激変するアジアといわれます。アジアの蘇生ともいわれます。とまれアジアは変わりました。そして現在、変わりつつあります。

かつてのアジアは、貧困と窮乏の象徴でありました。帝国主義諸国のわだちにおしひしがれ、分割され、搾取され、支配された植民地でありました。しかし、第二次世界大戦後、その結果としてアジアの様相は一変しました。

かつての植民地アジアは、大戦の結果である日本帝国主義の崩壊と、西欧帝国主義の力の弱化を機に、急速に立上り、自らの手でその鎖を断ち切り、自らの手でその未来を切り拓き始めました。

その殆どすべての諸国が、長い念願であった国家の独立を達成しました。植民地主義に反対し、平和と繁栄をめざして歩み始めました。昨年（一九五五年）バンドンで開かれたアジア・アフリカ会議は、かつてのアジアへの弔鐘であり、新生アジア・アフリカの宣言でもありました。

現在、変転する世界の状況の中にあって、アジア・アフリカグループの動向は無視しえない力になっています。かつてアジア・アフリカが歴史の受難者であったとすれば、現在は、歴史の批判者であり、又ある意味では、決定者であるともいえましょう。その政治的・経済的な力は、益々、今後成長し、増大していくでありましょう。

このことは、それ自体決して無関心ではいられない事実であります。このことは、ひるがえって、アジアを日本の立場から見てみるとき、尚明らかなことであります。それは日本が過去において帝国主義国として、「盟主」としてアジアに君臨しようとした事への道義的責任からだけでなく、自主独立を達成しつつある日本の平和と繁栄への道は、一にこれら諸国との友好協力の道以外にはないからであります。

このような観点から、アジア学生会館を建設することは、ささやかな貢献乍ら、大きな意義があると思われますが、現在、私は更に、いろいろな面からアジアと日本、その関係を自分自身の生き方とも結びつけて勉強したいと思います。

このようなアジアの現実を、事実に基づいて正しく理解することは、アジア学生会館の意義を理解し、国内外の人々の力を借り、仕事を進めていく上に重要な意味を持つものであると思います。それだけでなく、又、私達が社会に出て活動する上にも不可欠な事でありましょう。

現在、私達の寮には、資料もあまりなく、本もない現状で、調べたり勉強したりするのに非常に不都合を感じます。もちろん、専門的に勉強するわけではありませんし、学校に図書館もあるわけですから、完ぺきなものを要求するのではありませんが、できうる限りの範囲で、先輩諸兄姉、他有志の方々の協力を得て、寮に揃えられたら、私達だけでなく仕事を進めて行く上にも役に立つに違いありません。

又、資料や本だけでなくて、寮で行う研究会や講演会にも努めてこの点を中心に取り上げるようにし、又、アジア諸国の人々と直接交流しあう機会を設けたり、語学講座を持ったり、できうる限り、あらゆる角度から知識を吸収するようにしていきたいと思います。

四.

私はこの問題に寮として推進して行くに当たって、現在、寮の在り方について、それと併せて現在の寮生活について根本的に検討してみる必要があると思います。(三)の提案は、そのためのものであります。

現在の寮生活は、自己に出発し、自己の修練に重きがおかれているといえましょう。この点は、戦後の寮といわず戦前の寮の中心点でもあった事で、今後共、ますますこの点は強調されねばならないと考えます。けだし、このことなしに、自己に出発し、自己を修練し、たえず生活実践の中で自己をみつめることなしに「社会との対決」はおよそナンセンスであるからであります。理論は現実に具体的に適用されて始めて有効であり、自己に帰し、消化され血と肉となってこそ完全なものであることはいうまでもありません。この点は､従前の寮生活においては欠格となっていた時期もありますから、現在、寮生活の基本として確認してよいと思います。

しかし、この現在の寮生活の主潮は、社会とのつながりを失い、理論との連携を失い、理論との連携を断って、自己修練が自己目的となるとき、空転して意味を失う危険をもっていることも認めねばなりません。この点に関連して想起するのは、先々号の田辺先輩の御意見をはじめとして、先輩諸兄姉の折にふれた批判であります。私は、それらの批判は発展と表現方法に相違がありますが、この現在の寮生活の陥り易い危険にたいする警鐘として受取るべきではないか、と思います。その最も良い現れは、最近現れた〝のろし無用論〟でありましょう。〝自分の事で精一杯〟である生活にはのろしは不要であります。また、アジア学生会館の問題についての寮のとりくみの立遅れの原因もここに一つの源があると思います。

寮の目的は、寮規約にある通り、社会的有意の人材を育成するにあります。しかし、この規定は、のろし第2号山本先輩の規約解説にある通り、一般的に解したらおよそ無意味な規定であります。ここにいう人材の育成、言いかえれば、人格の修練は新しい歴史を切り拓く前提としてのものであり、従って少なくとも寮に対しては、人格の陶冶と共に、現実の行く末案じられる日本の革新、平和で、民主的な、自主独立の日本の建設に積極的に結びついて行く人間の育成という事が要請されているといえましょう。

このように戦後定められた寮の在り方から若干現在の寮生活は離れている面があるといえるように思います。この点が、〝非常に良いが、食い足りない〟という印象を与えることになっていると思うのであります。この点は、私は、寮生活の土台の上に立って注意深く是正していく必要がある、と思います。

現在の寮生活について触れすぎたかもしれませんが、この点を除いて考えたとしても、私は、アジア学生会館という目標に踏み出すことは、寮の在り方の大きな変革を意味すると思います。更に見方を変えれば、戦前から戦後への寮の変革にも較ぶべく、寮にとって一画期を成すものといえましょう。現在はそのような時期に当たっていると私は考えます。

従って、私は、このような寮の当面している事態に即して当然に寮規約も改正し、寮としての体制も整える必要があると考えるものです。何としても第一に、その目的に、具体的な目標―アジアと日本の友好とその発展をめざすという―を加えるべきであります。

早い話が、今後の入寮詮衡の一基準にこの点が加えられねばなりません。今後入る人には、それだけの覚悟を固めてもらう必要がある、と思います。このことは、寮の巾を狭くしろと主張しているのではありません。むしろ、逆であると私は考えます。というのは、寮の巾狭くなるかどうかは、一にかかって改正規約にのっとった今後の寮の行き方が決めることで、このように改正することのうちに巾を狭くする必然を含んでいるとは思われないからであります。

更に又、その上に立って、私は、寮名も新しい段階に相応しいものに変えたらいいと思います。

私はこのように、二重の意味において、―一つは現実の寮生活の欠陥として、一つは新しく寮の当面している情勢として、―寮の在り方について現在検討されねばならない、と考え、(三)の提案を行うものであります。

五.

現在、私達は、先輩諸兄姉のひとかたならぬご尽力によって、学寮新館㊟に住むことができるようになりました。この新館建設は、寮にとって大きな仕事でありました。がしかし、アジア学生会館の建設はそれに数十倍する大仕事であります。とても出来そうには思われない程の大仕事であります。

従って、これを成し遂げるには少なくとも、第一に、私達寮生が、更に一層心構えを固め、この問題の与える展望に応えうる研さんを深め、一層、心身の鍛錬に努力する必要があります。

第二に、寮友諸兄姉に、倍旧の、心的物的ご尽力をお願いしなければなりません。

第三に、この仕事は寮だけの力でできるとは思われず、従って、国内の趣旨に賛同されるあらゆる個人、団体の助力協力をまたねばなりません。

第四に、仕事の性質上、国外の力も借りる必要がありましょう。特にアジアの中に協力者を求め、見出していくことは不可欠でありましょう。

或いは、これは不可能かもしれません。この問題は、私達の経験をはるかに超えたものであることからも、将来立ち現れるであろう困難又、予期できぬものがあります。

しかし、現在は困難に押しひしがれることなく、目標をしっかりとふんまえて、私達が着実に取りくむことがすべての基礎であり、又、成否の鍵であるようにも思われます。寮友を始めとして、国内外の有志の方が、これならば、彼等ならばわれわれも喜んで協力しようと、言い得る私達の実体を、努力によって生み出していくことが大切であると考えます。

この基礎の上に、生起する諸困難は、結局回避できぬものだけに、衆知を集め、結集できる力はすべて結集して一歩一歩解決していく以外にはないでありましょう。

現実の寮生活の上に立って、足れるものは伸ばし、足らざるは補い、もって寮の一画期を乗り切る意欲を持とうではないか。


（原文ママ）

㊟新星学寮の修築の事―一九五五年七月着工、十一月完成で、この改修は第一回目であった。二回目は一九六一年七月から十月にかけて行われた。これらの改修は先輩の寄附・協力があり、完成できた。

新星学寮寮誌『のろし』No.19（一九六〇年六月）より

「偶感」　杉浦正健

ある先輩が、ほぼ完成に近い（アジア文化）会館をみた後、できるとはつゆ思わなかったという感想を（穂積）先生に話しておられるのを傍できいて、無量の感慨を覚えたことがある。先生はそれに対して、無から有を生じたのだよ、と説明しておられたが、その対話を聞きながら、つい先日読みかじったばかりの般若心経の空即是色ということばを思い浮かべていた。先生は、この事業を発起された際、金も物も予め用意されたわけではなかった。仕事を進める上に充分な財政的基盤ももっておられなかったし、それについての絶対確実な見通しをもっておられなかったと私は思う。

全くの素手、無手で始められたといっても過言ではない。世間的な常識からいえば全く逆立ちした、めちゃくちゃなことであった。にもかかわらず、現に会館は出来上がったのである。その先輩の卒直な感想も、理のないことではない。「無から有を生じた」のであるから。

事実は、決して「無から有を生じた」のではなかった。先生の存在、その主宰される新星学寮の存在、先輩同学の士の存在、それらをひっくるめて学寮とよぶならば、学寮が、就中、いうまでもないことながら、その大黒柱としての先生が、存在していた。

会館は、それを母胎とし、さまざまの立場の人々の理解と努力、政、財界、官庁など各界の善意にみちた期待と協力を御縁として、花ひらいたのだ。形を生じたのだ、という事ができる。「無」から「有」を生じたのではなく、「有」から「有」を生じたと私は思う。母胎となっている学寮の存在をぬきにして、会館の今日あるはつゆ予想もされなかったことである。また、同時に、いわば土中にうめられた種子に芽をふかせ、育て上げる太陽や水の働きに例えることができるさまざまな御縁がなかったならば、会館はとうてい陽の目をみることはなかったこともはっきりいえることである。

先生と先輩の話を聞きながら、渦中に身を投じた者の一人として、御縁あった数えきれない人々への感謝の気持と共に、何か人間の存在を超えたもののように思われるそれらの因縁に、言い表せぬ感慨が漠然とこみ上げてくるのをどうすることもできなかった。

わが国は、われわれは、今、歴史の曲り角にたたされている。重大な歴史的試練が、日本民族を待ち構えている。この重大な時期に会館の竣工をみるに至ったことは、また奇しき因縁といわねばならないが、われわれに課せられた歴史的使命に応えうる内容の創造に更に決意を新にして前進しなければならないと思う。


（昭和三十五年六月二十日　新安保自然成立の日に）

（原文ママ）

⑥ AOTS機関誌『研修』（一九六二年十二月発行）より「アジア文化会館の食堂」

小木曽史子（旧姓木内）

故小木曽史子（あやこ）氏は一九二九年生まれの歌人、書道家。ペンネーム「沢木あや子」。二〇〇七年逝去（享年七十八歳）。一九六二年に小木曽友氏（アジア学生文化協会理事長）と結婚し、アジア文化会館（ABK）及び新星学寮を拠点として留学生の生活と勉学支援に取り組むとともに、ABKでは留学生、研修生のために日々の食事を準備された。

この文章は一九六二年十二月AOTS機関誌『研修』に寄稿されたもので、小木曽友氏と史子氏の共著『啄木と「昴」とアジア』（ラビシャンカールのシタール響く）（星雲社　二〇一二年）にも掲載されている。開館間もないABKで食堂運営に携わった女性職員の思いを知ることができる貴重な資料であり、小木曽友氏の許可を得て転載させていただく。（原文ママ）

昭和三五年七月、会館新築と同時に発足した食堂も、早いもので、もう二年の歴史をもつようになりました。

食堂経営には、殆ど未経験な若い女性ばかりでしたけれど、遠く故国を離れて、食習慣の全く異なった日本にいらした方々に、何とかさびしい思いをなさらず食事を楽しんでいただきたい、その一心で手探りながら、一歩一歩ここまで歩いてきました。

現在、会館の食堂利用者は、一日平均、朝食約七〇人、昼食六〇人、夕食七〇〜八〇人、土、日は、遊びに外出なさったり、反対にお客様をつれていらっしゃる方が重なったりで特に変動が激しく、多いときには一〇〇人を超えることもあります。食事時間は、朝食七時〜八時半、昼食十二時〜一時半、夕食六時〜八時となっております。朝食は、トーストに牛乳やミルクコーヒーの方が多いですけれど、その外にコーンフレーク、オートミール、各種卵料理（主にボイルドエッグ、フライドエッグ、オムレツ、ハムエッグ、ベーコンエッグ等）、野菜ソテー、少数ですが、ポーク、ビーフを召し上がる方があります。また、主に日本人学生や職員の方達は、御飯にみそ汁と簡単な一品料理、梅干といった定食も欠かせません。

朝食は七時からですが、学校や工場研修をひかえて急がれる方が多いので、トースターの故障、人員の不足などで一寸手順が狂いますと、瞬く間にお盆がずらりと並び、その後にも、又、人垣、その方々が皆、時計をみつめながらイライラしていらっしゃると思うと、カウンターに立つ私達もボーッとしてしまう程です。その中でこちらは熱いミルク、あちらは冷たいミルク、あの方の目玉はオーバーフライ、この方のボイルドエッグはハーフボイル、と個人個人の嗜好を細かく見分けて、間違いなく、素早く出すには、かなりの熟練を必要といたします。卵料理では、オムレツに一番特徴があるようです。一般に、日本のオムレツは、半熟状態の柔らかいのが賞味されますが、東南アジアの方は、よく火の通ったものを好む方が多いのです。（お魚やお肉も同様です。）そのためか、形も日本のような木の葉型でなく、フライパンの大きさのままに、丸くひろがったものを裏返して焼き上げます。少しでも柔らかい所が残っていると、もう一度フライして下さい、といわれます。中に入れるものも、オニオンという方、チリをという方、いろいろ好みが異なっています。

昼食、夕食は（A）、（B）、（C）の定食を出しております。（A）定食は、スープ、ライス付きで一二〇～一四〇円。大体週に一度マトンをします。これは特に回教の方の為に、お祈りをしてある肉をとどけてもらっています。チキンはヴェジタリアン以外の方は食べられるので週に五回そして牛三回、豚二回、海老二回、魚一～二回の予定で献立を組みます。（B）は、八〇～九〇円、（C）は、主にみそスープでライスと共に六〇円内外、その他に、昼は（D）として、麺類（月見うどん、月見そば、きつねうどん、五目うどん、ラーメン、冷やしそば、冷麦、湯麺、カレーうどん、鴨南蛮等）、館内の日本人職員のために用意いたしますが、外人でも、好んで食べる方もございます。夜の（D）は、サラド、精進揚等、主に野菜の一品料理を出しております。それでも定食が好みに合わなかったり、不足したりしますと、ビフテキ、ポークソテー、或は野菜とポーク又はビーフの炒めもの、卵料理、炒飯等と、オーダーがふえて、レンジの前に立つ人は息つく間もない程の忙がしさになります。炒飯も一応誰でも食べられるようなものを用意しておくのですが、中に入れるものに、それぞれの好みがあって、オニオンは必ず入れてという方、入れては困る方、卵のみ、野菜と卵その上にポーク又はビーフを入れる方、こうなると一度にまとめて作ることが出来ないので、大変時間がかかります。予約制でないので、どうしたら、定食を過不足なく仕込み、オーダーの数を減らすことが出来るかに頭を悩まし、献立や調理に苦心します。又、出来るかぎり（E）として、デザートを常時作っておくよう心がけております。これは、特にヴェジタリアンの方や、来客の場合などに喜ばれます。主にプディング類、ゼリー類、フルーツポンチ類です。

その外に、毎食必ず用意する特殊なものとしては、野菜カレー、野菜フライ、炒飯等です。又、真赤な唐辛子に生トマト、にんにく、玉葱を入れてミキサーでどろどろにし、それを塩、味の素で調味し、ピーナツ油で炒めて作った「サンバル」も欠かせない一品です。切らした時など気の毒でお断りするのに心が痛みます。それをそのまま、御飯にのせたり、みそスープや他の料理につけて食べていらっしゃるようです。非常に刺激が強く、「サンバル」を作った容器を洗っただけで、眼や口のまわりがひりひりする程です。食物はどこも同じ、とおっしゃる方もありますけれど、食品材料は似たものがあっても、食べたいというのは、民族や宗教、気候風土や習慣の相違でこんなにもちがってくるものかと驚かされます。定食以外、ジュース類、コーラ類、牛乳、ヨーグルト、コーヒー、紅茶等の飲物、それに季節の果物、デザート等は、食事時間外（但午前七時〜午後九時）にも出しております。

この食堂は、独立採算のたて前になっており、人件費から、光熱、ガス、水道をはじめ、一般備品から消耗品まで、すべてを賄ってゆかなければなりませんので、他の留学生会館の食堂のように、人件費、光熱、水道等の補助があって、純材料費だけで食事を出せる所と較べると、どうしても、割高になります。それは、理解していただいても較べれば高い事には変わりないので、作る私達としても大変苦労いたします。出来るだけ人件費を少なくするために、在館の方々にも協力していただき、開館当初から、カフェテリヤ方式を採り、食事はすべてセルフサービスにしております。現在の広さは、厨房七五・一平米、食堂二〇九・六七平米、ますます殖える利用者に対して、余裕ある広さといえませんが、今年六月、待望の冷凍室も出来ましたので、食品の保存がよく、ケース単位の計画購入も可能になり、飲物、フルーツ、デザート、サラド等も冷たいのを味わっていただけるので、暑さの烈しい夏の間は特によろこばれました。食堂に続いて十八・九三六平米の特別食堂、食堂の料理で旧友の歓迎会 があり、これは、主に研修生の会食（歓迎会、研修修了式等）や、座談会・中間検討会等のお茶の会に使われます。時には、留学生、研修生のお客様の会食にも使用されます。最近は研修生のコースが殖えて、二日に一度の割合で、会食やお茶の会が開かれるようになりました。在館者の殖えたところへ、会食の回数も多くなり、限られた設備と、少ないスタッフではなかなか十分な事は出来ないのですけれど、研修協会や文化協会の方々の協力の下に頑張っております。

どこでもある事かもしれませんが厨房内にはいって、自分の好きな料理をつくりたいという方がります。特に宗教上、お祈りのすんだチキンやマトンしか食べられない方や、どうしても定食や、限られたオーダーにあきたらなくて、好みのものを自分で調理なさるのです。思い思いの材料を整えて、二、三人グループになって作る場合が多いようです。そんな場合は、珍しい材料の扱い方や、調味料の加減を教えていただいたり、その味を味わわせてもらったりしています。

目の前で講習を受けるようなものですから、大変参考になり、有難いチャンスでもあるわけですけれど、現在、厨房内には、炊飯器を除いては、五つしかレンジがなく、その五つで四つの定食に汁二種類その他ヴェジタリアンのための野菜カレー、炒飯、野菜ソテーを準備しなければなりませんので、あるだけのレンジをフルに使用しても、まだ足りないことが多いので、その上に個々の調理希望者が現れますと、お互いに思うようにならず、肝心の定食に支障を来し、多くの方に迷惑をかけることになって了います。そこで協議の結果、厨房利用は、午後二時〜四時の厨房内の空時間に限ること、事前に申込用紙で申し込んでいただくことになりました。全然お断りするのは、折角の楽しみを取り上げてしまうようで、食堂としても大変辛く、自由に調理が出来るコーナー又はそんな一室を作る案も、前々からあるのですが、まだ実現に至らない現在では、限られた時間内での調理で我慢していただいています。この頃は、使った器具類を洗って行く方が多くなりました。忘れて行く方には、理由をお話し、きちんとして下さるようお願いしています。

今、ここアジア文化会館の中には約三〇ヶ国の国の方が泊っています。同じ国でも広い国では地方によってそれぞれ料理の特質があります。同じインドの野菜カレーでも北と南では材料から異なり、北の方は、ポテト類を入れてとろみのあるものを、南の方は、大根などもつかい、サラッとした仕上げのものを、好まれるようです。また私達に教えて下さる方によっても銘々ちがいが出て参ります。一方の方から、今日のは大変美味しいと喜ばれるかと思うと別の方から、こんなカレー、見たこともない、など云われることもあり、作る方でも悩みます。けれど、同じ日本の中でも、地方によって特色があり、同じ地方でも、細かく云えば、各家庭の習慣、その家に伝わる伝統のようなものがありましょう。又、年代によってもその違いは大きいものと思います。味覚は、個人差が大きい。まして、こんなにいろいろな国の、それも一度も行ったことのない国の様々の方の食事をあずかり、すべての人に満足してもらおうと思うのが無理な話。と思ってしまえば、少しは、心が安まりますけれど、やはり、生まれ育った国をはなれ、ことばも習慣も全く異なった中で、食事が安心してたべられるか、そうでないかは、大きな問題と思い直して、努力しております。

日本へ来られて、積極的に日本のものをとり入れて、自分の味覚にあったものを探す方と、多くは宗教の為と思いますけれど、今までの食習慣を厳しく守る方の二通りがあるように思われます。前の方には、なるべく日本料理にも親しんでいただける様に、あちら風に香辛料を加えたりして、工夫します。あとの方には食事が合わないために日本にいることが一層さびしい思いをおかけしない様、出来るだけ今までたべていらした材料と味に近いものを調えるよう努力しております。ヴェジタリアンの中には卵は勿論チーズもたべない方があります。

その方々は数多い雑多な食べ物の中からこれだけはどうにか安心してたべられるというものを探し出してあげると、毎食それを召し上がる方もあります。もう印度に帰られましたが、お豆腐一丁をそのまま、必ず日課のようにたべた方がありました。宗教上豚を食べない方は、会館の外ではお魚でもラードで揚げてある時があるので、安心しては食べられないと、必ず予約のチケットをおいていらっしゃる方もあります。

そんな事情ですので、私達は一層、責任を感じ、どうにかして信頼に応えたいと思います。すべての方に、一度に満足していただくことは、とても不可能ですけれど、せめて、週に一度位は、ああ、なつかしい料理だな、美味しかったと心から満足していただけるように、各国の特色ある料理を順番に献立にのせることが出来たらと考えます。

開館二年、素人ばかりで始まった創生期の苦しみは終わったといっても、まだ、よちよち歩きです。確実に、一人歩きが出来るように皆様のたのしい食堂となるように、利用する方とのよい協力関係の中で、今後も育ててゆきたいと思います。

⑦『海外技術者研修協会30年史』（一九九〇（平成二）年三月発行）

「第Ⅰ章　創立前史」より抜粋して転載・原文ママ

第Ⅰ章　創立前史

1．経済協力をめぐる内外の動き

⑴発展途上国と国際協力の動き

戦後、新しく独立した国を中心に、発展途上国ではナショナリズムが高まり、急速な経済発展を目指し、先進国の植民地的支配のあらゆるきずなを断ち切ろうとしていた。

発展途上国経済にとって最も大きな問題のひとつは、その経済構造がモノカルチャーであることであった。そこで、モノカルチャー構造を脱却し、経済発展を遂げるために、いろいろな経済計画を策定し、推進しようと考えた。しかし、現実には資本蓄積の不足、国際収支の逆調、技術の不足

（未発達）等がネックとなり、自らの努力による経済開発には限界があった。

発展途上諸国は、次第にナショナリズムの旗印の下に足並みをそろえ、経済開発のための先進国への協力要請を強くしてゆく。昭和30年（以下原則として年号は昭和）、インドネシアのバンドンにおけるアジア・アフリカ会議には29カ国の代表が集まり、「第3勢力」の台頭ぶりを強烈に印象づけたものだった。

発展途上諸国の強い要請にもかかわらず、20年代の先進諸国の動きは鈍く、経済協力をめぐる国際的な動きが活発になってきたのは30年代に入って東西の平和共存時代が始まってからである。すなわち、スターリンの死後、東西の雪どけ時代に入った直後のソ連は、アジア・アフリカの発展途上国に向けて平和攻勢を開始、29年、アフガニスタンに対する援助を承諾したのを皮切りに、ユーゴースラビア、インド、トルコ、インドネシア、ビルマ（現ミャンマー）、エジプトに対し、徐々に援助を強化していった。東側同盟の東ヨーロッパ諸国、中国もこれに加わってゆく。

こうした動きに対し、アメリカをはじめとする西側諸国は、発展途上国援助の拡大・強化のため体制整備に真剣に取り組まざるを得なくなったのである。

32年、アメリカがまず発展途上国に対する援助を主目的とする資金供与機関として、開発借款基金（ＤＬＦ）を設置した。また新たな国際機関としては、開発途上国の民間企業に対する投資を促進する目的で、31年に国際金融公社（ＩＦＣ）が発足した。こういった援助体制の整備に伴って、西側諸国の援助額は、30年代に入ると急激に増えていった。
20年代後半から30年代前半にかけての国際協力の動きは、このように東西両陣営が、それぞれ自分の側に発展途上国を引きつけるという、政治的色彩の濃い競争の中で展開されていった。

⑵日本の動向——復興から自立へ

敗戦の影を引きずりながらも、日本が独立国として自分の足で歩き始めたのは、対日平和条約（サンフランシスコ）が発効した年の翌27年からである。この年、通産省は、大幅な機構改革とともに輸出振興第一主義を基本とする産業政策を打ち出した。

逆上って、25年の朝鮮動乱は、一時的に日本に特需景気をもたらしたものの、その終焉とともに一転して、日本は輸出不振による外貨危機と原材料価格の高騰にみまわれる。民間ベースの経済協力の先鞭をつけるかたちで26年に海外投資が、27年に輸出信用（延べ払い）が開始されたのはそういった背景のなかであった。

資源の安定供給、輸出の拡大・振興を目的とするこれらの活動を支援する日本輸出銀行（後の日本輸出入銀行）が設立されたのが25年である。当時のわが国の経済協力に対する方針は28年吉田内閣の決定にもあるように、賠償の早期解決と「（経済協力は）原則として、民間の創意で行い、政府は必要な援助を与える」という民間主導型のものであった。

29年、日本貿易振興会、30年、日本輸出プラント技術協会が設立されたのも、そのような流れのなかでとらえられるであろう。わが国政府ベースによる経済協力は29年のコロンボプラン加入をもって始められた。

2. 胎 動

(1) 通産省の構想

30年代初頭の日本は、国際的に見ても国民所得の水準は先進国の仲間入りできるものとはいえず、いわば後発先進工業国という位置にあった。

官民一体となっての輸出振興第一主義は、自立経済への道を歩み始めたばかりの当時の日本にとっては、ごく自然のことであった。

33年5月、通産省は第1回の経済協力白書ともいうべき「経済協力の現状と問題点」を発表した。そこでは「経済協力といえども経済関係であり、国際協調のみを追求するものではない。(中略)今なお資本蓄積に乏しく、経済の安定的成長に対する要請の強いわが国の現実から見て、なるべくわが国に対する経済効果の大きいものに施策の重点が置かれるべきことはいうまでもない。従って、経済協力政策は、国際協調をその基調としながらも、輸出入市場の拡大及び重要原材料の市場の確保に最も効果的な方向において展開されるべきである」との政策の基調を語っている。

「民間会社が主体になって発展途上諸国の技術研修生を受け入れれば、研修の成果も上がり、相手国の経済開発に役立ち、同時に日本の技術への認識も深まり、輸出にもプラスになる」との考えから、AOTSの母体となった「海外産業技術研修所」の構想が検討されだしたのは、ちょうどこの頃であった。コロンボ計画等、政府ベースで来日していた研修生は、農林・水産業が多く、例えば33年の場合、総数四八六名のうち二四三名の50%がそうで、輸出振興に関係をもつ鉱工業分野の研修生は82名、17%であった。鉱工業技術の場合、実地研修に適した国公立の機関が少なく、この分野の研修生受入れを増やすには民間企業の参加がどうしても必要と考えられたのである。通産省では、この構想を固めるため32年、日本機械工業連合会を通して関係会社の意見を徴したところ、技術研修生受入れの問題点として、

① 受入旅費を政府の負担とすること
② 工場の実地研修に入る前に技術の予備研修を行うこと
③ 日本産業の現状、日本地誌、日本語等の一般事項に関する集中的研修を行うこと
④ 専用宿舎を設けること

などが指摘された。

通産省は、その趣旨に沿った「海外産業技術研修所」（宿舎付）の設立について、33年度政府予算に計上されるよう努力したが、民間の恒久施設に対する多額かつ高率の補助金の実現は、極めて

困難とされ実現に至らなかった。通産省のこの構想を実現するためには、どうしても拠点となるべき研修センターが不可欠であり、関係者は34年度予算案作成を前に、その打開策のため腐心していた。

人類の歴史における偶然の役割は非常に大きい。相互に全く無関係な2つのものが、ある日偶然に結びつき全く新しい命を誕生させる。㈶海外技術者研修協会（以下ＡＯＴＳ）の誕生には、そのことを思わせる縁が介在していたのである。

ＡＯＴＳは、㈶アジア学生文化協会と㈳日本機械工業連合会の結びつきによって34年8月に設立されたが、そこに至る経緯を以下記したい。

⑵機械工業界動き出す

30年代に入ったばかりのわが国は、産業構造の高度化、重化学工業化への道を歩んでおり、その推進のためにはプラント等資本財の輸出市場が是非必要であった。

一方、独立まもない発展途上諸国は、モノカルチャー経済からの脱却を目指して工業化のため、あらゆる努力を重ねており、日本にとっては有望な輸出市場と考えられていた。しかしながら、発展途上国のほとんどは長い間、欧米の先進諸国が支配してきたという、日本にとっては不利な条件下にあり、現実に欧米企業との競争に乗り出した日本の各社はいろいろな障害にぶつかることになる。

重電機器メーカーを中心とする機械工業界は、そのような日本企業の中核をなしていたが、業界の力を結束させるために日本機械工業連合会を設立し（33年社団法人・以下日機連）、国際競争力強化のための諸々の施策の実現を政府に要請していった。

発展途上国の購買力不足に対応した延べ払いや輸出保障制度といった輸出振興策と同時に、当時日機連の輸出委員会で関係者の間で語られていた問題のひとつは、日本の技術に対する相手国の認識不足ということであった。

「その国際入札（インド）では欧州の半値で1位でした。そこで技師を2人も派遣したのですが、向こうのチーフ・エンジニアに、『日本は戦前から安かろう悪かろうで、しかも雑貨しか輸出していないではないか。重機械の実績がない日本のものを買って事故を起こしたら、我々は首だ。だから高くても実績のある国のものを買う方が安心なのだ』と言って断られた。これは大変ショックでした」

日本に最も近い東南アジア諸国の認識ですら同じようなものであった。また、うまくいって、機械が輸出されても、相手国の技術水準が低いためどうしても先方から技術者を日本に呼んで教育せざるを得ない。経費はかかるが輸出を伸ばすためには、ますます必要というのが実情であった。

発展途上国からの技術者を日本に呼んで研修するということは、日本の技術水準を認識してもらうためだけでなく、相手国の技術者養成に役立つという意味で、前述通産省の構想に一致するものであった。

ＡＯＴＳ創立前数年（29～33年）の民間ベース技術研修生受入状況（滞在６カ月以上）は、商業上の契約による招致も含め**表１**（註１）の通りである。

研修生受入数は、31年をピークに、32年、33年と減少しており、海外市場への展開に苦悩する日本産業界の実情を如実に反映していた。それらの技術研修生は、技術輸出先等との契約によって受け入れるものと、契約はなくて相手の技術向上のために招致するものがあり、後者はいわゆる技術協力であるとみなされた。すなわち、その受入れを増加させることは、日本の技術水準に対する認識を深めることが期待できるとともに、発展途上国の技術者養成に大きく寄与するものであり、それは必ずしも一企業の問題にとどまらず、産業界全体や国家の問題であると考えられたのである。

当時、世界貿易に占めるわが国の輸出は、戦前水準に達せず、

表１．民間ベースによる年別地域別鉱工業技術研修生受入実績
（昭和29年４月～33年12月）

地域／年	東南アジア	中近東	中南米	その他	合計
29	64	4	3	2	73
30	90	4	1	1	96
31	114	1	2	1	118
32	42	22	3	3	70
33	38	5	18	0	61
合計	348	36	27	7	418
百分比（%）	83.2	8.6	6.5	1.7	100

（通商産業省編『経済協力の現状と問題点』1959年版）

特にアジア地域の機械輸入に占める日本の地位は1割弱で、アメリカ、イギリス、ドイツに比し、立ち遅れが目立っていた。そして欧米諸国の機械輸出の順調な発展の背景には、国家的な経済協力の展開があるところから、日機連輸出委員会は32年9月、「機械輸出振興対策案」の一部として「海外からの技術研修者の養成のための受入体制を整備充実する措置をとること」を建議した。これが前述通産省の「海外産業技術研修所」の構想に呼応するものであることはいうまでもない。

（註1）この期間の国別受入状況は、台湾一六七名、インド63名、インドネシア39名、フィリピン30名、ブラジル24名、イラン23名、タイ18名、セイロン16名等の順。業種別では、機械一四二名、電気通信60名、繊維46名、化学17名、鉄鋼16名、鉱業16名、雑貨、家内工業、商業等一二一名であった。

⑶ＡＯＴＳ設立の経緯

ＡＯＴＳという事業体の誕生には、確かにドラマチックな偶然が介在していた。これまで述べてきたような過程を経て、機械工業界や通産省が推進していたこの構想に㈶アジア学生文化協会（以下ア文協）が登場したのは33年秋のことである。当時の関係者の話（巻末回顧録他）を総合して、その間の事情を記しておく。

33年10月頃のこと、朝日新聞の論壇紙上で通産省の「技術輸出公社を実現せよ」という主張をア文協の鳥谷寅雄理事（故人）が目にした。早速、通産省貿易振興局経済協力課を訪ね、山崎隆造課長、林信太郎課長補佐と懇談、ア文協が計画中の留学生のための会館、アジア文化会館に、発展途上国の技術研修生も受け入れることの可否が検討された。

留学生をお世話するア文協は、文部省関係の団体であり、通産省の補助金で招聘する技術研修生を同協会が同時に受け入れるというのは、定款からいっても不可能である。といって、通産省としても「研修所」の補助金要求で苦渋していたときだったので、何とかアジア文化会館（当時はもちろん名称はついておらず、通産省関係者は、「鳥谷会館」といっていた）を利用できないかと知恵を絞りあった。その結果、技術研修生受入れを実施する別の団体をつくり、そこがアジア文化会館を利用するという案に落ち着いた。

その後、通産省の林課長補佐はア文協穂積五一理事長と数回面談し、協力を要請した。穂積理事長はア文協理事に諮り、新法人についてもア文協と同様の運営（註2）という了解のもとに引き受けることとなった。同年11月、通産省は機械業界の協力を得るため、日機連に㈶海外技術研修会館（仮称）を設立、施設としてはアジア文化会館を借用するという案を提示した。

その骨子は、㈶海外技術研修会館（仮称）は、日本語その他補助的基礎的研修と宿泊施設の確保を行う。施設はアジア文化会館を借用して使用する代わりに、会館の建設に協力する。その方法としては、三、〇〇〇万円を調達してア文協に敷金的意味をもって提供する（註3）。各室の利用は、会社側協力者の予約方式（優先利用）とし、協力者は会館の建設費用および事後の運営費等に関する協力を行うというものであった。

これらについて、日機連は輸出委員会を中心に検討したが、会館の立地条件並びに利用率、運営方法等が問題になった。上記の問題点に対し、通産省側からは、立地条件については、本会館の企てが成功すれば、第二第三の会館ができる可能性が十分あり、そうなれば広域をカバーできること、利用率については、協力する業界の利用者が定員に満たない場合、他の利用を許す範囲を広くすれば、利用率上昇の可能性はでてくること、運営方法については、業界からの理事も参加できることになっていることなどが説明された。

また、業界委員が終始不安をもっていたのは、「習慣、国情、宗教、言語等の異なる各国の研修生が同じ建物の下で、共同生活をうまくやっていけるか」ということであったが、「安心して任せられる適当な人が得られる見込みがある」という通産省側の熱心な説得もあって、協議を重ねた結果、各社のこれまでの受入れの状況、並びに今後の機械輸出、経済協力促進の見通しから、この種の施設の設置は必要であるとの見解が出され、12月19日、日機連役員会で業界として協力するという方針を決め、「海外技術研修会館小委員会」を置くことを決定した。

こうした経緯があって、33年12月、34年度予算案に、通産省所管経済協力費の中の海外技術者受入研修費（研修事業費）として、八九六万七千円が査定、計上された。

内訳は、借館料、備品費、研修実施費（実地研修委託費、月額二〇、〇〇〇円を含む）、研修事業

付帯費の各75％補助であった。当時経済協力関係新規事業は予算化されにくい事情にあったが、通産省の努力、関係者の協力、大蔵省の理解のもとに実現したのである。

（註2）33年10月23日付で、ア文協から通産大臣宛に「海外技術研修生招致計画に、アットホームな生活環境を提供し、相談相手となり、友好の実を上げることに協力する。この研修事業には新法人を設立するのが適当である」との文書が提出された。

（註3）アジア文化会館は、もともとアジア留学生のための宿舎として建設が計画された。新法人設立の話がある直前の規模は、個室33、2人部屋28、計61室89人収容となっていたが、技術研修生の利用が見込まれるようになって大幅な設計変更を行い、一〇五室一一九人収容となった。研修室の増設、食堂の拡張など他の設備も大がかりになった。

3．新法人の設立へ

翌34年に入ると、いよいよこの構想の具体的検討が進められる。同年2月、日機連は関係13社からなる海外技術研修会館小委員会を設け、数回にわたり負担金問題などについての継続審議を進めた。また、ア文協、日機連の連絡会も随時開催され、推進方法その他具体的内容について協議が重ねられた。この間、通産省が所管官庁としてア文協、日機連双方の仲介と斡旋に努められたことは特記すべきである。

6月に至って、ほぼ具体的構想が固まり、別記（註4）のような協議了解事項にまで達した。これに至る過程は決して容易ではなかったといわれるが、基本的には、仲介役の通産省の言われるように、「ひとつのポイントは、技術協力を『かなめ』にして、日立、東芝、三菱を中心とする機械業界と、留学生を教育するア文協を結び合わせる仕事であった。これは利潤の追求をするもの（業界）と、そうでないもの（ア文協）とを、役所という機構が結び合わせる仕事で、あらゆる苦労はそこから発生し、努力はそれに向かって払われた」（資料編座談会二四三頁）ということであろう。ともかく、関係者の熱意で一つの構想にまとまったのである。

一方、通産省の指導の下に、新法人の設立準備が進められ、新法人は財団法人とし、基本財産は一〇〇万円、日機連、ア文協が50万円ずつ拠出、代表者並びに役員についても両者より選任することに内定を見た。こうして、7月2日の日機連関係21社の拡大設立懇談会を経て、7月29日、㈶海外技術者研修協会設立準備委員会、創立総会が産経会館で開催され、設立趣意書、寄付行為の決定、34・35年度事業計画及び収支予算の承認、役員選任が行われた。

8月10日、通産省の設立許可がなされ、ここに、民間の創意を生かしつつ、官民協力の下に海外技術者の研修事業を行い、経済協力を推進するユニークな機関として、AOTSが発足したのである。

（註4）ア文協・日機連の協議了解事項

1. ア文協は会館の所有者として、その維持運営に当たり、また日本住宅公団に対する償還の責に任ずること。
2. 会館の収容力一一九人中、技術研修生80人、留学生・日本人学生39人の割当てにすること。
3. 技術研修生の研修に要する経費は、昭和34年度下半期予算（補助金）約九〇〇万円、及び民間分担金をもってこれに充て、この研修業務は新財団が携わること。
4. 研修生の宿舎部屋代は、日機連の諸会社においてこれを負担し、新財団の責任においてア文協に支払うこと。
5. また、日機連の諸会社は、新財団に三、〇〇〇万円を拠出し、新財団は会館完成登記以前において、ア文協に対し、この三、〇〇〇万円を敷金的意味をもって、3カ年間無利子無担保で貸し付けること。
6. ア文協は会館の所有者として、工事不足額、会館の調度費並びに技術研修生の部屋代をもっては不足する公団への償還等について総括的責任を負うこと。

なお、三、〇〇〇万円の調達については、新財団は予約申込者（協力者）より一口37万5千円の供託を受けることとなった。また、ベッド利用については、安定した運営を保障するため、長期利用契約によることが内定した。すなわち、新財団はア文協との包括契約により、80ベッドを確保するとともに、各社と期間3カ年の個別契約を結ぶという方式である。その際のベッド利用料は、実費として月額一七、〇〇〇円と算定された。同時に検討された食費も、実費月額九、四〇〇円と見込まれた。

⑧『AOTS外史』関係者略歴

鳥谷寅雄（とりや・とらお）【一九〇四（明治三十七）年～一九八七（昭和六十二）年】

横浜高等工業学校（現横浜国立大学）機械工学科卒

ASCA在職：一九五七年～一九六七年（非常勤）

AOTS在職：一九五九年～一九六七年

文官高等試験行政科に合格（一九二六年）し、商工省（現経済産業省）に入省（一九二七年）、浜口内閣の官吏の減俸問題（一九二九年）で岸信介（後に戦後の総理大臣）と知遇を得る。戦前は満州国実業部商標局、臨時産業調査局調査部等に勤務し、岸信介とはこの中国勤務時代でも親交を深めた。戦後は商工省に戻り、商工省特許局指導課長（一九四六年）、貿易庁関東地方事務局次長（一九四七年）等を務めた。

財団法人アジア学生文化協会（ASCA）の設立時（一九五七年）に理事に就任した。ASCAが独自に建設を進めていたアジア文化会館の中に、財団法人海外技術者研修協会（AOTS）の設立をASCA穂積五一理事長に説き、AOTS設立（一九五九年）と同時に初代専務理事に就任し、創業時のAOTS事業の発展に貢献した。その後国際ビルサービス㈱を設立し、代表取締役就任（一九六三年）、同社代表取締役会長に就任（一九七八年）するなど同社の発展に尽くした。

庄司徳治（しょうじ・とくじ）【一九〇九（明治四十二）年～二〇〇八（平成二十）年】

東京大学法学部卒

至軒寮在寮‥　一九三五年～一九三八年

AOTS在職‥　一九六四年～一九八三年

JTECS在職‥　一九八六年～一九九三年

穂積五一先生に会ったのは大学に入った年の一九三二年、七生社の集会であった。穂積先生の人柄に魅かれ、大学卒業後も穂積先生と行動を共にする。結婚後、病弱で極貧状態の穂積先生の世話をするために至軒寮に住むようになった。

戦後、故郷山形に戻り県立・私立高等学校の校長を務めていたが、一九六四年YKC開館に伴い主事としてAOTSに入職。一九六七年常務理事、一九七五年専務理事等を経て副理事長で退任。その後㈳日・タイ経済協力協会（JTECS）理事長を務めた。

武田信近（たけだ・のぶちか）【一九一三（大正二）年〜二〇〇〇（平成十二）年】

慶応義塾大学文学部卒

至軒寮在寮：　一九三三年〜一九三八年（出入りあり）

ＡＯＴＳ在職：　一九六〇年〜一九七四年

金丸三郎氏（故人。鹿児島県知事、参議院議員、総務庁長官等歴任、元ＡＳＣＡ理事）と中学時代からの盟友で、ＡＳＣＡ（アジア学生文化協会）の設立認可及びＡＢＫ（アジア文化会館）建設時にその幅広い人脈を生かして活躍。戦前はアジア各地を放浪し、終戦工作にも関与したという波瀾万丈の生涯を送った。

ＡＯＴＳ設立後まもなく常務理事、一九七〇年から専務理事として初期ＡＯＴＳ事業を支えた。

山本長昭（やまもと・ながあき）【一九二八（昭和三）年〜二〇〇五（平成十七）年】

東京大学法学部卒

新星学寮在寮：　一九五一年〜一九五二年

ＡＯＴＳ在職：　一九六〇年〜一九六九年、一九八三年〜一九九八年

新星学寮在寮中からリーダシップを発揮し、戦前からの古い習慣を改めて、新しい寮規約を定

め、学生寮として新星学寮を立て直した。また寮の修築等を通じて、後の学生会館をつくる議論に早くから参加し、一九六〇年四月にそれまで勤務していた国策パルプ工業㈱を退職し、AOTS事業に参画することとなった。入職後AOTS事務局次長として、AOTS事業の立ち上げに大きな貢献をした。

一九六九年にAOTSを退職し、一九七〇年から国連工業開発機関（UNIDO）で勤務した後、一九八三年AOTSに復帰。専務理事を経て一九九三年七月に理事長就任。新研修センターの建設を完成し、AOTSと帰国研修生とのネットワーク作りを生涯のテーマとして同窓会との協力活動の基盤強化に努めた。

福本　一（ふくもと・はじめ）【一九三〇（昭和五）年生まれ】

中央大学法学部卒

新星学寮在寮：　一九五三年～一九五七年

AOTS在職：　一九六〇年～一九六九年、一九八四年～一九八八年

大学卒業後日活㈱に勤務していたが、田井重治氏の誘いを受け一九六〇年四月退社、五月AOTS入職。一九六九年七月総務課長を経て業務課長在任時退職。その後大和ハウス工業㈱関連会

社に勤務。

一九八四年ＡＯＴＳに復帰、㈱海外技術者研修調査会へ出向し、榊正義氏の後任として社長に就任。一九八八年、在任中、社名をスリーエーネットワークに変更。出向を解かれて社長専任となる。

千代田博明（ちよだ・ひろあき）【一九三三（昭和八）年生まれ】

東京大学法学部卒
新星学寮在寮：一九五四年〜一九五七年
ＡＳＣＡ在職：一九六三年〜一九六九年
ＡＯＴＳ在職：一九六九年〜一九八五年

大学卒業後日本板硝子㈱に就職したが、恩師穂積五一先生の要請で一九六三年に同社を退職、同年四月アジア学生文化協会（ＡＳＣＡ）に入職。その後、ＡＯＴＳ創設に関わった職員の退職が相次ぐ中、一九六九年十月ＡＯＴＳに転籍。

幹部一斉退職後のＡＯＴＳで、事務局次長、事務局長、常務理事として様々な懸案事項、研修生拘束契約問題、ＡＯＴＳ労働組合との交渉、政府との予算折衝、東京研修センター（ＴＫＣ）

建設等を主導した。
一九八七年弁護士登録。現在千代田・中島法律事務所弁護士。
AOTS退職後しばらくして、依頼を受けAOTS監事に就任。

杉浦正健（すぎうら・せいけん）【一九三四（昭和九）年生まれ】

東京大学経済学部卒
新星学寮在寮：一九五五年〜一九五八年
ASCA在職：一九五八年〜一九五九年
AOTS在職：一九五九年〜一九六九年
大学卒業後、一九五七年四月川崎製鉄㈱に入社するが、一九五八年三月に退職し、寮に戻る。「東大アジア学生友好会」の活動に尽力し、一九五八年夏の第一回アジア・アフリカ学生北海道見学旅行に参加。
その間ASCAの設立とABKの建設に主導的に関わり、一九五七年九月の法人認可、一九五九年三月の免税措置認可に尽力。
また、一九五九年八月のAOTS創立参画、ASCAとAOTSの事業区分が明確でない時期から、関川弘司氏とともに両団体の業務に関わり、一九六〇年六月にＡＢＫが完成した時からは、ＡＢＫの五〇一号室に住み込んで勤務した。

一九七二年弁護士登録。一九八六年七月衆議院議員当選。二〇〇五年一〇月から二〇〇六年九月末まで、小泉内閣で第七十七代法務大臣。二〇〇九年政界引退。この間、一九九七年「ＡＯＴＳを育てる会」を結成、二〇〇四年同会会長。現在、浅沼・杉浦法律事務所弁護士。

関川弘司（せきかわ・こうじ）【一九三三（昭和八）年生まれ】

東京大学文学部卒
新星学寮在寮：　一九五六年〜一九五八年
ＡＯＴＳ在職：　一九五九年〜一九七〇年
一九五七年、新星学寮在寮中から杉浦正健氏とともに、ＡＳＣＡの法人設立認可（一九五七年九月）ＡＳＣＡ事業の免税措置認可（一九五九年三月）、一九五九年八月のＡＯＴＳ創立に奔走。ＡＳＣＡとＡＯＴＳの事業区分が不明確な時期から両団体の業務に関わり、一九六四年ＹＫＣ開館後は、主事として赴任。
一九七〇年、杉浦正健氏の退職から約一年後に退職。その後㈶国際開発センター（ＩＤＣＪ）

に勤務し、理事を務めた。

小木曽　友（おぎそ・ゆう）【一九三四（昭和九）年生まれ】

東京大学農学部卒

新星学寮在寮：　一九五六年〜一九五八年

ＡＳＣＡ在職：　一九六二年〜現在

一九五八年大学卒業後、農学部の大学院に進学し農芸化学の勉強を続けていたが、寮を出て二年ほど経った頃、穂積五一先生からＡＢＫに住まないかとの誘いがあり、一九六二年六月、ＡＢＫに日本人学生の一人として入館。四〇一号室に住んでＡＳＣＡの仕事を手伝い始め、その後職員となる。一九九四年に田井重治前理事長の後任として理事長に就任し現在に至る。

榊　正義（さかき・まさよし）【一九三七（昭和十二）年生まれ】

早稲田大学法学部卒

新星学寮在寮：　一九五九年〜一九六一年

ＡＯＴＳ在職‥　一九六一年〜一九八六年（出入りあり）

　一九六〇年六月、ＡＢＫ完成と同時に新星学寮からＡＢＫに移り五〇一号室に入室。新星学寮出身の留学生とともに、ＡＢＫの夜間受付、電話当番に従事。数か月間は勝山隼氏とともにＡＢＫの全館清掃も行った。

一九六一年四月、ＡＯＴＳ入職、会計係、研修班に勤務、一九六四年九月退職。

一九六六年四月、ＡＯＴＳ復職、研修班。一九六七年四月〜一九七二年横浜研修センター（ＹＫＣ）主事。

一九七二年〜一九七三年三月、研修計画課長。

一九七四年四月〜一九七六年三月、日本能率協会に勤務。

一九七六年四月、ＡＯＴＳ復職、ＭＭＴＣ担当兼㈱海外技術者研修調査会（現㈱スリーエーネットワーク）代表役員就任。

一九八四年八月、ＡＯＴＳクアラルンプール駐在員事務所代表就任。一九八六年三月退職。

一九八七年一月〜一九八八年三月、国際ビルサービス㈱勤務。

一九八八年四月〜二〇〇四年八月、本坊グループの興南物産・東京支店長、㈱南九州ファミリーマート兼㈱本坊商店の経営企画室長。定年退職。

小川　巌（おがわ・いわお）【一九三八（昭和十三）年生まれ】

東京大学法学部卒

新星学寮在寮：　一九六〇年〜一九六二年

AOTS在職：　一九六四年〜一九六九年、一九八一年〜一九九四年

新星学寮在寮中、東大アジア学生友好会委員長、アジア関係サークル連絡会委員長を務めた。一九六四年、大学卒業を前に穂積五一先生の誘いを受け、内定していた政府系金融機関への就職をやめてAOTSに入職。AOTSでは主に予算・企画、渉外などを担当した。その後AOTSを退職し民間会社に勤務したが、一九八一年AOTSに復職し㈱海外技術者研修調査会（現㈱スリーエーネットワーク）に出向。一九八五年からAOTS本部、YKC、企画部に勤務し一九九四年退職。その後、㈱スリーエーネットワークで社長等歴任。

雨谷弘夫（あまがい・ひろお）【一九三九（昭和十四）年生まれ】

東京教育大学（現筑波大学）文学部社会科学経済学専攻課程卒

新星学寮在寮：　一九六〇年〜一九六三年

AOTS在職：　一九六八年〜二〇〇〇年

新星学寮在寮中には一九六三年四月から一年間ＡＢＫ五〇一号室に住み込んだ。
一九六四年の大学卒業後富士電気化学㈱に四年勤務したが、寮友の小川巌、代田泰彦両氏から
ＡＯＴＳに来ないかとの誘いがあり、一九六八年五月ＡＯＴＳに入職。
ＡＯＴＳでは総務課長、業務部長、研修部長、常務理事兼関西研修センター（ＫＫＣ）館長、常務理事国内業務部長等歴任。二〇〇〇年三月定年退職。

佐藤正文（さとう・まさふみ）【一九四三（昭和十八）年生まれ】
東京大学工学部産業機械工学科卒
新星学寮在寮：　一九六四年～一九六七年（ＡＢＫ五〇一号室）
ＡＯＴＳ在職：　一九六七年～二〇〇七年
第四回アジア・アフリカ学生北海道見学旅行（一九六四年）、第五回旅行（一九六六年）参加。
一九六七年三月ＡＯＴＳ入職。寮出身同期入職は高橋徹生氏（後のＡＯＴＳバンコク事務所長、専務理事）、赤塚昭一氏（中途退職）。横浜研修センター（ＹＫＣ）で日本語教育担当。一九六九年四月から本部で一般研修担当。
一九七二年四月～一九七七年八月、㈳日・タイ経済協力協会（ＪＴＥＣＳ）に出向し、バンコ

クで泰日経済技術振興協会（TPA）に勤務。

一九七七年九月～一九八三年八月、本部で管理研修を企画・実施（その後管理研修課長）。

一九八三年九月～一九八七年八月、UNIDO出向。

一九八七年九月～AOTS海外関係業務担当、一九九八年七月～二〇〇七年一月、理事・常務理事。

二〇〇五年二月～二〇〇九年三月、JTECS専務理事、その後顧問、相談役（～二〇一五年六月）。

市川　悟（いちかわ・さとる）【一九四三（昭和十八）年生まれ】

北海道大学理学部地球物理学科卒
AOTS在職：一九七〇年～二〇〇五年
AOTSで最初の勤務先は旧YKC。そこで会館運営を経験し、一九七〇年十月、旧中部研修センター（CKC）開館と同時にCKCへ異動、研修担当を経て主事として会館運営を担当。
一九八四年四月本部に戻り、業務課長として協会事業の中枢部門を担当。その後、総務課長、総務部長、一九九七年に理事総務部長となり、山本長昭専務理事・理事長時代の総務部門を担当し、給与規程の変更等担当。その間、ＡＯＴＳ労働組合との交渉にも長く携わった。
二〇〇五年常務理事を最後に退任。

熊沢敏一（くまざわ・としかず）【一九四七（昭和二十二）年生まれ】

早稲田大学法学部卒
新星学寮在寮：一九七〇年～一九七一年
ＡＯＴＳ在職：一九七四年～二〇一〇年
大学卒業後、中国関連の旅行業務を扱う小さな会社に勤務するなどした後、一九七四年四月ＡＯＴＳに入職。長く研修部門を担当し、一九七九年に管理研修課ができると課員として様々な管理研修コースの実施に従事する。
一九八八年四月から一九九三年九月までＵＮＩＤＯに出向。
帰国後は研修課、総務課、企画部を担当し、二〇〇一年七月から二〇〇四年三月まで北京事務所長。その後、総務・企画部門担当常務理事、専務理事を務め二〇一〇年十月退職。現在、ＡＳＣＡ監事等を務める。

⑨『AOTS外史』関係年表

年	関係事項	関係者	社会の動き
1956(S31)以前	1945年秋至軒寮から新星学寮へ名称変更 1949年11月穂積.荻窪から寮に戻る 1955年5月寮友会結成 6名の幹事選出 1955年11月寮の修築完成 1955年穂積五一、伊藤武雄の誘いで日中友好協会常任理事就任 1956年3月寮誌「のろし」で杉浦正健「アジア学生会館建設」を提案 1956年寮内に東大アジア学生友好会事務局設置	1951年山本長昭入寮(～1952)寮規約改正等主導 1953年福本一入寮(～1957) 1954年千代田博明入寮(～1957) 1955年杉浦正健入寮(～1958) 1956年関川弘司入寮(～1958) 1956年小木曽友入寮(～1958)	1949年10月中華人民共和国成立 1950年6月朝鮮戦争勃発 1951年7月コロンボプラン発足、9月講和条約調印、日米安全保障条約調印 1952年8月日本IMF及び世銀加盟 1954年4月国費留学生制度発足、10月日本コロンボプラン参加 1955年4月バンドン会議 1956年5月日・フィリピン賠償協定調印、10月日ソ共同宣言発表、12月日本国連加盟 神武景気(～1957)
1957(S32)	3月アジア学生友好会・東大学内団体として認可 5月寮でアジア学生文化協会(ASCA)発起人会開催 9月ASCA設立認可、建設資金募金開始	5月ASCA発起人会出席者:穂積五一、鳥谷寅雄、坂田修一、安倍晋太郎、笹山忠夫、伊藤武雄、岡崎嘉平太、岡田信治、田中泰岩、八木直介、米谷忠良。 9月穂積五一ASCA理事長就任(～1981年7月)	2月第1次岸内閣成立 8月マラヤ連邦独立 10月ソ連人工衛星スプートニク成功
1958(S33)	7月第1回北海道旅行実施 秋、鳥谷寅雄ASCA理事が通産省が日機連と検討していた発展途上国技術研修生受入構想を、ASCAの留学生会館建設とリンクする話を持ち込む。	4月杉浦正健・川鉄からASCA復帰 7月第1回北海道旅行参加者:杉浦正健、橋本日出男	1月日・インドネシア平和協定・賠償協定調印、ヨーロッパ経済共同体(EEC)発足 5月通産省第1回経済協力白書発表 7月日本貿易振興会(JETRO)発足 10月パキスタン・クーデター・アユブカーンが政権握る
1959(S34)	3月ASCA寄附金免税措置認可 8月AOTS創立、アジア文化会館(ABK)建設開始 12月一般研修開始	AOTS創立役員:倉田主税会長(～1969)、穂積五一理事長(～1981)、橘弘作副理事長(～1975)、鳥谷寅雄専務理事(～1967)、田中宏常務理事(～1962)、武田信近常務理事・後に専務理事(1960年2月～1974)) AOTS創立時職員:杉浦正健、関川弘司 榊正義入寮(～1961年)	1月キューバ革命(カストロ革命政権樹立) 3月チベット暴動・ダライラマ14世亡命 4月外務省に経済協力部設置 5月日越賠償協定調印 6月シンガポール自治政府発足 9月中ソ対立激化 岩戸景気(～1961)

1960 (S35)	6月ABK開館 7月一般研修3週間コース開始 第2回北海道旅行実施 9月機関誌『会報』創刊(後の『研修』	4月山本長昭AOTS入職(～1969) 5月福本一AOTS入職(～1969) 7月第2回北海道旅行参加者:大木隆二、勝山隼雨谷弘夫入寮(～1963) 小川巌入寮(～1962)	1月新日米安全保障条約調印 4月インドネシア賠償留学生制度による留学生第1陣来日、韓国学生革命・李承晩大統領退陣 7月岸内閣辞職、池田内閣発足 アジア経済研究所設立 8月ローマ・オリンピック開幕 9月OPEC発足 12月南ベトナム解放民族戦線成立、ベトナム戦争開始(～75) アフリカの年(17か国独立)
1961 (S36)	4月一般研修5週間コース開始(後に研修旅行1週間をふくめて6週間コースと改称) 9月英文機関誌『KENSHU』創刊	榊正義AOTS入職(～1964)	3月海外経済協力基金発足 5月APO発足、日本APO加盟、韓国軍事クーデタ・朴政権樹立 8月ベルリンの壁建設開始(～89) 9月OECD発足 10月日本OECD-DAC加盟
1962 (S37)	7月第3回北海道旅行実施	7月第3回北海道旅行参加者:高秉沢、雨谷弘夫、代田泰彦、田村義郎	3月ビルマ・ネウィン将軍軍事クーデター 4月通産省に経済協力部・技術協力課設置 6月海外技術協力事業団(OTCA)設立 10月キューバ危機、中印軍事衝突
1963 (S38)	2月AOTS日本語教材「PracticalJapaneseConversation」作成 11月ABKで「アジア・アフリカの独立と発展に尽くした先人」慰霊祭開催	千代田博明会社を退職しASCA入職	3月ビルマと経済協力協定締結 9月マレーシア連邦成立 11月南ベトナムで軍事クーデター(ゴ・ジンジェム暗殺)、ベトナム戦争勃発、米ケネディ大統領暗殺
1964 (S39)	1月第1回AOTS帰国研修生実態調査(山本長昭、杉浦正健) 4月横浜研修センター(YKC)開館 7月第4回北海道旅行実施 10月関西研修センター(KKC)開館 11月ABK同窓会発会式	4月小川巌AOTS入職 7月第4回北海道旅行参加者:高木正紘、佐藤正文、工藤正司	3月第1回UNCTAD開催 4月日本OECD加盟、日本IMF8条国移行、海外コンサルティング企業協会(ECFA)設立、第1回海外経済協力強調運動 7月文部省に留学生課設置 8月ベトナム・トンキン湾事件 10月東京オリンピック、新幹線開通 10月中国・原爆実験 11月佐藤内閣成立
1965 (S40)	11月産業見本市船「さくら丸」にAOTS職員(関川弘司、小川巌)乗船・東南アジア帰国研修生歴訪		2月米軍ベトナム介入 6月日韓基本条約調印 8月シンガポール・マレーシアから分離独立 9月インドネシア930事件、印パ戦争・カシミール紛争 11月UNDP開始、中国・上海文匯報・文革端緒 12月日韓国交正常化、フィリピン・マルコス大統領就任(1972年戒厳令布告) いざなぎ景気(～1970)

1966 (S41)	6月ABK同窓会第1回代表者会議(同窓会推薦研修生提唱) 7月第5回北海道旅行実施	4月榊正義AOTS復帰(～1973) 7月第5回北海道旅行参加者:高橋徹生、佐藤正文、赤塚昭一、柳瀬修三	8月中国文化大革命激化(～77) 12月アジア開発銀行(ADB)設立
1967 (S42)	4月ABK同窓会推薦研修生受入制度発足 12月AOTS「実用日本語会話」発行	4月佐藤正文AOTS入職 庄司徳治AOTS常務理事就任(～1975年8月)	1月UNIDO発足 3月インドネシア・スカルノ失脚・スハルト将軍実権把握 8月ASEAN結成(インドネシア、マレーシア、フィリピン、シンガポール、タイ)
1968 (S43)	7月ABK増築 9月第1回UNIDO研修事業	雨谷弘夫　会社を辞めてAOTS入職。榊AOTS復職	1月ベトナム・テト攻勢(アメリカ大使館侵入) 10月メキシコオリンピック 日本GNP世界第2位
1969 (S44)		杉浦正健、山本長昭、福本一、小川巌AOTS退職 10月千代田博明ASCAからAOTSへ異動 12月AOTS倉田主税会長逝去	1月安田講堂占拠事件 3月中ソ国境紛争 7月米アポロ月面着陸 マレーシア・人種暴動、西イリアン(パプア)住民投票でインドネシアに帰属
1970 (S45)	7月AOTS10年史発行、 第2回ABK同窓会代表者会議 10月AOTSバンコク事務所開設 中部研修センター(CKC)開館	10月田口連三AOTS会長就任(～1990) 市川悟CKC赴任(～1984) 富永佳志AOTSバンコク事務所赴任(～1973) 関川弘司AOTS退職 山本長昭UNIDO勤務(～1982) 熊沢敏一入寮(～1971)	2月海外貿易開発協会(JODC)設立 3月日本万国博覧会(大阪)開幕 カンボジア・ロンノル将軍クーデター(シハヌーク北京亡命) 5月日タイ貿易合同委員会発足
1971 (S46)	5月AOTS・ASCA理事長穂積五一訪タイ 7月日墨交換研修生受入事業開始		1月タイ・カセサート大学に反日クラブ結成、 マレーシア・ブミプトラ政策開始 2月国際開発センター(IDCJ)設立 4月中国ピンポン外交 9月中国林彪事件 10月中国国連加盟・台湾国連脱退 12月バングラデシュ・パキスタンから独立、印パ戦争終結
1972 (S47)	7月研修協会労働組合結成 7月(社)日タイ経済協力協会(JTECS)設立 7月電子計算機研修事業開始 12月AOTS「日本語の基礎」発行	7月JTECS役員(佐藤喜一郎会長、穂積五一理事長) 4月佐藤正文JTECS出向	2月札幌冬季オリンピック、ニクソン大統領訪中 5月沖縄返還、スリランカ共和国成立 9月田中首相訪中、日中国交正常化 10月国際交流基金設立 タイ全国学生センター他による日本商品不買運動 フィリピン戒厳令・マルコス大統領独裁化(～81)
1973 (S48)	1月泰日経済技術振興協会(TPA)設立 7月㈱海外技術者研修調査会設立 9月第3回ABK同窓会代表者会議開催(研修拘束契約問題提起)	2月佐藤正文・タイTPA赴任(～1977年8月) 4月富永佳志JTECS事務局長就任(～1990)	1月ベトナム戦争終結 2月円が変動相場制に移行 6月経団連「発展途上国に対する投資行動の指針」発表 8月金大中事件 10月中東戦争による第1次オイルショック

1974 (S49)	3月CKC増築 7月KKC増築 APO受託研修開始	6月JTECS新会長小山五郎就任 榊正義AOTS退職 熊沢敏一AOTS入職	1月田中首相アジア諸国歴訪・タイとインドネシアで反日デモ 8月JICA設立
1975 (S50)	8月TPA本部本館完成・移転	8月庄司徳治AOTS専務理事就任(～1982年) 8月千代田博明AOTS常務理事就任(～1985年3月)	3月山陽新幹線全線開通 4月カンボジア・ポルポト政権樹立・自国民大量虐殺、サイゴン陥落、台湾蒋介石総統死去 7月沖縄海洋博覧会
1976 (S51)	6月AOTS主任講師『研修生の「契約問題」に関する主任講師の所見』発表 7月AOTS田口連三会長「研修生拘束契約問題」に関する声明文 8月AOTS千代田常務理事「主任講師の所見に関する一理事の見解」表明	4月榊正義AOTS復帰(～1986)、㈱海外技術者研修調査会出向	2月ロッキード疑惑事件 7月南北ベトナム統一宣言 9月中国毛沢東首席死去 10月タイ血の水曜日事件 12月福田内閣成立
1977 (S52)	3月第4回ABK同窓会代表者会議 6月管理研修MMTC(中堅管理者研修、後のPCCM)開始	8月佐藤正文TPAからAOTSに帰任	ベトナムとカンボジア、中国の紛争激化(～78) 8月福田首相フィリピンで福田ドクトリン提唱 9月ダッカ日航機ハイジャック事件 ベトナム難民の日本上陸急増
1978 (S53)	2月海外研修事業開始、CKCでPMTC開始		5月新東京国際空港(成田)開港 7月福田首相・ボンサミットでODA3年倍増公約 8月日中平和友好条約調印 12月ベトナム軍カンボジア侵攻
1979 (S54)	2月KKCでFMMI(中小企業工場管理)コース開始 4月JTECS・ABKで実用タイ語講座開講 9月中国研修生受入開始、KKCでQCTC(品質管理)コース開始 11月AOTS創立20周年記念セミナー開催 12月丸谷金保参議院議員「研修生拘束契約問題」について国会質問(～1980)		1月親越・カンボジア人民共和国樹立 米中国交樹立 2月中越紛争、イラン革命(国王亡命・ホメイニ帰国) 第2次オイルショック 6月東京サミット 10月韓国朴大統領暗殺 12月ソ連軍アフガニスタン侵攻
1980 (S55)	9月田中六助通産大臣TPA訪問 9月AOTS中国企業管理・品質管理コース開始 11月拘束契約問題検討委員会発足 11月第5回ABK同窓会代表者会議		5月韓国光州事件 7月モスクワ・オリンピック開催 9月イラン・イラク戦争勃発(～88) 臨時行政調査会最終答申提出
1981 (S56)	1月拘束契約取扱基準案答申(座長大河内一男元東大総長) 10月AOTS日本語教科書『日本語の基礎II』発行 11月AOTSシンボルマーク制定	4月小川巌AOTS復帰、㈱海外技術者研修調査会出向 7月穂積五一AOTS・ASCA・JTECS理事長死去	5月日本アセアンセンター設立 7月マレーシア・マハティール首相就任・12月ルック・イースト政策表明 10月エジプトサダト大統領暗殺
1982 (S57)	4月東京研修センター(TKC)開館、AOTS本部ABKから移転 6月管理研修PQM開始 8月安倍晋太郎通産大臣TPA訪問 9月ルック・イースト研修生受入開始	11月庄司徳治AOTS副理事長就任(～1983年8月)	1月インドネシア・アサハン計画アルミ製錬所完成 6月第1次教科書問題 11月中曽根内閣成立

1983 (S58)	4月電子計算機研修事業をCICCへ移管 11月管理研修EPCM(企業経営)コース開始	1月山本長昭AOTS専務理事就任(～1993) 9月馬場靖文AOTS理事長就任(～1985年8月)	7月スリランカで反タミル暴動、内戦激化
1984 (S59)	4月AOTSダッカ事務所開設 7月小此木彦三郎通産大臣TPA訪問 8月クアラルンプール事務所開設		1月ブルネイ・ダルサラーム独立、ASEAN加盟
1985 (S60)	2月『発展途上国研修生の日本体験』出版 3月第1回トップ・マネジメント・セミナー開催(25周年記念事業) 7月TPA本部会館別館開館	4月勝山隼AOTS常務理事就任(～1998年3月) ASCA理事長田井重治就任(～1995) 千代田博明AOTS退職	3月青函トンネル開通、つくば万博開催
1986 (S61)	3月TKCで第1回AOTS同窓会代表者会議 10月巡回セミナー開始	6月JTECS理事長庄司徳治就任(～1994) 榊正義AOTS退職	2月フィリピン・アキノ大統領就任・マルコス亡命 4月チェルノブイリ原発事故 5月東京サミット開催 6月第2次教科書問題 12月ベトナム・ドイモイ政策採択
1987 (S62)			1月中国天安門広場で学生と警官隊衝突 11月竹下内閣成立 12月韓国大統領選挙・盧泰愚氏当選
1988 (S63)	㈱海外技術者研修調査会の社名を㈱スリーエーネットワークに改称	4月熊沢敏一UNIDO出向(～1993年9月)	1月日本のODA1988年度予算で110億ドルを超え世界1位 9月ソウル・オリンピック 11月APEC発足
1989 (H01)	3月新YKC開館 4月第2回AOTS同窓会代表者会議(YKC)	8月斉藤光雄AOTS理事長就任(～1993年10月)	1月昭和天皇崩御、米ブッシュ大統領就任 4月消費税3% 6月中国天安門事件 6月ビルマが国名をミャンマーに変更 6月宇野内閣成立 8月海部内閣成立 9月ベトナム軍カンボジアから撤退 11月ベルリンの壁崩壊
1990 (H02)	6月『新日本語の基礎』本冊発刊 6月第1回東南アジアAOTS同窓会連合(FOSAAS)会議開催(バンコク)、第1回南アジアAOTS同窓会連合(SAFAAS)会議開催(コロンボ)、ニューデリー連絡事務所開設 8月マニラ事務所開設 9月第1回東北アジアAOTS同窓会連合(CNAAS)会議開催(大連) 10月第1回AOTS国際シンポジウム開催(～1996)	3月田口連三AOTS会長逝去 4月雨谷弘夫AOTS常務理事就任(～1998年) JTECS事務局長富永佳志退任・和田昭就任(～1994) 11月吉山博吉AOTS会長就任(1996年11月)	5月ミャンマー総選挙でNLD圧勝 8月イラク、クウェート侵入 10月東西ドイツ統一 11月5月シンガポール・リクアンユー首相退任・ゴーチョクトン首相就任
1991 (H03)	6月第1回ラテンアメリカAOTS同窓会連合(FELAAS)会議(メキシコ・シティ) 8月AOTSジャカルタ事務所開設 8月中尾栄一通産大臣TPA訪問		9月韓国ソ連国交樹立 10月JITCO設立 11月宮沢内閣発足 12月ソ連崩壊、ロシア連邦と改名

1992 (H04)	3月第1回アフリカAOTS同窓会連合(AFAAS)会議開催(カイロ) 11月第3回AOTS同窓会代表者会議(バンコク)		2月アルベールビル冬季オリンピック開幕 2月モンゴル国名をモンゴル国に変更 3月旧ユーゴスラビア4共和国に分離 3月カンボジアUNTAC活動開始 6月フィリピン・ラモス大統領就任 7月バルセロナオリンピック開催 8月中国・韓国国交樹立 9月自衛隊PKO部隊カンボジア派遣 10月天皇皇后両陛下訪中
1993 (H05)	8月TPA第1回ロボットコンテスト開催 10月AOTS北京事務所開設 12月第1回ヨーロッパAOTS同窓会連合(EFAAS)会議開催(ブタペスト)	7月山本長昭AOTS理事長就任(～1998年11月) 10月斉藤光雄AOTS副会長就任(～1995年6月)	1月EU発足(マーストリヒト条約) 3月中国江沢民国家主席選出 7月東京サミット開催 7月カンボジア暫定政府発足 8月細川内閣成立 10月第1回アフリカ開発会議(TICAD)開催
1994 (H06)	6月新KKC開館、第4回AOTS同窓会代表者会議(KKC)	4月JETECS事務局長和田昭退任・吉原秀男就任(～1998) 6月JTECS理事長庄司徳治退任・宮本四郎就任(～1996年7月) JTECS専務理事穂積一成就任(～2002年) 小川巌AOTS退職	2月リレハンメル冬季オリンピック開催 6月村山内閣成立 7月北朝鮮金日成死去 9月関西国際空港開港
1995 (H07)		6月JTECS会長伊藤昌壽就任(～1997年6月) 代田泰彦AOTS常務理事就任(～2005年) 髙木正紘AOTS常務理事就任(～1998年)	1月WTO発足 1月阪神淡路大震災 3月地下鉄サリン事件 7月ベトナム・米国と国交正常化、ASEAN加盟
1996 (H08)	4月AOTSニューデリー事務所開設	7月JTECS理事長土居征夫就任(1998年6月)	1月橋本内閣発足3月台湾初の総統直接選挙で李登輝圧勝 9月アフガニスタン・タリバン首都制圧
1997 (H09)	9月新CKC開館　第5回AOTS同窓会代表者会議(CKC) 11月AOTSを育てる会発足		4月消費税5%導入 7月香港・中国返還 7月タイ・バーツ暴落 7月ラオス・ミャンマー・ASEAN加盟 12月地球温暖化防止京都会議

1998 (H10)	1月TPA付属技術振興センター(TPI)開館 11月アジア緊急支援研修生受入事業実施 11月AOTS同窓会交流基金プログラムをWNF基金プログラムへ継承	6月JTECS理事長愛甲次郎就任(〜2003年6月) 勝山隼AOTS専務理事就任(〜1998年) 山本長昭AOTS理事長退任、伊藤寛一理事長就任(〜2001年6月) 坂田忠義AOTS常務理事就任(〜2002年) 高橋徹生AOTS常務理事就任(〜2001年) 佐藤正文AOTS常務理事就任(〜2004年)	2月長野冬季オリンピック 2月韓国金大中大統領就任 5月インド・パキスタン核実験 5月インドネシア・スハルト大統領辞任・ハビビ大統領就任 6月フィリピン・エストラーダ大統領就任 6月ベトナムAPEC加盟 7月小渕内閣発足
1999 (H11)	4月緊急経済対策支援事業実施 6月YKC旅館業問題 11月AOTS創立40周年記念式典、セミナー開催	髙木正紘AOTS専務理事就任(〜2001年)	1月EU通貨統合 4月カンボジアASEAN加盟 9月東海村核燃料工場で臨界事故 10月国際協力銀行設立 12月マカオ中国に返還 新宮沢構想によるアジア支援
2000 (H12)	8月渡航費問題で調査開始 12月渡航費問題調査報告書提出	雨谷弘夫AOTS退職	4月森内閣発足 5月台湾陳水扁総統就任 7月九州・沖縄サミット 9月シドニーオリンピック
2001 (H13)		1月佐波正一AOTS会長退任、相川賢太郎会長就任(〜2005年1月) 2月髙木正紘AOTS専務理事死去 7月熊沢敏一AOTS北京事務所長(〜2004年3月) 6月伊藤寛一AOTS理事長退任、小川修司理事長就任(〜2007年6月) 市川悟AOTS常務理事就任(〜2004年) 高橋徹生AOTS専務理事就任(〜2004年)	1月フィリピン・アロヨ大統領就任 2月タイ・タクシン政権誕生 4月小泉内閣成立 7月インドネシア・メガワティ大統領就任 6月ネパール王族暗殺事件 9月アメリカで同時多発テロ
2002 (H14)	1月安倍晋三内閣官房副長官TPA訪問 5月杉浦正健外務副大臣TPA訪問 7月TKC旅館業許可取得 10月第6回AOTS同窓会代表者会議(コロンボ) 11月KKC旅館業許可取得		2月ソルトレイク・シティ冬季オリンピック開幕 5〜6月日韓サッカーWC 5月東ティモール独立 12月知的財産基本法成立
2003 (H15)	4月CKC旅館業許可取得	6月JTECS理事長鈴木直道就任(〜2003年6月)	2月韓国盧武鉉大統領選出 10月マレーシア・マハティール首相退任・アブドゥラ副首相が首相就任
2004 (H16)			5月インド・マンモハン・シン内閣発足 10月インドネシア・ユドヨノ大統領就任 12月スマトラ島沖大地震
2005 (H17)	5月AOTSハノイ事務所開設	1月AOTS会長相川賢太郎退任、金井務就任 6月山本長昭元理事長死去 熊沢敏一AOTS常務理事就任(〜2006年)	2月中部国際空港開港、京都議定書発効 3月愛知万博開幕 4月個人情報保護法施行

2006 (H18)	3月AOTS労働組合との和解成立 10月第7回AOTS同窓会代表者会議(ムンバイ)	熊沢敏一AOTS専務理事就任(～2010年)	2月トリノ冬季オリンピック開催 9月第1次安倍内閣発足 6月公益法人制度改革関連3法公布 9月タイでクーデター・タクシン政権崩壊
2007 (H19)	8月泰日工業大学(TNI)開学	6月AOTS理事長小川修司退任 7月AOTS理事長金子和夫就任 佐藤正文AOTS理事退任	1月潘基文国連事務総長就任 7月参院選で与野党逆転 9月安倍首相辞任・福田内閣発足
2008 (H20)	8月日本・インドネシアEPA看護師候補研修		2月韓国李明博大統領就任 5月台湾馬英九総統就任、四川大地震発生 8月北京オリンピック 9月福田首相辞任・麻生内閣発足
2009 (H21)	5月日本・フィリピンEPA看護師候補研修 10月AOTS創立50周年記念事業、第8回AOTS同窓会代表者会議(YKC)	佐藤正文JTECS専務理事退任	5月スリランカ内戦終結 9月鳩山由紀夫連立内閣成立
2010 (H22)		10月熊沢敏一AOTS退職	6月フィリピン大統領ベニグノ・アキノ就任 9月尖閣諸島中国漁船衝突事件 中国GDP日本を抜き世界2位
2011 (H23)			3月東日本大震災発生
2012 (H24)	3月AOTSとJODCが合併しHIDA発足		
2013 (H25)	4月HIDAは一般財団法人に移行		

AOTS外史

民間ベース国際協力の原点

財団法人海外技術者研修協会（AOTS）

2016年4月5日　初版第1刷発行

編　者　AOTS外史編集委員会（代表杉浦正健）

連絡先　浅沼・杉浦法律事務所

〒104-0061 東京都中央区銀座7-5-4 毛利ビル5階

Tel: 03-3571-2634

Email: sugiura_law@waltz.ocn.ne.jp

発行者　藤嵜政子

発行所　株式会社スリーエーネットワーク

〒102-0083 東京都千代田区麹町3丁目4番

トラスティ麹町ビル2F

Tel: 03-5275-2722

http://www.3anet.co.jp/

装幀・本文デザイン　畑中　猛

印刷・製本　倉敷印刷株式会社

ISBN978-4-88319-733-0　C0036

別冊(寄稿)

ＡＯＴＳ外史　別冊（寄稿）――もくじ

①ＡＯＴＳと私

小川　巌

一．人生如何に生きるか

鹿児島ラサール高校、東京大学法学部を経て、私はいささかも迷うことなく財団法人海外技術者研修協会（以下、ＡＯＴＳ）に入職した。昭和三十七年四月である。名もない職場に就職すると言い出した私に田舎の両親はびっくりして父が上京、内定していた政府系金融機関に予定通り就職するよう私に執拗に迫ったが、結局私はそれを無視して自分の意志を通した。

大学を卒業して職に就くということは、人生を如何に生きるかの選択でもある。その選択にあたって、私が強く影響を受けたのは大学時代二年間を過ごした「新星学寮」での生活だった。築何十年だか分からない古くて今にも倒壊しそうなお粗末な二階建てのその寮は、かなり特殊な「下宿」だった。

下宿として私が選んだ新星学寮は、後で知ったのだが「東大アジア学生友好会」というクラブ活動の拠点でもあった。日本人だけでなくアジア留学生を含む学生約二十人が共同生活をしていた。食事、洗濯、掃除などほとんどがそこに住む学生たちの自治に任されていた。部屋代は無料、賄いは交代制で、食費実費だけ負担すればよいという偶然にもそんな幸運に恵まれた。

入寮後徐々に分かってくるのだが、建物は穂積五一という人物が家屋を無料で提供していた。学生から「穂積先生」と呼ばれていたその人は、後に私が就職したAOTSの理事長でもあった。

東大アジア学生友好会の活動も含めて、寮生活は結構自由で快適なものだったが、私にとって共同生活も外国人との生活も初めての体験であり、その後の人生に大きな影響があったと思う。もう五十年も昔のことで記憶は薄くなったが、有意義な大学生活を送れたことを感謝している。

就職は人生を如何に生きるかの選択だと書いた。しかし意欲を持ち情熱を感じるような使命はなかなか見つからなかった。気持ちが曖昧なまま留年を試みて卒業試験の単位を落とそうとしたが、当時は多分留年を認めない大学の方針があったのだと思う、強制的に追い出されるように卒業を迫られ、無気力なまま政府関係の金融機関に内定したのだった。

「多額の税金を使って国立大学で学びながら、卒業したら自分個人の利益にあくせくする人間ばかりだ」。穂積先生は日頃そんなことを語っていた。

不本意だが就職が内定し、最後の学生生活を謳歌していたそんな頃、穂積先生から突然電話で「AOTSで働いてみないか」との打診があった。「榊君があなたを推薦している」のだと言う。私は迷うことなく受諾した。技術研修生を引率する研修旅行などアルバイトでAOTSの仕事を手伝ったことはあったが、ほとんど知らない職場であった。そのときの気持ちは、今はもうはっきりしないが、寮の尊敬する先輩たちが穂積先生を手伝って運営していることくらいは知っていた。漠然とでも社会へ貢献したい若者には魅力ある職場だったのではないか。

二．ＡＯＴＳという職場の雰囲気

私が入職した時、ＡＯＴＳは創立三年目であり、設立に関わった諸先輩と数人の女性職員を合わせて十名前後の小さな職場であった。先輩達はいずれも優れた能力、意欲を持ち、世俗的な名誉、地位、金銭などへの関心をほとんど感じさせない志を持つ人たちだった。そのことは、若い私に快適で前向きに生きる環境を提供してくれた。

仕事は無茶苦茶に忙しかったし、無茶苦茶に働いた。私も一兵卒として夢中で働き、徹夜が続く日もあった。若いし体力もあったが、有意義な仕事に自分も参加しているという誇りや使命感があったので毎日が快適だった。組織の上下関係は当然あったが、寮時代のような親密な人間集団でもあった。

小さな組織なので若年の私でも結構重要な仕事を担当させられた。会員企業や監督官庁窓口との折衝、関連団体共催のイベントなどの担当で頑張った。一職員として事業の理念的なことを語る機会も結構あったと思う。

当時の日本は戦後の賠償に続き「南北問題」が議論されていた。穂積先生は日頃職員に「南の立場に立つ」ことを繰り返し語っていた。もっとも、先生が語る場合、それは経済的な視点よりも高度の人間的な触れ合いにより研修生との友好関係、信頼関係を築くことに比重を置いた内容だった。事業を成功させるにはそれに携わる職員の人間性を高め磨くことがいかに重要であるか、といったことだ。事業国の補助事業ではあるが、その大義名分である途上国援助の経済効果といった視点からの分析は私の周辺ではあまりなかった。

ずっと事務部門に所属していた私は、いつ頃からかはっきりしないが職員の間に微妙な違和感を感じるようになっていた。違和感を生んだ事例として例えば以下の二つのことを記憶している。

① 職員会議で「ネクタイを外そう」との発言があった。ネクタイを外すことで南の人々の立場に立とうとかいうことだったたか、そんな趣旨だった。

② 多くの職員が集まっている何かの集まりで唐突に「給料の一%を自主的に拠出しよう」との提案があった。

これらの発言は私には突然であり、思いつきとか特定の個人から提案されたとは思えなかった。いかなる背景があるのか、どんなプロセスを経て出てきたのか、突き詰めたわけでないが、いずれにしても自分が排除されているという寂しさや戸惑いがあった。基本的な理念にも関わる大切なことがどこかで用意され、私は試されている。自由で明るい環境とは異質な違和感を持ちはじめた。穂積先生が職員に求めた高いレベルの「人格」、それを「香のある人間」と自潮的に語る声が周辺には生まれてきた。

そんな頃、杉浦さんの退職問題が耳に入ったが、何故？　と驚いた。

穂積先生が職員のことで悪口を言ったり不当な批判をしたりするのを私は直接耳にしたことはほとんどない。杉浦さんのことも伝聞だけで真実は分からなかった。

ある日山本さんから「杉浦君が退職すると言っている。君はどうする？」と問いかけられた。私は自分の進退を杉浦残留に賭けた。杉浦さんの川越の自宅へお邪魔したこともあったが事態は変わらなかった。中国の文化大革命における紅衛兵になぞらえた若い職員による幹部追及などの噂も耳にしたが、実権派でない私には全く埒外のことだった。

いろんな動きが錯綜し、杉浦さんは結局退職し、私も迷わずに退職した。

当時の研修班、食堂、受付など現場の職員はほとんどがひたすら研修生のために自己犠牲的に働いていた。研修生達はそういった職員の手作りとも言える誠実なサービスに心から感謝してくれていたと思う。事務職としての私は研修生たちと直接接触する機会は少なかったが、同じ職場の人間として仕事に誇りを持っていた。

山本さん以下の事務局の厳しさは現場とは質が違うが、私には同じように尊いものだった。厳しさに耐えながらそれを乗り越えるエネルギーを共有していた先輩の一人が杉浦さんだった。杉浦さんの退職はこれら一連の流れの中でそれまで頑張ってきた気持ちのつっかえ棒が外されるようなものだった。

三．私の「穂積イズム」など

「穂積イズム」について私は不満があったわけではない。私を含め職員を魅了し引きつけていたものがあったことは確かである。それを穂積イズムというなら、極めて私的な解釈になるが若干触れておきたい。もう何十年も昔のことなので断片的な記憶を辿るしかないのだが。

意図は分からなかったが、あるとき先生に突然聞かれた。

「日本の憲法をどう思いますか」

私は「人類が血と汗の歴史のなかで得た結晶だと思います」と答えた。

先生は自主憲法でないことへの不満を語ることもあったし天皇制の評価など私とは違う。私は反論に構えたが先生は呆気に取られたのかそのままで終わった。常々先生は「日本は独立しているとは言えない」と公言していたし、「自主独立の精神なくして国の建設に情熱をそそぎ努力している途上国の研修生に接することなど恥ずかしい」と言っていたが、先生の気持ちには私も共感していた。

ＡＯＴＳ事業とは別にして、先生は「アジアの独立と発展に尽くした人々」という出版事業を指導したこともあった。

別のあるときは、「(考えるときの) あなたの判断基準は何ですか」と前後脈絡のない質問を受けた。

「理性でも感情でもなく、自分を総合的に動かす『心』です」

的外れかもしれないが当時の私は人間の判断基準はそんなものだと考えていたのでとっさにそう答えた。あの時先生は「彼のためになるか」と自分に問いながら仕事をしてほしいと言いたかったのかもしれない。

また、先生はあるとき私達の前で、(自分の思想の根底には)「科学的思考」「日本人であること」そして「生きとしいけるものの命」の三つがあると語ったことがある。先生の直感的真理も含まれていた。天才の直感というのは難しくて真偽を納得するには自分で生きながら確認し実証していくしかない。幸いに私にとっては、その後の思想形成や人生に大変に有益だったと感謝している。

穂積先生はいずれの国から来日する研修生にも隔てなく心から受け入れたのは明らかであった。戦争でアジア諸国に与えた過ちに対する贖罪の意識も大きかったことははっきりしていた。

私は当時、途上国の建設には政治的なイデオロギーを抜いては考えられないし、明確な計画を持つ社会主義的な路線に内心期待していた。自分が置かれている資本主義日本という現実の中でこの仕事をどう位置づけるべきかいつも気がかりであった。先生のどんな発言にも耳を傾けたが政治イデオロギーに深入りする発言はほとんどなかったと思う。つまり、政治イデオロギーに対しては、先生はあまり関心がなく信頼を置いていなかったのではないか。先生との僅かな触れ合いから私が感じたのは、浅薄な政治イデオロギーなどよりある意味もっと重くて深いもの、先生の誠実で激しい人生から生まれた哲学があり、それは私などには語っても詮無いことだったのではないか。今考えると穂積イズムはそんなものに思える。

先生は常々「私達が行っている仕事は彼らのためになっているか」という自省を私達に語った。研修生や留学生からの声には非常に敏感であり、その声になかなか応えられない現実に常に悩んでいたのだと思う。一部の研修生や留学生の中には、政治的な立場からの批判、不満もあったと思うが、先生が敏感だったのはそのような特殊な声というより、もっと人間としての不条理や苦しみからの声に対してではなかったのか。

一九六五年、私は幸運にも「さくら丸」に乗船してアジア諸国の青年たちとの交流事業に参加した。団長の関川さんのお供としてであったが、関川さんと私はこの事業に便乗して各国でＡＯＴＳの帰国研修生たちと再会した。政治的にも不安定で国家建設の途上にある国々を含めて合計十か国十三の地域であったが、どこでも大歓迎を受けた。彼らはほとんど例外なく「日本では＊＊さんにお世話になりました」と職員の名前を挙げて感謝していた。それは人と人との触れ合いが生んだものであり、日頃私も感じていたＡＯＴＳ独自の、他に類の無い誠実で高質な人間的な触れ合いから自然に培われた親密な友好関係であった。事業の手応えを十分に納得させるものだった。同種の帰国研修生実態調査に参加した職員は、例外なく帰国後の報告でＡＯＴＳ事業の手応えを心から語っている。

四．ＡＯＴＳへの復帰・千代田さんから山本さんへのバトンタッチ

十五年の空白を経て一九八五年、私はＡＯＴＳに出戻ることになった。勝手に飛び出しておきながら虫の良い話だが、すべては千代田さんのお膳立てだった。私は自分の過去の欠落に不安を感じながら新しいＡＯＴＳに飛び込んだのだが、千代田さんをはじめ勝山さんら、かつての同僚後輩の誠実な印象はほとんど変わっていなかった。私が当初担当したＡＯＴＳ三十年史編纂業務を進めるうちに知った拘束契約問題のしこりは若干残っていたが、食堂、研修、宿泊（研修センター）にはかつての肌触りが残っており、それほどの違和感はなかった。

三十年史の編集で困ったのは拘束契約の記述であった。多くの関係者にインタビューしたがＡＯＴＳに暗黒時代を招いたこの事件をどう理解したらよいか、今でも私には分からない。

拘束契約に厳しすぎる対応は事業自体を危うくするとの不安や現実論、倫理的な意味も含めてこの問題に拘りすぎることは必ずしも研修生自身や途上国側も望んでいないなどの見方もあった。先生はいろんな視点、意見などを当然知っていたと思う。その上での態度にしては、余りにも頑迷で性急過ぎると思えた。

先生が目指していたユートピアは周辺に理解されなかったようだ。大変皮相的な見方になるが、先生には独特の美意識があったのではないか。何を実現するか以上に「自分はいかに生きるか」を大切にする、かつての武士道にあったような、自分の生き様に極端に拘る美学のようなものが。もはや拘束契約だけの問題ではなくなっていたのではないか。

時代は千代田さんから山本さんへと移行して行ったが、「山本イズム」の本質は穂積イズムの継承に思えたし、大きな違いはなかった。研修生に対する質の高い人間的な触れ合いを大事にする理念は生きていた。ただし、いわゆる穂積イズムとは異質の路線の違いは感じた。山本さんはその優れた政治力を生かして事業拡大を目指し、受入研修生の増大とそれに伴う新センターの建設などを進めた。私は、後に残り継承する職員達がはたして事業を円滑に推進できるのかと疑問を呈したことがあったが、黙視された。

出戻り後の私は病気で休職するなど山本さんの期待には応えられなかったのだが、短期間の体験で得た山本AOTSについて若干のコメントを追加したい。

いつ頃から誰が言い出したのか知らないが、同窓会代表者会議では「イコールパートナー」というスローガンが目立った。途上国と日本の関係はもはや一方的でないという新しい時代の空気を反映していると感じた。私はタイにおける代表者会議とYKCのそれに参加したが、山本さんがリードする日本側の姿勢は、このスローガンを全面的に打ち出している印象を受けた。参加者が一堂に会して議諭し、喜び踊っている姿に感銘を受けたものだ。

「いい年をした大人たちがよくもあんなに大真面目になれるものだ」と照れもあって他人事のように見ている私を、山本さんが厳しく叱責した。

「こういうのは進んで参加しなければダメだ。一緒に議論し踊り喜ばないと」

山本さんの意外なロマンチシズムを知り、感じ入った。ごく自然に研修生達と語り、輪に入り踊っている勝山さんの姿が目に入った。さすがだと思った。

また山本さんは好き嫌いが激しく、時に職員をロボット扱いにし、彼らの志を台無しにしてしまうところがあった。山本さん自身の強い志には感銘を受けることがあったが、善悪は別にして、見方によってはそれは自身の野望と思える側面があった。私と同じ印象を語る職員に出会ったこともある。

五. 穂積先生が目指したユートピア

最後に穂積先生が目指したユートピアは、究極には「人類が現実の違いを超えて平和で幸せに共存する世界」であったに違いない。ＡＯＴＳ事業はその縮図だったのだろう。

ＡＯＴＳ同期の齋藤實さんが「時代は大量生産から少量高品質へ変わってくる」と私に語ったことがある。一般論は別にして「高品質の技術協力」は伝統的にＡＯＴＳが目指してきたことである。それが時代の流れで大きく変わりつつある。金に換算できないものは排除する世界的な潮流があるが、このままで良いとは思えない。

穂積路線は極端なくらいに「人間」に依存する事業だった。残念ながら現実のＡＯＴＳはそういった方向とは反対に、現場の機械化、ロボット化によるコスト低減へと進んでいる。研修生と接する現場、日本語教育、一般研修、食堂、宿泊といった研修生の生活の場はことごとく低コストの外注システムへ移され、伝統的な「(志ある) 人に依存する」仕事が消えつつあり、私はさびしさを禁じ得ない。

②ＡＯＴＳ旧横浜研修センターでの六年間

榊　正義

一九六四年（昭和三十九年）四月、横浜研修センターが完成し、同年九月には関西研修センターも完成した。この年になって初めてＡＯＴＳ独自の研修センターがスタートすることになった。

横浜の汐見台にあった旧横浜研修センター（一二〇床）は、庄司徳治さん、関川弘司さん、橋本日出男さん、松岡弘さん、代田泰彦さんが初期の柱で、旧関西研修センター（一〇〇床、千里ニュータウン）は武田信近さん、杉浦正健さん、齋藤實さん、大木隆二さん、濱田修さんらが創業スタッフであった。両研修センターはそれぞれの地域特性と職員の創意工夫で、本来の研修センターのあるべき姿を模索しながら、時には競い合いながら、センターの特徴を醸し出す工夫をし、寝食を忘れて後輩、仲間の指導と育成に努めていたように思う。

両研修センターの職員は、共に駒込のアジア文化会館での体験があり、政府受入れの留学生会館がことごとく失敗して来た過程は熟知していた。アジア文化会館の運営並びに在館生との交流を通じて、新星学寮方式の限られた職員の自主性と勤労奉仕だけで、一二〇床の研修センターの運営は現実的でないという結論になっていた。

世間並みにそれぞれの専門スタッフを採用し知恵を出し合いながら、日々向上して行くことと同時に、穂積先生からの基本姿勢は、「アジアの独立と繁栄」を柱に、センター運営については「独立採算性の理念」を厳しく追求されていた。

したがって、センターの運営にあたっては、食堂運営の大切さ、宿泊率の向上、全職員の温かい気持ちが大切であることが大きな目標であるとの共通認識であった。

小職が一九六七年（昭和四十二年）四月に着任した横浜研修センターは、アジア文化会館に慣れきった研修担当者にとっては、全く異質な雰囲気があった。駒込の研修班はアジア文化会館の一部をお借りしているという認識であったが、ＹＫＣでは「この研修センターはＡＯＴＳの自前の研修センターである」という誇りが一人一人の中にあり、「自分達がこの研修センターを、つくり上げていくのだ」という自覚が鮮明であった。

同時に、庄司徳治さんのお人柄、関川弘司さんご夫妻の住み込んでの総合マネジメントで橋本日出男さん、松岡弘さん、代田泰彦さん達が中心となり、ＹＫＣの研修班の基礎ができていたと考える。

もう一つ付け加えれば、ＹＫＣの女性群のリーダーとして、代田（旧姓平沼）マスヨさん、重野幸子さんの力は重要であった。研修生の悩みの相談相手であり、若き職員達にとって大きなコンサルタントであり、同時に厳しい躾の先生でもあった。裏方ながらお二人の存在は格別なものがあった。

東京のＡＢＫと根本的に違うことは、在館生のほとんどは研修生であり、一般研修の研修生と研修を終えた企業内研修生、それに職員が混然一体となって生活していた。

一般研修を終えた研修生達は横浜、戸塚、平塚、鎌倉、川崎、蒲田、大森あたりまで、それぞれの受入会社の工場での実地研修のために、ＹＫＣから通勤していた。そのため、早い出勤者達は午前六時半という厳しい出勤もあったが、食堂スタッフの特別な計らいで朝食が出されていた。

もう一つの大きな違いは、ＹＫＣには「自治会」があり、毎月一回の総会の夜は、必ず庄司先生ご夫妻、家族寮に住み込まれた関川夫妻、更には厚生寮の職員全員も出席していたことであろう。まさに家庭的な雰囲気のある研修センターであった。毎月の誕生会には、伝統の色紙が用意され、全出席者のコメントが記載され本人に渡された。研修生にとっては日本での研修の思い出の一つになったように記憶している。研修生にとっては「日本の我が家」と実感できる雰囲気があ

1967 年 YKC 食堂で庄司館長ご夫妻（左端）も出席し自治会総会開催

る研修センターであった。毎月の総会では新入の研修生や職員の紹介もあり、和やかな雰囲気があった。入館時は「仮のお宿」くらいに認識していた研修生達は、この総会以降は、国の違いや文化の違いを乗り越えて仲間意識が醸成され、まるで家族の一員という雰囲気でＹＫＣの生活に馴染み溶け込んでいたように思われる。

五月の連休や夏休み、年末年始には、多くの研修生達が「横浜の実家」に里帰りして来るため、宿泊率は急上昇するが、我々職員にとっては、連休中の行事や企画をどうするのかが大きな課題で、家族持ちの職員にとっては厳しい職場だったかもしれない。従って、六年間のＹＫＣ勤務中は、年末年始を我が家でのんびりと過ごした記憶は一度もない。

横浜は東京に近いという交通上の利点があったが、一般研修も空き部屋がないように詰め込まれていた。職員の人数も限られていたので、コース開設前は、羽田着の便が夜の九時頃のフライトが多く、研修生が入国手続きを済ませてＹＫＣに到着する頃は午後十一時半頃で、入館手続きを済ませ部屋に案内し、職員がベッドに潜り込む頃は午前一時を過ぎていた。

当時、ＹＫＣでは多くの研修生をお預かりしていたので、緊急時の対応のために、夜間宿直制度があり、食堂の裏側の非常口の近くに宿直室があったが、研修旅行に一人が出れば、男性職員が少ないために、四日に一回の割合で宿直が回ってきた。

日立の担当者は「日立でＹＫＣの職員のように働けば、蔵が建つよ」と有難い評価をしてくれた。

ＹＫＣの良き伝統かもしれないが、一般研修を終えた研修生達がポケットマネーを出し合って、芝生の周りやテニスコートの周辺に、コースナンバーを記入して植樹をしてくれていた。また来た時に、将来、自分の子供達が日本に来た時に見せられると考えたのかもしれないが、年ごとに立派に成長して行った。六年後、本部に転勤となるとき、テニスコートに植えられた見事な桜が開花していた。

「往時の研修生が見たらきっと喜ぶに違いない」と思いながら一九七二年（昭和四十七年）三月末、ＹＫＣを離れ東京本部に着任した。

ＹＫＣ時代の外部の方々との協力関係では、横浜市経済局のイニシアチブで、横浜市の商工会議所の招待による「餅つき大会」や「ボーリング大会」が毎年企画された。横浜市夫人部会による「家庭料理へのご案内」もあり、一グループ五人当たり一人の担当者が付

1968 年 12 月 YKC スタッフ全員で記念写真（前列中央が庄司館長、右隣が筆者）

いて、ご自宅にお招きいただいた。

そのお返しとして、ＹＫＣでは新年会で、お世話になった方々をお招きして、さらなる交流を重ねた。司会は自治会の役員達が交代で担当していた。この新年会では在館生による手料理が準備されていた。当日の午前中、国別に一万円の資金を受け取り、上大岡や汐見台団地のスーパーマーケット「イリクストアー」に買い出しを行い、一か国に一人の食堂スタッフが付き添う。購入食材のメモを取り、出来上がるまでの記録を付けて、次なるＹＫＣ食堂のレシピとして活用できるように工夫されていた。男手による料理ながら見事な味付けで、ご来賓の方々や職員からも高い評価を受けた。この企画は毎年の新年会の楽しみの一つであった。

横浜市からは「何か困ったことがあれば遠慮なく相談しなさい」という配慮があった。そこで、研修生のサッカー試合の会場探しの際は、あの有名な「三沢サッカー場」を貸していただき、四時間位自由に活用できた。参加した研修生達も満足げであった。横浜市内のサッカー交流会で、俄かづくりのＹＫＣチームが、準優勝となったこともあった。ＹＫＣチームの選手のためのシューズの手配が難しく、輸出用の特大の運動靴を三十足準備したことも、昔話の一つとなった。横浜研修センターは、「赤字の垂れ流しをしないために」採算性と宿泊率の向上の面で、あらゆる努力が厳しく要求されていた。ほとんどの職員は当然の使命と受け取り、その理想追求のためになり振り構わず、ＹＫＣに宿泊していない研修生を探し出してはＹＫＣに泊まってもらい、宿泊利用率向上に努めていた。

創業時点では、夜間の受付は、横浜国立大学の工学部の四名の学生（横山、三谷、安孫子、寺前）をメインに当時、東京大学大学院に通学していたバングラデシュのフセインさんも加わり頑張っていただいた。

七十％と言う宿泊率を確保するためには大変な努力が必要であった。毎月、三十～四十室は一般研修コース参加者用として確保してあったが、近郊の工場に通勤している一般の研修生にも利用して貰うために、企業の担当者を説得し、「YKCは海外からの研修生を受け入れるセンターだから、食事の多様性にも応えられるし、門限もあるし、安心できますよ」と口説き、臨時宿泊研修生も確保してきた。

YKCの場合、一般研修コースの受入人数を確認しつつ外部企業の社内研修コースも受け入れ、宿泊率を向上させてきたと記憶している。

研修センターの食堂運営が上手くいくか否かは、食堂

1969年1月YKC食堂での新年会

の料理の味の良し悪し、料金の設定、スタッフの温かい心遣いにかかっていた。ほとんどの食堂スタッフは香川栄養学園・女子栄養短期大学（後の女子栄養大学）の卒業生であった。これはＡＢＫ創業以来、継続されていた。

食堂スタッフをはじめとし、受付の担当者も含めれば十人（神部営子、椋本君江、茂住千枝子、西村光代、梅原久美子、増子満枝、大森千枝子、山口京子、尾崎光江、三谷義人）が、七か国の研修生と結婚し、異国の地で立派な家庭を作り上げている。第一号の国際結婚は、バングラデシュの神部フセイン営子さんで、昨年立派な回想録が出版された。彼女は今ではダッカの生き字引として、回想録にはバングラデシュ駐在の日本大使から格調高い推薦文があり感動ものである。

このことだけでも本当の国際交流を実践した仲間である。その仲間が日本に一時帰国される時は、ＹＫＣの昔の仲間が集まり、小さな同窓会を毎年実施している。今ではお孫さん達にＹＫＣのお話をされているとのこと。十人の国際結婚については、ご両親、ご家族の理解を得るために、穂積五一先生や庄司徳治さんが実家を訪問し説得されていた。真のアジアとの友好親善を願い、独立と発展の理想を求めて異文化の地で見事に開花された、十人の仲間達の活動に、今あらためて拍手を送りたい。「本当によく頑張りましたね」と一言添えたいものである。

特に食堂はセンターにとって大切なところであった。世界数十か国から来日する研修生達は、宗教、文化、価値観が違うし、食事の好みも千差万別で、それぞれのお国の料理に近いものが提供されれば、在館生達は納得し、笑顔で日々の研修生活を楽しむことができた。

健康がすぐれない研修生のために、お粥や、柔らかい食事を工夫してくれるセンターの食堂スタッフは「日本での母親」の役割もあって、いつも感謝の対象であった。

お陰で、外部からの評価も高まり、「各国料理が味わえるところが近くにあるよ」と、近隣の汐見台団地の主婦や企業担当者からの紹介もあって、利用者が増加していった。

一九六八年（昭和四十三年）頃であったろうか、あるテレビ局から「各国料理の特性とその作り方についての番組に協力してほしい」という要請があり、宗教上の「べき、べからず集」、「地域特性」、「好みの食材」等をまとめて、重野さんが中心となり、大竹好子さんがアシスタントとなってテレビに出演していただき好評であった。

かかる勉強会の要請は度々あったが、時間の都合がつく限りお引き受けいただいた。

ある会社から、民間企業の契約ベースのために、AOTS研修生として政府の補助金は申請できないが、多人数の外国人研修生を長野の工場で受け入れることになったので、同社の食堂スタッフに勉強させてほしいという同社社長からの要請があり、二人の食堂担当者が二日程、YKCの食堂に入り勉強され、レシピを持ち帰えられたこともあった。

大阪万国博覧会（一九七〇年四月〜九月）の翌年の一九七一年、府中刑務所より電話をいただき、「収容者の国籍が驚くほど多様になり、国別に対応する料理は作れないから日本流の食事を提供してきたが、収容者達が国連に嘆願書を出して、日本の刑務所の食事は酷すぎる、何とか工夫改善すべきであるというクレームが出された」とのことで、「法務省としても真剣に対応したいので、ＹＫＣの食堂で一日勉強会をさせてほしい」という打診があった。食堂チーフと相談し、受け入れることになった。三名の担当者がＹＫＣに来館し、アジア、アフリカ、中南米からの人々に対するサービスの仕方、宗教上の「べき、べからず集」等を詳細に説明し、多くのレシピのコピーを持ち帰られて、どうにか刑務所の食堂で改善がなされたようであった。

在館生が満杯の時は、あまり問題はないが、少なくなると食堂の採算性は厳しくなっていた。センターのベッド数は一二〇床しかない。食堂は三六五日休めない。朝は五時半から夜は十時半まで食堂は動いていたので、早番、遅番の他に仕込み担当、喫茶コーナーまで考えると一日当たり三シフトが必要であった。スタッフの休日、有給休暇も必要であった。食堂の光熱水道費も自前の負担であった。

その中で「赤字にしない」というテーマは、本当に厳しい課題であった。

そこで、会館スタッフは手分けして、車で横浜の総合卸市場まで仕入れに行き、毎週一回は、ＡＢＫとの共同仕入れで調味料や香辛料、

AOTS 英文機関誌『Kenshu』の 1972 年１月号に掲載されたＹＫＣ食堂スタッフ。この中から多くの人達が海外へ旅立った

食用油、小麦粉等を購入していた。

在館生の生活と安全な研修生活を遂行するために、全職員が一丸となり、情報交換を行っていた。その中で、食堂スタッフ、受付の窓口のスタッフの観察は大切な情報源であった。

「彼は病気ではないのか、元気がないよ」とか「工場の研修がうまくいっていないようだ」とか「ノイローゼではないのか」とか「手紙が届かないようだ」とか、極めて大切な情報が多くあった。

食堂運営、会館の宿泊率等々、「赤字にしない」ということは大切な約束事であった。

特に食堂の場合は、「宿泊率が悪いですから」と弁解すればいい筈であったが、創業以来の伝統のせいか「泣き言は言わずに、努力すること」が基本姿勢であった。

ある時、宿泊利用率が悪く赤字の可能性が高いと気付いた食堂の大竹好子チーフは、これ以上の節約、合理化は厳しいと考え、小職のところにやってきた。「一つお願いがあります。今週の金曜日の夕方に、時間を空けてください」ということであった。

「どうしたのですか」と尋ねたら、「私達は今まで、取引業者に対して、品質の向上と値段の交渉で厳しくお願いしてきましたが、このままでは現状維持が精一杯です。取引量の多い八百屋さんに頭を下げてほしいのです」という提案であった。「喜んで伺いましょう」ということになり、「サントリーオールド」を手土産に八百屋さんのご自宅を訪問した。

「いつもお世話になっております。お野菜を定時にお届けいただいて有難うございます。品質は日々改善されておりますが、今日はＹＫＣの責任者と一緒に、特別なお願いに参りました」と大竹さんが切り出した。

「なんとか野菜のお値段を安くしていただきたいのです。厳しい注文かもしれませんが、世界各国から大勢の研修生が来る時もあれば、少なくなる時もあります。何とか合理化しないと職員の給与も払えません」というお願いがなされた。

当方もそのお願いを補強するために、冷や汗をかきながらＹＫＣの実情を説明した。

これは相手にとっても厳しい注文かと一瞬考えたが、全力で当方の実情を伝えることができた。

数分して八百屋の主人の顔が緩み、「お二人のお願い、確かに、了解しました。このような要請は、どこの八百屋も簡単にお答えできる問題ではありませんが、ＹＫＣの皆さんが、いつも頑張っている姿は理解しておりました。幸運にも私は、現在、上大岡と杉田と汐見台の三か所で八百屋を経営しております。大幅な仕切り価格の変更ですから簡単ではありませ

1969 年正月、YKC の庭で在館生とスタッフの記念写真

んが、配達の時間を午前中から、夕方六時に変更していただければ、ご期待に添えるような仕切りで考えましょう」と快諾された。

「当社はＹＫＣ創業以来のお付き合いです。お二人の顔を潰すわけにいきません。今までの仕事の中でお取引先様から、頭を下げられたことは初めてです。私も男です。お約束は守りましょう」ということになった。

当時のＡＯＴＳの給料では、「サントリーオールド」を飲める身分ではなかったが、こちらの一所懸命さが伝わったのだろうか。大竹好子さんの「逆転の発想」に納得の成果があった。帰り際、「ブランデーＸＯ」をいただいた。

その結果、野菜関係の仕切値は驚くほど改善された。以降、取引先との関係も信頼が大切であることが理解された。

ＹＫＣ在任中、『日本語の基礎』の編集が議題となり、勝山隼課長（当時）の要請もあり、その編集実務をＹＫＣの日本語班が窓口となり取り組むことになった。そのプロジェクトのチーフは松岡弘主任であった。他に赤澤直子さん、上高原美和子さん、篠原三喜子さん、鶴尾能子さん、岩坪恵子さん、石沢弘子さん、土屋順次さんらをまとめて、本冊「ローマ字版」、「漢字かなまじり版」、さらに

1972年頃のＹＫＣ日本語講師陣

分冊で、七か国語の翻訳、各国語版の編集までやっていただいた。その間、各研修センターの日本語主任講師並びに講師陣が来館して協力しながら打ち合わせ会が頻繁に開催された。

この成果が翌年の『日本語の基礎』の出版となった。当時のAOTSの予算では、一か国語版を作れば予算不足となる状態であったが、千代田博明常務理事（当時）のアイデアで、「会社をつくり、全各国語版を出版する」という大胆な発想で、奇跡が起こった。その発想があってこそ、今日、日本語教科書のベストセラーとなっている『みんなの日本語』が誕生したと考えると感無量である。

YKC時代、同時通訳の基礎もできたと考えている。当時の通訳は橋本祥子さんと松岡佑子さんであった。一般研修の講師陣も優れた先生方が多く、「YKCでの講義は研修生の意欲が伝わってくる、質問も鋭いものがある」という評価をいただいていたが、同時にYKCの通訳陣の素晴らしさも、恐縮するほど称賛していただいていた。二人は、「専門用語で難しい用語を使えば、その時は戸惑いもあるが、次の講義の時は必ず完璧な通訳をしてくれる」という非常に高い評価があった。

後日「ハリー・ポッター」シリーズの翻訳で一躍有名人となった松岡さんは、当時から同時通訳にチャレンジして、真剣に取り組んでいた。「同時通訳は二十五分が限度です。交代、交代で二人がペアになって取り組むべきです。そうすると同時通訳はできます」と提案していた。二人とも向上心が強く、負けず嫌いの気迫があったと記憶している。

YKCの六年間の思い出は尽きないが、その思い出深いYKCも、二〇一三年（平成二十五年）二月二十三日、新ＹＫＣが売却され、お別れの会が開かれた。総勢百五十名以上の関係者が集まり、「ＹＫＣの思い出話」で盛り上がり、一晩あっても話は尽きないだろうと思われた。五十年前に韓国アルミの研修生として旧ＹＫＣで研修を受けた五十人はサヨナラパーティーが行われることを聞きつけ、韓国から三人の代表が駆けつけて来た。そして往時の思い出話をしながら、代田さんと固い握手を交わしていた。

そしてこの度、ＹＫＣ関係者有志が、『Home away from Home－ＹＫＣの思い出』を出版し、小職も「横浜研修センターとの出会い」と題した一文を載せていただいた。

本編では詳述しなかったが、ＹＫＣの伝統は、創業時のスタッフの気迫に負う所大である。厚生寮に家族と共に住み込まれ、二十四時間、三六五日、研修生と過ごされ、お子さん達への家族サービスもなく、時には厚生寮の相談役として心血を注いで来られた、関川夫妻、代田夫妻のご苦労に感謝したい。とりわけ代田さんご夫妻は、五十年のＡＯＴＳの歴史の中で、二十五年間がＹＫＣ勤務だったとのこと。ＹＫＣの真の姿を語れるのは代田さんと考えている。一言、ご苦労様でしたと申し上げたい。

2015年7月YKC関係者有志が発行した「YKCの思い出」

▲ 2013 年 3 月末の閉館に合わせて 2 月 23 日に開催された「お別れバイキングランチの会」
には、別れを惜しんだ YKC ゆかりの関係者が 150 人近く集合。

2015 年 7 月発行「YKC の思い出」より、2013 年 2 月 23 日「お別れ会」の写真

③私が経験したＡＯＴＳ事業

市川　悟

私は新星学寮出身でもその関係者でもない。一般公募で採用され、いつの間にか三十五年の長きを新星学寮を主宰した穂積五一さんとその関係者が創立したＡＯＴＳで働くことができた。しかも、約十六年は、同じ寮出身の人達が中核となって組織した労働組合との交渉の仕事が中心であった。いろいろな出来事があったが、仕事を離れた今では、この財団で仕事ができたことを誇りに思い、心から感謝している。新しく生まれ変わったＨＩＤＡが、世界の人々と心からのつながりを深め、新しい伝統を築かれていくものと信じている。

一．一九七〇年五月〜一九八四年まで（ＹＫＣ、ＣＫＣ時代のこと）

⑴一般公募で採用されてからＹＫＣでの新人訓練、ＣＫＣでの勤務開始まで

私は一九七〇年五月一日に一般公募で採用された。同年の二月か三月か忘れたが、郷里の山梨から

東京に出て、池袋のすぐ上の兄の家に泊まり、職探しをしていた。たまたま朝日新聞の小さな求人広告を見た。「日本語講師を求む」だった。それが財団法人海外技術者研修協会（以下、協会）の名を知った最初である。

蔦のからんだＡＢＫの一階に事務所があり、通訳の土屋元子さんから団体についての説明を受け、応募することにした。ＡＢＫの地下の教室で筆記試験を受けた。面接はＡＢＫの理事長室、面接者は、穂積理事長、有馬俊子先生他だった。面接で穂積理事長は、「君の趣味は東洋哲学か」と尋ねられたので、「そうです」と答えると、それ以上の質問はなく、私の目を見ただけだった。

五月一日付け採用の「同期」は土屋順次さん一人だった。

募集は日本語講師だったが、同期採用の土屋さんが日本語講師、私は研修担当になった。勝山さん（勝山隼、後に専務理事）からは、採用の条件は、新しく名古屋にできるセンター（旧中部研修センター、以下ＣＫＣ）に勤務してもらうこと、と言われた。

旧横浜研修センター（以下、ＹＫＣ）に赴任したが、前日の一九七〇年四月三十日に親父がＹＫＣまでついてきた。私の兄弟は四人、一人だけ金をかけて大学に行かせた。その息子がまともに職につかなかった。私は親父の信用がなかった。

ＹＫＣ主事の榊正義さんが親父に会ってくれた。

後日談になるが、親父が死んだ（一九八九年）後、遺品の中に『発展途上国研修生の日本体験』があった。AOTSが一九八五年二月に出版したものだ。ところどころ赤線が引いてあり、何度も読み返したあとがあった。親父から一度だけ、いい仕事をやってるな、と言われたことがある。

東京本部でのオリエンテーション初日に、穂積理事長の「訓話」があった。

穂積理事長は、筆記試験後の面接者だったが、「訓話」の内容は当時の私のメモによれば、次のようなものだった。

①　AOTS職員の心得
・正邪を規準として見てはならない。
・南側の国々は、新興国というべきである。
・表面的付き合いをしてはならない。
・大義を振りかざしてはならない。
・経済協力という言葉を使ってはならない。

②　明治以後の日本の流れ
・大きく二つある。
一つは、南の側と共に歩んだ道。

一つは、北の側と共に歩んだ道。
・戦後の日本の歴史の断絶。

アメリカによる。
断絶の結果、現在にのみに生きる人の輩出。

③ 私の歩んだ道

・兄弟げんか。弟は社会党（元社会党代議士　穂積七郎氏）。
・母に大変お世話になる。
・自分は大変病気がちだった。
・亀井勝一郎が左のけんか相手。
・私は以前社会党。
・天皇、近衛さんは開戦に反対。
・五・一五事件、二・二六事件には、間接的に関係。
・寮を開いて、日本の学生、外国の学生を泊める。
・収入は、家内がピアノを弾いているから。

④ 日本の良かったこと

・不平等条約解消のため努力した。

⑤ 日本の悪かったこと

・事実として、戦前・戦中、南側の国々に迷惑をかけた。

⑥ 科学をどのように取り入れるかは、人類が解決せねばならぬテーマだ
⑦ 日本人は、わさわさして全然落ち着きがない
⑧ 憲法は、占領憲法にして自主憲法にあらず
⑨ 中国の共産化は、蔣介石が土地改革をしなかったことによる
・民衆は、望んでいることをするものを歓迎する。
⑩ その他
・給料が安くて申し訳ない。
・女性は叱れない（何かあれば男の方が悪い、女性には優しく、と理解した）。
私は理事長「訓話」に深さを感じた。周囲の人は、穂積先生と呼んでいた。
・ＹＫＣでは、会計の千野さんに伝票の書き方を教わった。初めてだった。
・一般研修コースでは、コースの企画・実施・研修旅行の引率をした。当時は丁度大阪万博の時で、目的地は大阪万博が多かった。その他、千葉の鋸山・マザー牧場へのバスツアー、宿直、食堂での皿洗い、夜のＹＫＣＡ（ＹＫＣ自治会）の在館者ミーティング、研修担当者の基本的英語などを教えてくれた。英語は、通訳の橋本さん、後に「ハリー・ポッター」の翻訳で有名になった松岡さんが担当した。
・館長は庄司「先生」（皆がそう呼んでいた）と聞いた。しかし、会ったことがなかった。あの人

がそう、と聞いたことはあったが、そのときは庭木の手入れをしていた。主事は榊さん、直接の上司は代田班長。

- 同じ研修班に、吉原、笹川、赤塚の三名がいた。皆私の先輩職員にあたる。
- 誰かに使われている、という意識はなかった。
- 代田班長（代田さんと呼んだ）は、私の上司でもあり、CKC要員訓練担当だった。代田さんは、YKC敷地内の厚生棟にご家族で住み込んでいた。体操が上手で、大型バイクを運転し、何か不思議な感じの人だった。夕食に招かれて酒を勧められたこともあった。私は、飲めないのです、と無礙に断った記憶がある。そのとき私は二十七になっていたが、飲む習慣はなかった。
- 仕事は五時に終わったが、職員は何かしら事務所に残っていた。榊主事も、代田さんも。宿直勤務の職員は当然、それ以外の職員もいた。残れとは言われなかった。夜になるとベトナムの研修生などが事務所にやって来た。そうするとそこで話がはずんだ。YKCには昼以外の夜の顔があり、研修生と職員が話をするのが大切だとされた。
- 会社での実地研修が終わった研修生が外から帰ってくるので、YKCは夜もにぎやかだった。交代勤務の若い女性食堂職員は花形だった。この食堂で、研修生の韓国の趙さん（受入会社は思い出せない）からハングル文字を教わった。
- 趙さんは、卓上のティッシュペーパーを使い、実に上手にハングル文字を教えてくれた。発音は難しかったが、文字は少し理解できるようになった。

・職員は、事務所で話し込んで夜遅くなることが多かった。そうすると、榊さんは、遅いと明日に差し支えるから、帰れる人から帰りましょう、などと言っていた。

・YKCの食事はおいしく快適だった。YKCのセドリックステーションワゴンで上大岡駅や磯子駅まで、講師の先生の送迎をしたことも、また、同じ車で、食堂の大森さんを市場の買い出しに送ったこともあった。給料は、当時の新卒初任給で三万四千円。大学時代アルバイトはしたが、月給は初めてだった。

・代田さんは、私がCKCに赴任する前、自分の大学ノートを割いて、「名古屋関係研修担当者用課本」なる立派なマニュアルを作ってくれた。それがCKCにおける実務のバイブルとなった。

・AOTSを偶然の就職先として見ていたが、YKCでの新人訓練は、私を真正面に向かせて仕事に就かせた。

・YKCは、外国人研修生と日本人職員の共通の人間道場であった。これが、AOTSにおける「労使関係」の原風景である。

(2) CKCでの勤務のスタート

・CKCには、十四年弱勤務した。一九七〇年十月のCKC開館前の準備から一九八四年三月までである。

・開館当初の「上司」は、館長の古屋久雄さん、主事の高木正紘さんだった。

・古屋館長は、元愛知県商工部長をしていた。CKCに来る前は、名古屋港管理組合の関係者だったという。また、戦前は内務官僚で、AOTS理事長穂積五一先生と関係の深い町村金吾さん（当時の北海道知事、後に自治大臣国家公安委員長など歴任）と一緒に仕事をしていた方だった。古屋館長の自宅は、名古屋市瑞穂区にあった。ご自宅を海外紡績受入れのナイジェリア研修生二十人が家庭訪問したこともあった。古巣の名古屋港管理組合にはたびたびお邪魔した。古屋館長は背筋を伸ばして勤務する姿が印象的だった。

・CKCの多くの独身職員は、男女ともCKCの個室に研修生とともに住み込んだ。二階半分は女子職員専用とされた。

・高木主事は、奥様の紀子さん、二人の娘さんと一緒に、名古屋の星が丘にある団地に部屋を借りて住んだ。その後、一九七四年三月、CKCの増築のとき、敷地内に併設された食堂職員の厚生棟の一階に、一家四人で移った。

・CKCは、開通間もない東名高速道路名古屋インター近くの山の中にあった。人里離れた感じのセンターだった。芝生にキジが現れたり、褐色の痩せた野兎が走ったことも。歩いて十分のところに地下鉄本郷駅ができていたが、周囲は全くと言ってよいくらい家が無かった。駅から東名高速のガードをくぐって出てもセンターは見えない。もっと近づいても、前に山があるので見えない。およそこの先に外国人研修センターがあるようには見えなかった。
・名古屋～長久手の幹線道路は、センター近くで舗装が途切れ、山道になった。
・夜は街路灯のみ目立った。新年の懇親会は夜行われたが、女子職員の親が迎えに来て、夜遅くまでこのような寂しい場所で若い女子を働かせ、非常識だと叱られた。今津田塾大で学長をしている通訳の國枝マリさんのお父さんだ。
・CKCの玄関には下駄箱があり、長靴も用意されていた。下足厳禁の期間が長かった。雨の日は大変だった。研修生や職員は地下鉄に乗るために、本郷駅で長靴を履き替えた。本郷駅前に長靴が並んだ。東名高速のガード下で、中京大の小林達也先生のタクシーがぬかるみにはまって動けなくなった。このとき、先生は講義に間に合わせようと、靴を脱いで靴下のまま歩いてCKCにやって来た。
・一九七〇年の開館からしばらくしてセンター前の山が崩された。区画整理され、住宅地に造成された。しかし、依然として周辺は未舗装のままだった。開館九年後の一九七九年、AOTS社内報『東音西風』十一月第四号に、「CKCニュース」が載った。通訳の八木橋恵子さんの記事だ。「CKC土足解禁。長年の悲願であったセンター前の道路の舗装が終わり、会館記念懇親会を機に土足解禁になりました。大字長久手字猪湫にもやっと文明の恩恵が届いたようです」
・CKC開館前後は、本部及びYKC、旧関西研修センター（以下、KKC）からたくさんの職員

（以下、応援組）が応援に来た。開館に先立つベッドの運び入れ・ベッドメーキング、ボイラー・機械室・営繕、食堂の什器搬入・運営体制、役所への届け出等々。センターの業務運営を軌道に乗せたのは、全て応援組の人達だ。高橋徹生さん（後に専務理事）、斉藤ヒサ子さん、大塚正彦さん、土屋元子さん、などなど、全部は思い出せないが、きわめて多かった。研修事業では、私が新人なので、高橋さんが研修担当の全ファイルを作成した。また、私を同行させ、業者を訪ね、タイプライターなど研修備品を買い整えた。

・ＣＫＣにおいては、研修事業、受付、食堂、宿直、ＣＫＣＡ（ＣＫＣ自治会）の夜間ミーティング、年始の互礼会、会館記念懇親会、キャンプ、スキー旅行等、新星学寮、ＡＢＫ、ＹＫＣ、ＫＫＣと同じ姿が作られていった。髙木さんを中心に、応援組が整えた。

（ＣＫＣ開館当初の人々）

個々のセンター職員の赴任日までは分からない。ＣＫＣ開館当初、古屋館長、髙木主事はじめ、次のような職員が在籍していたと思われる。

会　館　野沢、菅原、小川、米澤（後、永山）
研　修　市川（私）、横井
通　訳　國枝

日本語　土屋、服部（後、市川）

食　堂　斉藤、志水（後、永井）、大石（後、関）、

　　　加藤、畑中、宮本

当時、食堂職員は、全員常勤職員だった。

この他に、受付にアルバイト学生として永井さんなど三名、ボイラー・機械室に川口さんなど四名、清掃及びベッドメーキングに川本さんなど二名がいた。

下の写真は、ＣＫＣ開館一年後の一九七一年秋、ＣＫＣの中庭で撮られたものである。

・ＣＫＣは、既存のセンターＡＢＫ、ＹＫＣ、ＫＫＣと同様の研修事業と会館運営事業をスタートさせた。皆若かった。六十代の古屋館長と三十代の菅原さん、ボイラー機械室、清掃の人達を除けば全員二十代。高木さんが二十九、私は二十七だった。

・センターを取り仕切ったのは高木主事。高木さんは、事務連絡会議を中心として、ものごとを全て職員と

AOTS 英文機関誌『Kenshu』1972 年 1 月号に掲載された CKC スタッフ。
後列左から：筆者、土屋、加藤、國枝、直井、関、中田、横井、永井、永山、中島、宮本、野沢、上林、築山、菅原
前列左から：大石、市川、高木主事、古屋館長、小川、畑中、志水

相談しながら決めた。新星学寮、ＡＢＫ方式を持ち込んだ。職員から、髙木さんが自分で決めてしまえばいいです、と言われた。何でも話し合いのスタイル。髙木さんは、一九七六年四月、企画課長として、東京に転勤した。私が主事補としてあとを継いだ。私も髙木スタイルだった。

(3) 一九七二年七月のＡＯＴＳ労働組合の設立

① 組合について

• 一九七二年のいつ頃だったのか記憶にないが、髙木さんから「市川君、協会に組合ができるようだよ」と話があった。髙木さんは、情報収集のためかすぐに出かけていった。

• 組合（海外技術者研修協会労働組合。略称は、当時「研協労」、一九九〇年以後「海技協労」）の設立宣言は、最近までインターネットの組合のホームページに掲載されていた。

② 組合設立後のＣＫＣ

• 東京本部では組合設立前後いろいろな動きがあったと聞く。しかし、ＣＫＣにおいては、組合のＣＫＣ支部ができ、ビラが配られることはあったが、労使関係に格別の変化は見られなかった。

• 組合ができてから、職員の労働条件の改正、管理職の研修などが矢継ぎ早に行われたと思う。私も労働省所管の日本職業訓練協会のＪＲ（Job Relations）訓練、アジア生産性本部（ＡＰＯ）主催のフィリピンのコンピューター・セミナーなどに派遣された。千代田事務局長の指示だ。

• この頃私自身も勉強の必要性を感じ、古屋館長に話して中部経営法務協会の経営法務講座などを受けたりした。
・研修センターでは、事務職の労働時間短縮と同様、休暇・休日の増加、土曜半休などを食堂と調整していったが、勤務の条件が異なるため、次第に同一にするのが難しくなった。事務職員、食堂職員の勤務条件を平等にしようという基盤が崩れていった。
・やがて、協会の食堂直営は無理だという状況となり、外部への食堂委託化を検討せざるを得なくなった。当時食堂チーフの永井さん（旧姓志水）が中心となり、有限会社オーバーシーズキッチンを設立した。私は、義兄が郵政省の簡保の宿の食堂を請け負っていた関係で、契約条件など大いに参考にした。しかし、ＣＫＣ食堂はおよそ採算がとれるような規模ではなかった。それでも永井さんは、使命感から始めた。
・何とか工夫してがんばろうと、食堂職員の努力で実行したのだ。食堂職員全員が協会食堂を離れて、永井夫妻が経営する小規模の有限会社に移ったのである。私はＣＫＣを離れ、東京に転勤してしまった。その後、ＣＫＣ食堂は、オーバーシーズキッチンから、株式会社スリーエーネットワークに変わったと聞いた。

二、山本専務理事・理事長時代の労使関係について

(1)一九八三年から一九八九年まで（山本専務理事の就任から業務改善推進運動まで）

- 協会本部は、私がCKCから転勤する二年前の一九八二年四月に、ABKから東京研修センター（以下TKC）に移った。
- 山本専務理事は、TKC建設の一年後、一九八三年一月に着任した。
- 山本専務理事は着任直後の一月十一日、組合との団交に初めて出席した。
- 一九八四年の初め、CKCの応接室で、山本専務理事より、名古屋から東京に異動するように話があった。「異動命令ですか」と尋ねると、「そうだ」と言われた。
- 私は、同年四月、東京本部に転勤し、その後業務課長を五年務めた。
- 転勤一年後の一九八五年三月に、千代田常務理事兼事務局長が退任した。退任する前、千代田事務局長が手掛けた『発展途上国研修生の日本体験』（前掲）が草思社より出版された。これは、AOTS全職員に呼びかけて、それまでに溜め込んだ全職員の経験を整理して編集した研修生の「受入事例集」だ。
- 千代田事務局長の退任は皆から惜しまれた。有志が集まり、千代田さんの引き留め策を話し合ったことがある。千代田さんとの会合も持たれたと聞いている。

・千代田常務理事兼事務局長のあと勝山隼さんが常務理事となった。勝山さんは国内業務部担当の常務理事となり、事務局長職はなくなった。
・山本専務理事が実質的に協会事務局長となった。協会の規模になったら事務局長の名前はふさわしくない（責任をはっきりさせる役員の名前がいい）と後に山本専務理事から聞いた。
・業務課の五年の業務は、研修生受入会社の開拓、審査・支給金の支払い、研修コースのセンター配置、研修生受入費用の実績推定など、経験したことのないものが多かった。先輩職員の中には、これは課長の仕事です、などと「業務指示」をしてきた職員もいた。管理職として機能していたというよりも、ワーキングマネジャーとして働いていた。
・業務課では、研修生の「受入予約制度」を固め、研修申込会社から「研修生受入予約申込書」を受け取り、受入研修生の予算の実績推定までをコンピューターで行わせるのが課題だった。企画の高橋徹生さんは、協会全体の予算・実績推定などの管理をコンピューターで始めていた。それで、よく打ち合わせていた。そうしなければ、増大する会社からの研修生申し込みに対応できなかったからである。
・一九八五年に総務課長は雨谷弘夫さんから和田昭さんに替わった。山本専務理事は、組合が同一年齢同一賃金を要求してくることに対して、これを基本的に退けた。
・団体交渉で、組合が「専務は我々を宇宙人と呼んだ」と言っていた、と山本専務理事から聞いている。山本専務理事は、「UNIDOの賃金は、生活給も何もない。一本だけ。生き方はそれぞれだ。仕事に応じた給料をもらい、後は自分の生き方の問題。UNIDOと同じにする必要はないが、同一年齢同一賃金はだめだ」というものだった。

- もともと山本専務理事は協会職員の待遇をよくしたいと考えていた。
- 組合は、「山本専務理事は、賃金をアジ研（アジア経済研究所、現在はJETROに統合されている）並みにと言ったが、一向にそうならない」と山本専務理事の発言を責める材料にした。
- 山本専務理事の「アジ研並み」発言を私は確認していないが、AOTS職員の待遇を特殊法人のアジ研並みにしたいという希望を持っていてもおかしくはない。しかしAOTSは補助金団体だから、公務員や協会会員会社と比べて突出したことなどできない。また協会にはそんな体力もない。
- 協会の賃上げの比較対象は、民間会社であり、人事院勧告に基づく公務員の賃上げであった。協会会員会社の多い、電機労連の例など大いに参考にした。協会の賃上げの検討方法は、私が総務課長に就く前に既にできていた。
- 総務課に『賃金通信』、『人事と厚生』のような定期購読誌が郵送されていた。
- 何よりも、協会が着手しなければならなかったのは、「あまりに古い給与体系、終戦直後のもの」（賃金管理研究所、楠田丘先生談）と言われるような給与規程を改定し、人事考課をもとにした人事処遇システムを導入しなければならないことだった。

・その準備は一九八四年三月、一九八五年三月、一九八七年三月の日本能率協会（ＪＭＡ）による管理職研修で既に始まっていた。

・山本専務理事は、事業を計画的に進めた。五年の長期計画を立て、理事会において承認を受けながら実施した。新センター建設については、

第一次長期計画（一九八四年〜一九八八年）、新ＹＫＣ建設（一九八九年開館）

第二次長期計画（一九八九年〜一九九三年）、新ＫＫＣ建設（一九九四年開館）

第三次長期計画（一九九四年〜一九九八年）、新ＣＫＣ建設（一九九七年開館）

となっており、計画通りに進められていた。

・「業務の棚卸し」などの業務改善推進運動（以下「業務改善」、略称「ＫＯＲＳ」）、職員の研修、管理職の訓練、「人事考課制度」の導入、「新人事処遇制度」なども長期計画の中に入っていたものだ。

・一九八六年に賃金検討委員会の答申が出され、一九八七年に当面は管理職のみとして「人事考課制度」が試行・導入された。私もこの制度に基づき一九八六年度の自己申告書を作成した。以後、毎年行われた。

・日本能率協会コンサルティング（ＪＭＡＣ）の指導で行った「業務改善」の準備にも着手し、Ｔ

ＫＣ四階の事務所には福島嵓さんが陣取り、準備を始めていた。

⑵一九八九年から一九九八年（「業務改善」、組合の告発まで）

・一九八九年四月、私は、業務課長から総務課長に異動した。新ＹＫＣがオープンした直後である。総務課長になり、労務を担当するようになったが、それから二〇〇五年一月に役員を退任するまで十六年も労務を担当するとは思いもよらなかった。これがＡＯＴＳの私の最後の仕事となった。

・組合との団交には全て出席したので、少なくとも二百回以上は出ているのではないかと思う。当初はすべて山本専務理事の指導の下であった。

・ほとんど毎日山本専務理事の部屋に出入りしていた。当方には労務の知識がないので山本専務理事に一から教えられた。組合設立からの経緯は団交記録などで勉強した。

・この時期は協会事業の拡大期であった。一九八九年に新ＹＫＣ、一九九四年に新ＫＫＣ、一九九七年に新ＣＫＣが開館した。

・国内事業及び海外事業も拡大したが、同時に協会内部の体制固めが必要なときであった。

・常勤役員会の整備、賃金問題検討委員会の答申を受けての協会の俸給表「Ｄ級の適用及び人事考課制度」（以下、「Ｄプラン」）、賞罰委員会の整備、ＪＭＡＣの指導による「業務改善」、社会経済生産性本部（ＪＰＣ）の指導による「新人事処遇制度」の導入など、専ら山本専務理事・理事長時代の発案・指示であった。しかしながら、対組合との関係においては、これらすべての改革が難しい調整事項であった。

○組合との関係

・組合の要求書は、春の賃金、秋の組織人事に大別された。いずれも何回も行われたので、団体交渉は年間を通じて行われたという印象である。

・組合は、一度要求に掲げたものは滅多に降ろすことはなかった。したがって、要求内容はどんどん膨れていった。A４の用紙で一ページ以上にわたり要求項目が列挙されていた。

・組合は協会の事業方針に参画する姿勢が強かったので、労使が衝突した。組合は、協会の運営を、協会経営陣と話し合いながら進めるのを良しとしたが、経営陣との主張の隔たりは大きかった。

・協会は、事業方針は、長期計画検討委員会等で各種事業計画を十分検討した上で、理事会で決定していた。年度ごとの詳細な事業計画もある。労使交渉で変えられるようなものではなかった。

・山本専務理事は、組合の協力は欠かせないとして、粘り強く交渉に当たった。山本専務理事は、その昔国策パルプに勤めていた当時、組合の闘士だったという。その経験が生かされていたのだろう。

・補助事業の受入研修事業を看過せず、その上に海外研修事業の拡大、同窓会との関係拡大、WNF（World Network of Friendship）の設立など、短期間にこれだけの結果を出すことは、誰にでもできるものではない。事業を計画的に進めたからこそ成し遂げた成果だと思う。

・一九九三年に、山本専務理事は理事長に就任した。組合との直接の労使交渉は、野崎紀専務理事、勝山専務理事、髙木専務理事、高橋専務理事に引き継がれていったが、組合との関係は基本的に変わることはなく、絶えず緊張関係にあった。

○団体交渉の形式問題

・前任の総務課長和田昭さんから、協会顧問弁護士の宇田川昌敏先生を紹介された。総務課長に就いた当初、組合との団交形式は、いわゆる大衆団交であった。不特定多数の組合員が団交会場となった教室の入り口に近い黒板側に座り、山本専務理事、勝山常務理事、髙木総務部長、総務課長（市川）が窓側に座った。

・賃上げの交渉が大詰めになると、組合員は赤腕章を巻いていた。研協労の組合旗を黒板に掲げたこともあった。団体交渉の時間も定まらず、休憩をはさみ深夜に及ぶこともあった。あるとき、組合員が入口に立ち、経営側が外に出られないような事態になった。

・この状況を宇田川先生に相談したところ、先生からは「この時代に、東京の一角でまだこんな組合と団体があるのは信じ難い。団体交渉はルールを定めてやるべきです。日時、場所、出席者、議題を明示して交渉を行うべきです」と言われた。これが契機となり、協会は団体交渉の形式を正常化させるべく組合に申し入れた。当初、組合はこの形式に反対したが、後に応じ、この方式は定着した。

○一九九〇年～一九九二年　「業務改善」

・この運動は、第二次長期計画中の職員研修の中の「業務の棚卸し」に基づき行われた。直接には、ＯＡ（オフィス・オートメーション）検討委員会より、ＯＡ化を進めるには、「業務の棚卸し」が不可欠であるとの指摘で始まったものである。

・私個人としては、通産省の課長から、名刺にメール・アドレスのないことを指摘されたことがある。技術協力団体として遅れは取れないと思ったことがあった。

・協会は、ＪＭＡＣの指導の下で、一九九〇年三月から一九九二年三月まで、全職員を対象として「業務改善」を展開した。協会のファイリングシステムをボックスファイルに変えたのもこの時期である。

○一九九五年　「Ｄプラン」の実施（Ｄ級の適用及び人事考課制度導入）

・協会は、一九八三年に、組合との団体交渉において、管理職手当を設けた際、Ｄ級の適用を凍結していた。このため、既存の俸給表のＡ、Ｂ、Ｃ、Ｄ、Ｅ級の定義づけを行い、人事考課に基づく管理職等へのＤ級適用の復活を主張した。

・組合は、管理職の手当とＤ級適用は、給料の二重取りだと反対した。

・協会は、管理職でなくても管理職同様に力のある職員もおり、そのような職員に報いなければならないとして、Ｄ級適用の復活を主張した。一九九四年の一年間、同様のやりとりが、協会と組合の間で繰り返された。

- 一九九五年六月九日、協会は、検討を重ね、四月一日に遡及して、Dプランを実施することを全職員に通知した。
- 一九九五年七月十四日、春闘団交において、組合との新賃金が妥結したが、組合は、新賃金を認めたわけではないと主張し、以後、就業時間中のワッペン着用など、Dプラン反対闘争が行われた。

○一九九六年の組合の告発と一九九八年の不起訴処分（三六協定の締結問題）

- 一九九六年六月、組合は足立労働基準監督署に労働基準法違反（三六協定違反）で協会と山本理事長を告発した。
- 協会は、宇田川先生の事務所の河本毅弁護士と共に上申書を作成し、足立労働基準監督署に届け出た。上申書は膨大なものになった。
- 上申書作成は夏の暑いときだった。総務課の職員とホテルに泊まり込んで準備をしたこともあった。
- 三六協定を労働基準監督署に届け出ないと、休日出勤、時間外労働が命じられない。協会のような職場では現実的に三六協定がないと、業務上支障が生ずる。
- 協会の場合二つの問題があった。従業員の代表を誰にするかということ（代表の選出手続きの問題）と、もう一つは、超過勤務改善の問題であった。

①従業員代表の選出手続きの問題

・従業員代表の選出手続きは、協会の場合当初「自薦」と呼ばれる方式であった。代表を自分で推薦し、協会がそれを労基署に届け出ていた。総務課職員が代表となり毎年届け出ていた。

・組合は、一九七二年の組合結成後しばらくしてこの方式が民主的な手続きではないとして、問題とした。協会は組合との話し合いで立候補方式に変えた。以後、組合委員長が従業員代表として立候補し、他に立候補者がなければ承認されたものとして、組合委員長が従業員代表として三六協定書に署名した。協会はそれを労基署に届け出た。ところが一九九一年から組合は、この協定に応じなくなった。

・一九九六年六月、組合は足立労基署に労働基準法違反（三六協定違反）で協会と山本理事長を告発した。無協定なのに協会が残業を命じたというものである。

・しかし、幸いにして協会職員の協力により、署名による従業員代表が決まり、無協定状態は解消された。そして、協会は一九九八年二月、東京地検より、組合の告発の不起訴処分の通知を受けた。

②超過勤務改善の問題

・協会は所定労働時間一、七六七時間と所定外労働時間一三三時間の合計を年間二、〇〇〇時間以内

に抑えるガイドラインを策定し、組合と協定書を交わした。この場合の協定とは、所定外労働時間（超過勤務）の上限を二三三時間に抑えるというものだった。

•協会のように、職員が労働時間を自主的に管理し、業務の遂行が比較的自由な職場は、従業員の超過勤務時間をコントロールするのが難しい状況にあった。
○一九九六年〜二〇〇五年一月（市川退任）まで（不当労働行為救済命令申し立て）
•一九九六年、組合は、協会が三六協定についての団体交渉を拒否したとして、また、協会が組合と合意した三六協定の従業員代表の選出方法を無視し、一部職員の署名活動に加担したとして、東京都地方労働委員会（都労委）に不当労働行為救済命令申し立てを行った。

•加えて組合は、協会が抗議行動を行った組合員を懲戒処分にしたことに対し、二〇〇一年に都労委へ救済命令申し立てを行った。

•協会は、これら二件の申し立てに関し、一九九六年の件については二〇〇一年十一月に、二〇〇一年の件については二〇〇四年十二月にそれぞれ都労委から命令書を受け取ったが、いずれも不服申し立てを行い、中央労働委員会（中労委）に持ち込まれ、私の退職時（二〇〇五年一月）でも未解決であった。

（熊沢注：その後の労使関係—最終的に協会は、二〇〇六年三月に中労委の和解勧告を受けて、組合との関係を一応正常化した。また、組合との和解合意文書は小川修司理事長と相談し、全職員に公開した。）

三．一九九八年〜二〇〇五年（一九九八年十一月山本理事長退任）

一九九七年に新ＣＫＣが開館し、ＡＯＴＳの研修センターは、四センター合わせ一、〇〇〇人の収容能力となった。第一次、第二次、第三次の長期計画のうち、センター建設計画が終了した。

一九九八年十一月、山本長昭理事長が退任し、伊藤寛一理事長がそのあとを継いだ。

(1)一九九八年度、一九九九年度の一万人研修事業

•一九九八年十二月、協会は、アジア産業再生支援現地研修推進室を設置した。これは、一九九八年度に通産省が開始した第三次補正予算事業を実行するためであった。一九九七年七月にタイ・バーツの暴落を皮切りに始まったアジア通貨危機に対応した政府の対策の一つで、アジア産業再生支援現地研修事業（一万人研修事業）と呼ばれた。通貨危機により深刻な打撃を受けているＡＳＥＡＮの日系企業等に対し、中核人材の雇用確保と技術力の向上を図るべく、各種研修活動を通じて支援する事業である。

日本国内でも円高が進み、一九九八年十月の長銀国有化、同十二月の日債銀国有化など金融不安で騒然としていた頃である。

•協会は一九九八年度内にこの事業に基づき、アジア緊急支援研修生受入事業として日本国内で九八三人を受け入れた。また、緊急支援対策事業として一九九八年度に一八九コース、四、

二九二人、一九九九年度には、一、一六四コース、二六、七三四人を対象に海外研修を行った。JETRO、ASEANの研修機関、国内外の企業等と連携・委託して実施したものだが、協会のバンコク事務所等の海外事務所、帰国研修生同窓会のネットワークがあってこそ実現した緊急支援事業であった。協会が通産省から信頼されていたからこそ委託された事業でもあったと言えるだろう。

・一方で、労務面で見れば、業務実施体制を整えるのは非常に厳しく、また、事務量も多くなり、協会の内部態勢の見直しを迫られた時期でもある。協会は、この大事業を企業からの応援、派遣職員を募りながら、協会職員六人の体制で乗り切った。

(2) 一九九九年四月二十日〜二〇〇一年十二月一日（社民党代議士の国会質問）

・一九九九年四月二十日〜二〇〇一年十二月一日の間、四回にわたり、社民党の代議士が、衆議院決算行政監視委員会分科会で協会の問題を取り上げた。

国会質問では、「旅館業法問題」「渡航費問題」は抱き合わせで質問されることが多かった。組合は、旅館業法問題と渡航費問題を取り上げ、協会経営陣の「違法行為」を追及した。

・しかしながら、この時期に、前述の二つの問題に先立つとも思われる、もう一つ重要な労使問題があった。一九九九年度に起きた「二〇〇〇年度の体制作りの問題」である。この問題は、国会質問では取り上げられなかったが、労使関係としては、重要なものである。

(3)旅館業法問題（一九九九年旅館業法違反の告発と二〇〇一年不起訴処分）

・ＹＫＣは、汐見台の旧ＹＫＣから金沢区の海岸の工業地帯に移転、建築された。ホテルは建てられない地域で、旅館業の特別許可をもらうのには、いろいろなステップを踏まなければならない。

・ＹＫＣの問題の発端は、協会の関係会社の社員が、ＹＫＣ宿泊の申し込みを一旦断られたので、旅館業組合の旅館に宿泊し、その後ＹＫＣに空きができたので、旅館業組合の旅館をキャンセルし、ＹＫＣに宿泊したことだった。

・旅館業組合の立場からすれば、旅館のないはずの工業地域に旅館業をしている宿舎が存在したことになる。センターは従前より、旅館業法上は、「寄宿舎」であった。

・二〇〇〇年七月十二日、横浜地方検察庁は、「旅館業法違反被疑事件」を「不起訴処分」とする、旨決定をした。

・協会は、その後旅館業法問題を円滑な事業運営を損なう重要課題として、「旅館業」の許可を受けるためにセンターの安全対策工事を行った。その結果、二〇〇二年七月ＴＫＣ、二〇〇二年十一月ＫＫＣ、二〇〇三年四月ＣＫＣの三センターにおいて、旅館業の営業許可を受けた。

この稿を起こしている時点では、ＹＫＣが売却され、またＣＫＣも売却が検討されており、建設以来の関係者の苦労を思うと非常に残念な気持ちである。

(4)一九九九年度に起きたもう一つの重要問題（二〇〇〇年度の体制づくりの問題）

- 協会は、一九九八年度及び一九九九年度に実施した、一万人研修事業にみられる、協会環境の変化に対応するため、二〇〇〇年度に向けた研修体制の見直し、四センター合わせて一、〇〇〇人収容人員の研修体制の組織作りに着手した。
このうち、二〇〇〇年度に向けたTKCの研修体制の見直しに対する組合の反発は激しかった。
- 経営企画室は二〇〇〇年度の研修計画策定に際し、研修体制を見直す必要を再三指摘していた。すなわち、協会業務の中心事業である6Wコース（六週間の一般研修コース）がここ二、三年減っていること、管理者研修等の短期研修コースが増加していること、政府から緊急に要請される海外研修等への対応が急務になっており、しかもそれらは、コース開発に時間がかかり、担当職員の高い能力が要求されること、それにもかかわらず、現状ではその体制がつくれないこと、等である。
- このため、研修実施計画案において、TKCでは当初6Wコースは実施せず、YKC、KKC、CKCにおいて6Wコースを実施する、TKCは実施希望の多い短期研修コースを中心にして、政府による政策案件の研修コース等が機動的に実施できる体制をつくる案を立てた。
- 組合は、TKCから6Wコースをなくすことにより、TKCが地域と築いてきた日本語ボランティアなどを中心とした良好な関係が失われ、これにより職を失う日本語臨時職員などが出るとして反発した。

・協会にとっては、事業環境の変化に伴う東京研修センターの機動性を高めたいことが目標で、6Wコースを TKC からなくすことが目標ではない、日本語研修機能は本部日本語課に移し、日本語教授法の開発をやってもらう、日本語コースを担当することもあることなどを説明した。

・協会は、慎重に検討を重ねて、二〇〇〇年二月一日付で、二〇〇〇年度の組織等を発表した。二〇〇〇年度の組織改正は、大改正と言えるものになった。

⑸二〇〇〇年度に起きたこと（渡航費問題等）

・一九九九年三月、インドの研修生が、ビジネスクラスの渡航費代金を同窓会に支払ったが、同窓会が手配してくれたのは格安チケットだったとして、これを日本領事館に訴えたという話があった。この話は通産省にも伝わった。しかし、協会はこのインド研修生の話を直接には確認できなかった。領事館も、研修生本人からではなく、研修生の知人からの話としている。

・協会は、通産省の指示で一九九九年四月調査を開始したが、調査は難航した。一九九九年七月からは渡航費の不当請求の可能性についても調査した。

・二〇〇〇年四月からは、社民党代議士の度重なる国会質問があり、これに対する通産省の国会答弁、二〇〇〇年九月～十一月の通産省による協会の行政指導・行政監査、新聞報道等、協会を揺るがせた大事件となった。

・協会は、総力を挙げて、調査に当たった。過去五年の運賃表（タリフ）をIATAオタワ本部に出かけて手に入れ、これを基準として本格的調査を開始した。渡航費問題調査室をつくり、三名の役職員を担当に当て、高橋徹生企画担当常務理事が渡航費調査のマスタープランを作り、調査室と企画部が中心となってプラン通りに調査作業が行われた。特に二〇〇〇年九月〜十二月の調査では、TKCの大教室が一杯になるほどの数のPCを配置し、大人数の派遣職員を雇ってデータ打ち込み等が行われた。
・海外で発券された航空券や領収書のチェックには専門的な知識を必要とし、作業担当者は誰でもよいというわけにはいかなかった。そのため、東急観光の専門スタッフのチェックも受けた。外国語で書かれている航空券、領収書等を判読チェックし、内容に不備・不明があると海外の発行元に直接問い合わせた。
・調査は膨大な作業を要し、朝まで作業が続くこともあった。作業現場は重い空気に包まれ、体調不良を訴える職員も少なくなかった。
・一九九五年度から一九九九年度までの五年間を調査し、調査件数は一万五、〇五六件に上った。そのうち、一、二七〇件が不当請求と判定され、金額は一億九、四二一万六、〇〇〇円である。他にも加算金等の国庫返納が発生し、返納総額は三億四、三二一万七、〇〇〇円となった。この金額は新聞でも報道された。

・このような問題が起きた原因は、一九九〇年代に航空運賃の自由化が進み、旅行会社がパッケージツアーで使う宿泊代込みの格安ＩＴ（Inclusive Tour）チケットをばら売りしたり、航空会社が発行し、航空会社、旅行会社双方で購入できる割引ＰＥＸ（Public Excursion Tour）チケットなど、非常に多様な格安チケットが出回るようになったことである。研修生が自分で航空券を手配する場合、標準価格よりもはるかに安い格安チケットを購入して来日し始めたが、協会では実際支払われた金額を速やかに正確にチェックする体制ができていなかった。

・問題は、このような不当請求が、同窓会推薦研修生が現地で購入する場合に多く発生していたことである。日本の受入会社が航空券を手配する場合には、発生していない。

・このため、外部監査委員会が組織されて同窓会の調査も行われたが、監査委員会からは、同窓会の運営に当たっているものが、無報酬かつ献身的に同窓会活動に従事しており、利益団体化していることは認められないと評価され、協会に報告された。

・そこで、それからの問題は、不当請求で協会が支払ったお金をどうやって海外の研修生から回収するかであった。特に中心になるのは不当請求に関与したと見られる海外の同窓会であった。協会は同窓会との友好関係を維持しながら渡航費問題を解決しなければならない立場にあった。

⑹二〇〇一年六月、伊藤寛一理事長の退任と小川修司理事長の就任

一九九八年十一月に伊藤理事長が山本理事長のあとを継いでＡＯＴＳ理事長に就任して間もなく、

一九九九年三月にインドの渡航費問題が発生し、同窓会との関係が問題にされ始めた。

一九九九年の秋頃からは、二〇〇〇年度の体制作りの問題で、組合が抗議活動を繰り返した。

二〇〇〇年度になると、国会質問、旅館業問題、協会と同窓会との関係疑惑など、組合が追及する問題が次々と発生した。

二〇〇一年一月末になって理事会・評議員会で渡航費問題を報告してこれら問題の処理は終わったが、伊藤理事長はさらに六月の退任まで同窓会からの渡航費不当請求金額の回収案件に腐心された。

伊藤理事長は、同窓会についてマイナスイメージからスタートしたため、最初は協会に馴染めなかったのではないかと思う。

「どうもムラ用語で自分には分からないよ」と言われたりしたことがある。

在任期間の二年半は、一日として休まることがなかったのではないかとお気の毒に思う。

大変な時期に、通産省、協会、同窓会の間の舵取りをしたことになる。

(7)二〇〇二年度（フレックスタイム制の導入）

二〇〇一年十一月一日、協会は、職員の働き方の多様化に応えなければならないとして、「フレックスタイム制度の導入案」を作成し、職員及び組合の意見を聴取した。

協会は、職員の大半が賛成したので、二〇〇二年四月から実施に踏み切った。

就業規則の変更であるから、これもまた、従業員代表の意見と署名を必要とした。

⑻二〇〇四年度（新人事処遇制度の開始）

・協会は、一九九五年に導入したDプランで人事考課制度を導入し、俸給表のA、B、C、D各等級の昇給昇格の手続きを明確にした。しかし、俸給表そのもの等、給与規程を変えたわけではない。賃金制度は依然として昔のままであった。

・第四次中期計画は、山本理事長退任前の一九九八年三月の理事会で承認された。一九九七年に入って、国内で続く経済不況のなか事業環境が変化するので、五年で区切る計画は立てられない。三年だとして第四次中期計画となった。

この中期計画で、賃金制度改革については、必要ないとした。すなわち、計画書の「おわりに」の中で、採用しなかった意見として、「給与の能力主義・実績主義・年俸制・非年功主義」を挙げ、「時代を反映した提案であるが、現行制度も人事考課制により、年功主義の是正を行ったところである。給与制度は緩やかな慣性を伴った動きの中で改正されていくべきものにつき、当期三か年の計画の中に入れるには時期尚早とした。」ことを明記した。

人事考課を採用したばかりの一九九五年開始のDプランの定着を図ることが趣旨であった。

・協会設立以来の賃金制度を、俸給表、退職金制度にまで踏み込んだものが「新人事処遇制度」であった。

第五次長期計画の協会の長期方針として賃金制度改革に取り組むことになった。

直接には、二〇〇三年度の事業計画書、予算書に次の通り載っている。

3．管理業務

2)給与制度の見直し

(1)事業運営を中長期的に継続することができる給与体系のあり方についての見直し

(2)人事考課の見直しと給与への反映

•賃金制度の改定には、職員、組合とも十分な話し合いが必要だった。

•二〇〇三年五月の常勤役員会で、協会の賃金制度改革にふさわしいコンサルタントはどこか検討し、二つの団体に絞って事前に協会の人事制度をよく説明したうえ、常勤役員会で直接それぞれの団体からの提案内容を聞いた。その結果、協会の実情にもっともふさわしい提案をした社会経済生産性本部（以下、JPC）に改正の指導をお願いすることになった。

•賃金検討委員会（二〇〇三年十月十四日～二〇〇四年一月九日）が組織され、この改定案に対する職員及び組合の意見を集約し、その結果に基づき、二〇〇四年一月九日、委員会が検討結果を常勤役員会に答申書として提出した。

•協会は、答申書に基づき最終案を固め、二〇〇四年一月二十二日、常勤役員会で新人事処遇制度の最終決定を行った。そして、二〇〇四年二月二十日、「給与規程」を「給与・人事処遇規程」と変更し、関連規定を改定した。

・退職金規定等は、ＪＥＴＲＯ、ＪＩＣＡの規程なども参考とした。新制度への移行には、大きな移行事務が伴い、四月に導入してからも実際の移行事務は続いた。
新制度において、移行時に不利益変更が発生しないよう考慮した。

退職金規定には、ＪＥＴＲＯ、ＪＩＣＡ等と同様に、自己都合退職に対して世間並みの掛け率を導入した。
・これにより、「戦後直後のもの」と言われた俸給表をはじめとする年功序列型賃金制度（本俸一本のみ）から、本俸を年齢給、職能給、役割給に分割し、管理職手当を廃止する制度に移行した。
・資格等級制度、役割等級制度が導入され、人事考課が、昇格、昇級、降級、役割変更に結びつき、同時に給与規程と連動するものとなった。
人材育成型、成果貢献型、役割実績評価型、とも呼べるような賃金制度に変わった。
・一九八三年の山本専務理事着任以来、組合と時に対立し、貫いてきた賃金制度の改革がやっと実現したとも言える。ずいぶん時間がかかったなあ、という感慨もある。補助金団体として、世間が納得するような、当たり前の形に近づいただけだ。しかし、道のりは長かった。
・私は、二〇〇五年一月に退任した。新人事処遇制度が動き出したばかりのときである。制度を実際に定着させたのは、その後に総務部を担当した役職員たちである。

むすび（おもいつくままに）

新入職員研修の穂積理事長の訓話のこと

「⑥科学をどのように取り入れるかは、人類が解決せねばならぬテーマだ。」

この場合の科学が自然科学だけを意味するのならば、普通の話だ。
先生の話は、全ての科学を含んでいた。社会科学も含んでいた。
立脚点は科学になく、科学以前に立って、科学の名で殺し合うことのない
平和の世界を祈っていたのではありますまいか。
現実世界は、対立で成り立っているようなものだ。

自分のことを考えてみる。
協会は、労働組合ともっと生産的な関係が築けなかったものだろうか。
組合は、もっと柔軟に組合活動ができなかったものだろうか。
協会の労使関係は、科学であってはならなかったのだ。
寮を主宰された穂積先生の言葉は深い。

過去の日々は、ペガサス。生者、死者走馬灯のごとく。

④ＡＯＴＳの「プロジェクトＸ」

佐藤　正文

一九五〇年代後半小さな学生寮から出発したＡＯＴＳは、半世紀を経て世界的な国際協力機関に発展した。その間ＡＯＴＳは、無名の人々が成し遂げた「プロジェクトＸ」（ＮＨＫ総合テレビで二〇〇〇年～二〇〇五年放映）にも比すべき、以下のような画期的事業成果を挙げたといえるだろう。それが可能になったのも、この事業には人を引き付ける「志」があったからだ。

❶アジア料理の内外普及
❷国際交流の実践
❸実用日本語会話教授法の開発
❹通訳・翻訳実務の実践
❺日本的経営管理技法及び思想の海外普及
❻異文化理解プログラムの実践
❼ＡＯＴＳ同窓会の世界展開と発展途上諸国間の交流推進

❽発展途上諸国の人材育成と技術移転の促進
❾日・タイ協力とTPA・TNIモデルの近隣国普及

❶アジア料理の内外普及

(1)アジア文化会館（ABK）食堂からスタート

今日の日本では、いろいろなところで本格的なアジア料理を食べることができる。専門の調理人が輸入食材や日本国内で特別に作られた食材を用いて様々なエスニック料理を提供している。

しかし、六十年前のAOTS創業当時はそうではなかった。東京オリンピックが開催された一九六四年になって初めて海外渡航が自由化されたが、多くの日本人にとって海外旅行は特別のものであり、アジアから来日して長期滞在する人も留学生や研修生、大使館員、企業の駐在員などに限られていた。その頃の留学生用宿舎では、留学生との間のトラブルが絶えなかったが、原因の一つは食事であった。

一方、AOTS研修生の宿舎となったアジア文化会館（ABK）の食堂では、香川栄養学園・女子栄養短期大学（その後女子栄養大学）を卒業して、経験は十分といえないながら意欲旺盛な若い女性達が、アジア各国からの研修生や留学生、そして日本人の学生や職員を相手に、日夜奮闘していた。

女子栄養短大は、戦前から駒込に女子栄養学園を開園していた香川綾氏が戦後設立した大学で、別に設立した香川調理師学校とともに、科学的な栄養教育の普及に努めていた。同大学との縁は、その頃学生が交代で食事を作っていた新星学寮に、寮長の杉浦正健氏が栄養指導のため香川学長をお呼びしたことから始まったそうだ。

一九六〇年に開館したＡＢＫの食堂には女子栄養短大の卒業生が数多く採用され、その後建設された横浜（ＹＫＣ）、関西（ＫＫＣ）、中部（ＣＫＣ）の各研修センターへも、ＡＢＫの食堂で経験を積んだ女子栄養短大出身のスタッフが食堂の責任者として派遣されていった。各研修センターでは、運営担当スタッフが食堂スタッフとともに食材の調達に出かけ、全員一丸となって研修業務と研修センターの運営に取り組んだ。この時代の食堂スタッフには、その後ＡＢＫあるいはＡＯＴＳのスタッフと結婚したものも多い。

当時のＡＢＫ食堂の様子は、本冊資料編（Ｐ．２６５「アジア文化会館の食堂」）掲載の小木曽史子氏（小木曽友氏夫人、故人）による手記を参照していただきたい。

⑵ＡＯＴＳ事業を現場で支えた食堂サービス

ＡＢＫをはじめ、ＡＯＴＳ研修センターの食堂は独立採算で運営され、勤務形態も一般の事務職とは異なるものであったから、一九七三年に㈱海外技術者研修調査会（後の㈱スリーエーネットワーク）という別法人が設立され、食堂運営業務や研修センターの管理業務など、それまでＡＯＴＳで行っていた教材出版業務や航空券手配業務等とともに新法人へ移管されて行った。

七〇年代に入って日本経済の発展に伴い、食堂運営やビル保守管理等請負事業の発展も見られるようになり、一九八二年にAOTSの東京研修センター（TKC）が完成してAOTS本部がABKからTKCへ移転したときには、TKCの食堂運営や宿舎の運営業務が一般業者にも委託されるようになった。

アジアの独立と発展を願ってAOTS事業に青春を捧げたものたちにとって、ABK－AOTS食堂はまさにその後の発展の礎を築いた「歴史遺産」といえる。

2000 年頃の ABK 地下食堂

会員諸氏の利用大歓迎！

アジア文化会館食堂部

7月初旬より開業した当会館の食堂は、栄養短大の御指導の下に、操業3ケ月になんなんとしている。何分慣れぬこと故、最初は失敗も多かったが、やっと軌道に乗って来た。お値段の方は特にお安いとは云いかねるが、質とボリュームは保証付である。

諸氏の参考に供するため、メニューの1例を挙げると次の様である。

昼：—

A定食　90円　スコッチエッグ（せん切りキャベツ・トマト添）、コンソメスープ、ライス

B定食　60円　カレー炒飯、コンソメスープ

C定食　120円　ポークカツレツ（せん切りキャベツ・トマト添）、コンソメスープ、ライス）

夕：—

A定食　100円　牛肉チーズ焼、重ね煮、ライス

B定食　80円　さんま塩焼（おろし大根）、野菜煮物、みそ汁、ライス

C定食　120円　チキンカツレツ（フライドポテト、レタス）、コーンスープ、ライス

尚、当食堂では小集会、結婚披露宴にも利用出来る。シーズンに向う折から皆様の御利用をお待ちしています。

ABK 開館間もない頃の機関誌『會報』No.1 に掲載された食堂の案内

そして今や、製造業や経営管理技術ばかりでなく、「おもてなし」に象徴される日本のサービス産業が世界展開を進める時代となった。そのルーツは、ABK－AOTSの食堂にあったと言っても過言ではないだろう。

❷国際交流の実践

⑴AOTSスタッフによる国際交流の実践

最近、日本と海外を比較したり、世界の日常を取り上げて日本の良いところを見直す番組などが人気を集めている。海外の、しかも発展途上諸国の日常が一般の人の目に触れる機会も増えている。アジアからの訪日観光客も急増している。

しかし、AOTSが事業を開始した当時は違った。来日した留学生や研修生は私達にとって身近な存在となったが、彼らの母国はどのような様子なのだろうかと、未知の世界に憧れた。

AOTSの研修センターは外部世界とは多少異なる異文化空間であったが、そこでは、真に発展途上諸国の国造りの役に立つようにと、スタッフと研修生との信頼関係が大切にされ、そのような気持ちが研修生の帰国後もつながる同窓会活動の原動力となった。

そしてそこには、スタッフと研修生が国際交流・異文化理解を自ら実践する多くの国際結婚が見られた。これは、AOTSの事業成果とは別次元の話ではあるが、現場で実務に携わった多くのスタッフの心意気を具体的に示す証左と言えるのではないだろうか。

例えば、バングラデシュのモアゼム・フセイン、神部営子夫妻及びインドのルシ・ギスタ、斉藤碧夫妻の事例が、『アジアン・パートナー　……異文化夫婦の歩んで来た四半世紀……』と題して一九九七年にスリーエーネットワークから出版されている。その巻頭言で、元AOTS職員であるスリーエーネットワークの小川巌社長は、国際結婚成功の秘訣をバングラデシュでフセインさんに問うたところ「ここは生活習慣が日本とは大変に違う国です。妻にはできるだけ私の親戚や家族との付き合いをさせないようにしてきました。」と答えられたとして、以下のように述べられている。

「これまでにも多くの国際カップルを見てきたが、失敗例も多い。……（中略）。私たち日本人はこういう時、往々にして日本人である奥さんの意見にばかり耳を傾け、異文化問題を考えようとする。陰で、夫である〈外国人〉がいかに心を遣い、苦労しているか、見落としがちである。異文化の濃密な接点である夫婦関係。『男女双方に、公平に書いてもらおう』、というのが発刊の動機であった。」

そして、「国際的な次元で人間の輪を広げているAOTSスピリットは、二組の異文化夫婦にも投影しているように思う。……（中略）。国際化がますます進むなかで、生き方の下手な日本人が学ん

1997年9月スリーエーネットワーク発行

でいいことが、そこここにたくさんあるような気がする。国際化時代の日本人に何かのヒントでも与えてくれれば幸いである。」と結ばれている。

(2)海外に雄飛したABK・AOTSスタッフ

残念ながらルシ・ギスタさんはすでに故人となられたが、AOTSではこれまで何十組もの国際カップルが生まれている。AOTSというそれほど大きくない国際協力団体の関係者でこんなにも多くの国際結婚が見られるというのは、これもやはり、身も心も仕事に打ち込んだスタッフに支えられたこの事業の性格を表していると言ってよいのではないだろうか。

もちろん、国際結婚ばかりでなく、職場結婚も数多い。多くのスタッフが青春をこの仕事に燃やした。

1968年4月、ＹＫＣで穂積理事長ご夫妻の媒酌により執り行われたAKMフセインさんと神部営子さんの結婚式

❸実用日本語会話教授法の開発

⑴世界で最も多く使われている日本語学習教材『みんなの日本語』

外国人に日本語を教えている人なら、㈱スリーエーネットワークが発行している『みんなの日本語』というテキストを知らない人はいないだろう。現在、世界で最も多く使われている初学者用の日本語学習テキストだが、そのルーツは、ＡＯＴＳが一九七二年に発行した『日本語の基礎』である。

『日本語の基礎』はＡＯＴＳの一般研修コース用日本語学習教材として開発されたものだが、一九七三年にＡＯＴＳは㈱海外技術者研修調査会を設立し、翌年から同社を通じてこれら教材がＡＯＴＳ以外の利用希望者へも出版販売されるようになった。同社は一九八八年に社名を㈱スリーエーネットワーク（英名 3A Corporation）に改め、一九九〇年からはＡＯＴＳの『新日本語の基礎』シリーズの出版も始めた。そして、一九九八年には『みんなの日本語 初級』が、二〇〇八年からは『みんなの日本語 中級』シリーズの出版が開始された。

『新日本語の基礎』も『みんなの日本語』も、外国人が初歩的日常会話を習得するための教材だが、『新日本語の基礎』が技術研修生の実習現場における会話の場面や語彙を含んでいるのに対し、『みんなの日本語初級』は、一般の成人を対象とし、技術研修に関する語彙や場面は含まれていない。因みに、スリーエーネットワークという社名は、ＡＯＴＳと同じくAsia-Africa-Latin Americaの三つの

地域（３Ａ）をネットワークでつなぎ、相互理解と友好の促進を図ろうという意味でつけられた。

これらの日本語教育用テキストは、研修生の日常生活や研修現場で使われる日本語をＡＯＴＳの日本語教師が長年にわたって調査研究し、実地研修に先立つ限られた導入研修期間に、いかにして効率的に必要最小限の日本語を習得させるかと、イラストやビデオ等の視聴覚教材を駆使して試行錯誤を繰り返しながらまとめ上げられた教材群である。

『新日本語の基礎』は発売後間もなく、他の日本語学校や日本語教室でも使われるようになり、国外でも同窓会の日本語教室などで使われて、多くの学習者に親しまれるようになった。その姉妹編である『みんなの日本語』が誕生すると、さらに広く普及していった。日本語のみで書かれた本冊（ローマ字版とひらがな版がある）と、各国語で書かれた補助教材の分冊、文法解説書や教師用の教え方の手引きなど、ＡＯＴＳ日本語講師のノウハウが詰め込まれた学習教材がそろっている。自習用の教材としても、また初級の日本語教師にとっても使いやすい教材となっている。

AOTS が創立以来開発してきた日本語学習教材

⑵なぜAOTSの日本語教育が大きな成果を挙げたのか

AOTSでなぜ日本及び世界の日本語教育に大きな影響を与える成果が挙げられたのだろうか。

その一番の要因は、AOTSのすべての分野で発揮された「発展途上国の独立と発展を支援し、人材育成を通じて共に生き、共に成長する世界を実現しよう」という強いミッションスピリットだと言えるだろう。来日した研修生とその受入企業から、限られた研修期間で技術を習得するために、できるだけ短時間で基礎的日本語能力を身につけたいと求められ、それまでの日本語教授法とは異なる、新たな日本語学習方法が模索された。そして、AOTS事業開始後間もない一九六一年には、企業における技術研修（実地研修）に先立ち、約百時間の日本語学習を含む五週間のオリエンテーション・コースが定着する。

1964年ＫＫＣに設置されたＬＬ

さらに、一九六四年には、日本語授業の補助学習として、当時まだ開発段階にあったＬＬ（Language Laboratory）を各研修センターに設置し、会話練習の不足を補った。

その後AOTSが受け入れる研修生は年々増加し、日本語学習を必要とする技術研修生は一九七一年に年間千人を超え、一九八三年には二千人、一九九五年には三千人に達する。日本語研修は一クラス平均十人程度の少人数編成で行われていたから、毎年二～三百のクラスが開かれていたことになる。

このように多数の学習者を相手に繰り返し日本語教育を行う機関は、日本国内はもとより、世界中どこにもなかった。

さらに、研修センターに泊まり込みで留学生や日本人職員と一緒に生活しながらの学習であったから、効果が上がった。各研修センターの日本語講師は定期的に会合し、教授法や教材、教具の改善が加えられ、新人講師の指導も行われていった。

また、世界各地に組織されたAOTS同窓会では、帰国した元研修生が先生となって日本語講座が開かれ、来日前の事前研修も行われるようになった。そこでAOTS本部からは日本語教材の提供や教授法の指導研修も行われた。一九七〇年のバンコク事務所から始まり、アジア各地に新設されたAOTSの海外事務所へは、日本語指導経験のある職員が事務所長として派遣され、現地での日本語学習を支援した。

しかし、AOTSの日本語教育は、あくまで技術研修生を対象に、短期間で集中的に口頭練習を行う実用会話の訓練が中心で、日本語既修者に対する中・上級の日本語教育は十分行われていなかった。ある意味で中途半端な日本語教育であった。ただし、AOTSの一般研修で基礎的な日本語能力を身につけた研修生の中には、その後の技術研修期間にも学習を継続し、数か月～一年後には簡単な読み書きができて驚くほどの日本語能力を有するに至ったものも少なくなかった。AOTSの日本語講師は、オリエンテーションを終え技術研修を続けているものや帰国したものに対して、英文機関誌『K

ENSHU』等を使って自習教材の提供や可能な指導を続けていた。

(3)AOTS出身日本語教授の活躍

AOTSで日本語教授法に開眼したものにとって、AOTSで日本語教師を続けるのは少し物足りなくなる。教材や教授法を開発する業務と、現場で日本語を教える業務は、切り離せない関係にあるが、教えるだけなら非常勤講師でもよい。また、技術研修を目的とした社会人に対する実用日本語会話訓練は、留学生を対象に日本語文献講読も目指す大学等の日本語教育と比べて不完全に思われる。

そのような理由で、AOTSで日本語教育を経験した数多くのスタッフが、その後増加した留学生に日本語を教えるため、大学や日本語教育機関に請われて転職していった。このことも、AOTSの教授法や教材を広く世界に普及させる要因になったと考えられる。

松岡弘さん（一橋大学名誉教授）、大木隆二さん（九州大学名誉教授）、市川（服部）保子さん（慶応義塾大学日本語日本文化教育センター、元東京大学留学生センター教授）、鶴尾能子さん㈱スリーエーネットワーク顧問）、石沢弘子さん（目白大学日本語教育センター教授）、志村（篠原）三喜子さん（元四川大学出国培訓部）、関正昭さん（元東海大学国際教育センター教授）、水野マリ子さん（元神戸大学留学生センター教授）、飯塚達雄さん（マラヤ大学他）、田中寛さん（大東文化大学外国語学部教授）、中島清さん（元福井大学教授）などなど、多くの仲間が内外の日本語教育センター立ち上げに関わってきたことも私達の誇りとすべきであろう。

❹通訳・翻訳実務の実践

(1) 一般研修の通訳

一九五九年八月、AOTSの設立認可が下りるとともに海外技術者受入研修事業に関する調査が実施され、受入企業での実地研修に先立ちAOTSで十日間の一般研修を行い、適当な時期に研修旅行を行うこととなった。一般研修の中心は日本語研修であったが、日本紹介講義は当時各界を代表する最高の先生方に依頼し、講義には通訳がつけられた。しかし当時は、今日のように通訳・翻訳サービスを提供できる人も組織もなく、伝を頼って日本語の講義を英語に通訳できる人を探した。長井善見氏（当時千葉大学助教授、後に東京大学名誉教授）や國弘正雄氏（当時中央大学講師、後に村松増美氏とともに通訳エージェント「サイマル・インターナショナル」を設立）などである。特に長井氏には、一九六四年から常勤通訳として採用を始めた若手職員に対する訓練もお願いすることとなった。

当時、外国人を対象に通訳を介した研修を毎月行うような機関は他になかった（JICAの前身OTCAは一九六二年事業開始）。また、逐次通訳では時間当たりの講義内容が半減するので、常勤通訳に対して同時通訳の訓練も行われるようになった。AOTSの通訳は、英語の能力向上ばかりでなく、専門的な講義の内容を理解し、英語を母国語としない研修生に対して分かりやすく通訳するなど、訓練と努力を重ねて通訳業務に臨んだ。同時通訳が行いやすいようにと、アジア文化会館の地下研修室には、当時まだめずらしい同時通訳設備も設置された。

ＡＯＴＳ事業開始直後は、本土復帰前の沖縄や、日本の統治から独立して間もないアジア諸国から日本語の分かる研修生も多く受け入れられたが、次第に日本語や英語のできる研修生が減少し、中国語や韓国語、タイ語、インドネシア語、スペイン語など、多様な言語の通訳が必要となり、留学生や日系人など、各研修センターで多くの方に通訳として協力していただくことになった。同時に、教材を各国語に翻訳する作業も、このような方々の協力を得て行われていった。

1966年YKCの一般研修開講式で庄司徳治館長（中央）の挨拶を通訳する橋本祥子さん（右）。左は榊正義主事と研修班代田泰彦氏

英語以外の各国語の通訳・翻訳業務に留学生の果たした役割は大きい。ＡＢＫに住む留学生のネットワークで熱意ある優秀な留学生の協力を得ることができ、ＡＯＴＳで通訳を経験した留学生は帰国後も現地実業界で同窓会活動の支えとなった。韓国語の非常勤通訳をしていたＡＢＫ在館留学生の高秉沢氏は、一九六九年からＡＯＴＳの常勤通訳として活躍するようになった。一九六五年に日韓基本条約が締結され、韓国からの研修生受入れも増加していった。

⑵管理研修コースの通訳と経営管理教材の翻訳・出版

一九六八年、ＡＯＴＳが初めて実施したＵＮＩＤＯからの委託による研修事業は、ＡＯＴＳが一般研修を行い、民間企業が企業内実地研修を行うというそれまでの形態と異なり、ＡＯＴＳが研修の全期間を企画実行する初めての経験であった。

研修開始に先立ち、英文テキストの翻訳・作成、通訳の訓練等、精力的な準備が行われた。留学経験があり、直接英語で指導できる先生が何人もいらっしゃったが、企業内研修では通訳が不可欠で、それまで企業の製造現場における用語や経営管理の話題について知識経験がほとんどなかった通訳や研修担当者は、事前に何回も現場に足を運び、また生産管理、品質管理、経営管理などに関する資料を読み、研修に備えることとなった。先生方や企業側の担当者も何とか研修生に言いたいことを理解してもらおうと、表現を工夫し、自らも英語で説明ができるよう、準備に準備を重ねた。発展途上国の管理者を対象としたこの研修は、ＡＯＴＳのその後の事業展開に貴重な経験となり、裏方として大きな役割を果たした通訳経験者はその後さらなる飛躍を遂げ、ＡＯＴＳでの経験を世界へと広げていった。

1970 年の UNPM 企業内集団研修

⑶AOTS出身通訳者の活躍

AOTS創業期に最初の通訳を務めたのが室崎正平氏である。当時数少ない留学経験のある新星学寮出身者として初期のAOTS研修事業を支えた。穂積理事長の講義も最初は室崎氏が通訳を担当した。

その後事業の発展に伴い、新卒職員が常勤通訳として採用されるようになると、これら職員は一般研修の通訳に加えて、英文広報誌『KENSHU』の編集、各種行事の通訳、そして管理研修コースの通訳も担当していった。

一九六四年に横浜研修センター（YKC）と関西研修センター（KKC）が新設されてからは、各研修センターにも新たな常勤通訳が配置され、日常の業務ばかりでなく、在館生が夕食後に集まって行う自治会や懇親会、その他様々な会合や行事にも、他の職員とともに積極的に参加した。

一九六三年に入職した土屋元子さんは、ABK時代のA

1966年6月日本工業倶楽部で開催された第1回ABK同窓会代表者会議

ＯＴＳ通訳として、一般研修やＵＮＩＤＯ委託研修、ＭＭＴＣなどの研修通訳、ＡＢＫ在館留学生・研修生との自治会活動、後輩の指導など幅広く活躍した。しかし、もっと自分の英語力を磨きたいと感じた彼女は一九七八年イギリスの大学院に留学し、音声学や言語学を学んだ後、一九七九年からは大学で講師を務め、後に東洋学園大学教授となって後進の教育に携わった。同じ頃常勤通訳となった宮川朝子さんはＡＢＫ在館留学生と結婚し、その後長く海外生活を送りながら、翻訳家として活躍している。

一九六四年に横浜研修センター通訳となった澤田祥子さんは、ＡＯＴＳ職員の橋本日出男氏と結婚し、世界銀行に転職した橋本氏とともに、世界各地を転勤してまわることとなる。

澤田さんとともにＹＫＣの通訳となった松岡（松浦）佑子さんは特に勉強熱心で、ＵＮＩＤＯ委託の研修コースでも中心的な役割を果たしたが、さらに高度な同時通訳者を目指して、他の通訳スタッフとともに勉強を重ねた。一九八一年ＡＯＴＳを退職してからは、フリーの通訳者として国際機関の同時通訳などを担当し、海外の大学院にも留学した。その後、出版社社長のご主人が亡くなり、その後を継いだが、一九九九年『ハリー・ポッターと賢者の石』の日本語版を翻訳・出版し、全7巻を完訳して一躍有名人となった。

一九六九年に大学卒業後中部研修センター（ＣＫＣ）で通訳をしていた國枝マリさんは、その後アメリカの大学に留学して博士号を得たのち、母校津田塾大学の講師となる傍ら、ＮＨＫラジオ基礎英語の講師を担当した。そして二〇一二年からは、母校の学長に就任している。

ＣＫＣで國枝さんの後を継いで通訳となった三原（八木橋）恵子さんは、一九七八年からＣＫＣで開始したＰＭＴＣ（生産管理研修コース）を担当し、中部産業連盟のコンサルタントの先生方とともに経営管理者の研修に大きな貢献をした。その後彼女は独立し、同時通訳者として活躍している。

一九七九年から関西研修センター（ＫＫＣ）で、ＦＭＭＩ（中小企業工場管理コース）やＱＣＴＣ（品質管理コース）を開始した際には、当時ＫＫＣ通訳の野口（望月）由紀子さん他が、大阪府立産業能率研究所阪野峰彦工業経営部長や、京都大学工学部近藤良夫教授他、関西地区の多くの専門家と共に、企業経営、品質管理分野の講義の通訳や教材の翻訳作業に取り組んだ。彼女達もその後独立の同時通訳者・翻訳者として活躍している。

一九八二年にＡＯＴＳの本部がＡＢＫからＴＫＣに移転してからは、ＴＫＣでトップ・マネジメント・セミナーや各種の階層別管理研修コースが開かれるようになり、これまでの各センター通訳に新たな戦力が加わった。当時ＴＫＣの通訳だった中久木三恵さんは、その後ＪＰＯ（Junior Professional Officer）としてジュネーブのＩＬＯ本部に勤務し、帰国後は日本経団連国際協力センター（ＮＩＣＣ）で研修事業を担当している。さらに、森沢初さん、河合ひろみさん、佐々江（森安）信子さん、髙山絵美さん、鈴木理絵子さん、徳丸祐三子さん、飛松（大江）美紀さん、星野容子さん、結城直美さん、その他多くの通訳が独立してフリーの同時通訳者となった。佐々江さんは外交官のご主人が二〇一二年に駐米大使となったため、二〇一五年現在、大使夫人として重責を果たしている。高山さんは、広く同時通訳者として活躍中であるがＮＨＫ衛星放送の同時通訳でも時々お声を聞けるのは嬉しい。

このように、ＡＯＴＳの通訳を経験した多くの女性が世界で活躍している。個人の優れた才能に加え大変な努力を重ねた結果だが、ＡＯＴＳでの経験も大きな糧となっているのではないだろうか。

ＡＯＴＳでは、通訳のような特別の技能を有する職員の待遇も他の職員と同じであったため、彼女たちは通訳業務ばかりでなく、多くの雑用もこなさなければならなかった。しかし自分の技量を高めたいという強い向上心を抱いており、ＡＯＴＳを愛しつつもさらに高みを目指して独立していった。ＡＯＴＳを離れた彼女たちと昔の仕事仲間との絆はその後も途切れることなく今日まで続いている。

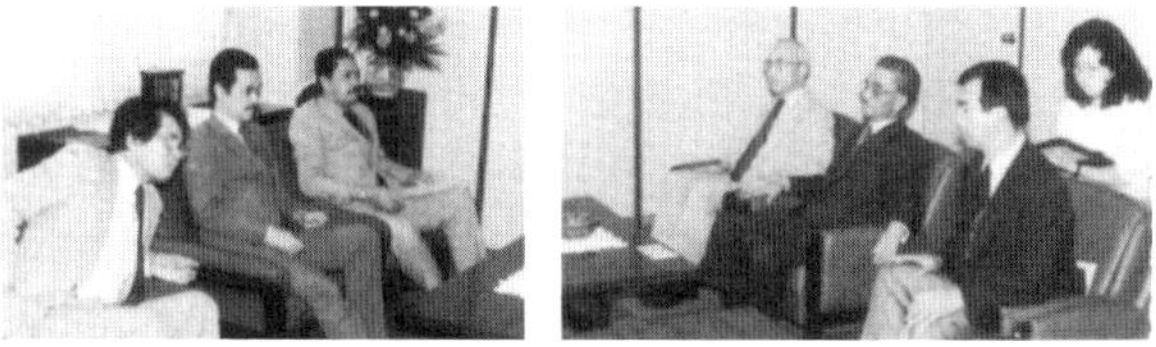

1982 年、ルック・イーストプログラム開始に先立ち来訪したマレーシア総理府アブドラ大臣（左から 2 人目）と田口会長（右から 3 人目）・庄司専務（その左）・千代田常務（その右）との会談を通訳する中久木三恵さん（右端）

❺日本的経営管理技法及び思想の海外普及

1．管理研修のスタート

⑴UNIDO企業内集団研修

AOTSがUNIDOから委託を受けて一九六八年に初めて実施したUNPM（機械金属工業における生産管理研修コース）は、研修の内容がこれまでの技術研修と異なるばかりでなく、参加者の社会的地位も一般技術者と異なり、宿舎・施設や食事についても、学生寮のようなABKの設備では不十分であり、後年AOTSが各種の管理研修コースを行う際に必要となる様々な課題を明らかにするものであった。

UNPMは一九七九年から隔年の開催となり、一九九五年まで計二十回開催、合計二二六人が参加した。一九八一年には、過去十二年間の研修参加者をバンコクに集めてフォローアップセミナーが開催され、各国からの研修参加者とともに日本から東京工業大学松田武彦学長、慶應義塾大学小野桂之介助教授をはじめ、企業内研修を担当した協力企業の代表も参加した。このセミナーは、一九七三年にタイの元日本留学生・研修生によって設立された泰日経済技術振興協会（TPA）においてタイ政府の協力を得て開催された。TPAにとっても初めての国際協力事業となったこのセミナーは、その後のTPA事業に大きな刺激を与えるものであった。
また、一九七六年に開始したUNQC（「工業製品の品質改善」に関する企業内集団研修）は、一九九六年まで計十三回開催され、合計一五一人が参加した。そして一九八六年にはマレーシアのクアラルンプールでフォローアップセミナーが開催され、日本からは武蔵工業大学石川馨学長、東京理科大学狩野紀昭教授、日本電子機器㈱辻田滋氏、日本科学技術連盟安藤之裕氏が参加した。このとき石川、狩野、安藤の各講師による報告は、現地でセミナー開催に協力したAOTSマレーシア同窓会の強い希望により公開講演となり、専門性の高い内容にもかかわらず二〇〇名近い参加者を集めて、工業製品の品質改善に対する現地産業界の関心の高さを示した。

⑵APO受託研修（ISE、MDM、SYPS、PROMIS）
一九七四年にはアジア生産性機構（APO）からの委託を受けてISE（システム・エンジニアを対象とした十二週間の研修コー

1982年タイ・TPAを会場として開催されたUNPMフォローアップセミナー

ス）が一九八一年まで毎年開催され、その後ＭＤＭ（経営意思決定手法研修コース）やＳＹＰＳ（生産機能分野における問題解決コース）、ＰＰＯＭＩＳ（生産管理情報システム研修コース）が二〇〇〇年まで継続された。パーソナルコンピューターが世に出始めたころ開始されたこれらの研修コースは、その後のコンピューター社会の先駆けとなるものであった。ＵＮＩＤＯやＡＰＯの事業を通じて深まった担当講師やＡＯＴＳ関係者の絆は今も続き、定期的に関係者の懇親会が開催されている。

(3)ＡＯＴＳが企画した最初の管理研修コースＭＭＴＣ・ＰＣＣＭ

ＡＯＴＳは、民間ベース受入研修制度により発展途上諸国の研修生を日本企業に受け入れて技術研修を行っていたが、帰国した研修生から新たな技術分野の研修をしたいとか、地位の向上に伴い経営に関する研修を受けたいなど、ＡＯＴＳに研修希望者を直接受け入れてほしいという要望が、一九六三年度の第一回帰国研修生実態調査の時すでに出ていた。そこで一九六六年の第一回ＡＢＫ同窓会代表者会議での決議を経て、一九六七年に同窓会推薦研修生受入制度が発足した。

さらに一九七〇年の第二回ＡＢＫ同窓会代表者会議では、同窓会推薦研修制度を高く評価するとともに、受入人数の増加と研修分野の拡大が求められた。特に、経営管理部門での再研修が強く望まれた。その頃日系企業においても経営の現地化が課題となっており、現地法人の中間管理職に対する訓練の必要性が認識されていた。一九七三年にタイでTPAが設立された当時も、元留学生・研修生を中心とするTPAの会員からは生産管理や品質管理、在庫管理、その他経営管理に関する研修希望が多く寄せられていた。

そんな時、AOTSから日本能率協会（JMA）へ転職して新規事業を担当していた榊正義氏が、上智大学の佐々木尚人教授とともに、海外の経営幹部を対象とした「クロスカルチャー・マネジメント・スコーレ」というプログラムを計画したが参加者が集まらず、AOTS研修生OBに声をかけてなんとか実施したものの、JMAはこのプログラムを継続できないということになった。

そこで当時のAOTS千代田博明事務局長は、そのプログラムをAOTSで実施すれば、帰国研修生や、日本側企業の要望にも応えることができると考え、榊正義氏にAOTS復帰を求めた。そして、佐々木教授の協力を得て一九七七年にMMTC（中堅管理者研修）が始められた。その後PCCMと名称を改めたこの研修コースは、AOTSが独自に参加者を募集して実施する最初の管理研修コースとなった。

2．管理研修の多様化

一九七七年にMMTCを開始すると、さらに具体的な管理技術についても学びたいという声が多く聞かれた。そこで、UNIDOやAPOの受託研修でお世話になった㈳中部産業連盟の高仲顕専務理事と同連盟の経営指導員や関係企業の協力を得て、一九七八年二月からCKCで六週間のPMTC（生産管理技術研修コース）を開始することとなった。当時CKCは年度末に宿泊者数が減少していたこともあり、このようなグループ研修を受け入れるのは経営上好都合でもあった。

AOTSの各国同窓会から推薦を受けてPMTCに参加した九か国二十二人の参加者は、途上国の生産現場における課題を報告し合い、日本の生産現場における業務の進め方を学び、演習した。フローチャート、ジャストインタイム生産、生産体系改善、5S活動、人事管理と動機付けなどである。

管理研修に対する要望はさらに広がり、一九七九年二月には大阪府立産業能率研究所工業経営部長阪野峯彦先生を中心に関西地区の先生方の協力を得て、発展途上国中小企業の技術者・管理者を対象にIEとQCを紹介する、FMMI（中小企業工場管理研修）を開設した。

また一九七九年九月には、京都大学工学部の近藤良夫教授を中心に関西・中部地区の先生方や関係企業の協力で、KKCにおいて六週間のQCTC（品質管理研修コース）を開始した。統計的品質管理の基本技法（七つ道具）を学び演習するとともに、QCサークル活動や品質管理の人間的側面など、高品質な日本製品を生み出すための実践的手法と考え方を学んだ。

その後もこれらの研修コースへの参加希望は絶えることがなく、一九八〇年には中国研修生向けのCHQC（品質管理研修コース）とCHFM（企業管理研修コース）、一九八二年にはPQM（品質経営コース）、一九八三年にはＥＰＣＭ（企業経営コース）、一九八五年にはトップ・マネジメント・セミナーと、参加者の技術分野別、階層別、国別、業種別に様々な管理研修コースが開催されていった。

3．海外研修と巡回セミナー

一九七七年度に、発展途上国の工業化推進のため、より多くの技能・技術者を養成する目的で海外研修事業が予算化され、一九七八年二月にフィリピンで自動車整備技術研修が日本の自動車メーカーと現地代理店及び帰国研修生とフィリピン同窓会の協力で実施され好評を博した。その後この海外研修事業は漸次拡充され、研修には経営管理に関する内容も多く含まれるようになっていった。

一九八六年からは日本能率協会（ＪＭＡ）の協力で、中国・大連の国営企業を対象に「工場改善技術訓練コース」を開催した。ＪＭＡの指導員が研修生とともに企業を訪問して改善指導を行う実践的な研修で、その後天津、北京、上海などの工場も対象に十年以上続けられた。これらの海外研修は受入研修とともに高く評価され、二〇〇二年にＡＯＴＳは中国政府から「友誼奨」を受賞した。

一九八六年三月、ＴＫＣで第一回ＡＯＴＳ同窓会代表者会議が開催された際には、日本的経営管理、品質管理、その他専門技術に関するセミナーを自分たちの国で実施したいという要望が多く寄せられたため、ＡＯＴＳは翌年度から自主事業として巡回セミナーを開始した。ＡＯＴＳが同窓会の要望を受けて講師を派遣し、数か所の同窓会を巡回するもので、講師の渡航費と謝金をＡＯＴＳが負担し、滞在費他現地の費用を同窓会が負担する。ＡＯＴＳ管理研修コースの多くの講師がＡＯＴＳの通訳と共に、発展途上国の各地を訪問しマネジメント・セミナーを開催していった。

４．管理研修教材の翻訳・出版と海外広報・海外事務所

ＡＯＴＳは事業開始二年後の一九六一年に「研修生帰国後サービス」事業を開始するとともに、英文機関誌『ＫＥＮＳＨＵ』を創刊し、すべての帰国研修生に送付を開始した。その内容は、読者アンケートや帰国研修生実態調査等の結果に基づいて作成され、日本の最新技術や産業事情、文化・地理等の紹介、日本語の継続学習、帰国研修生や同窓会の活動に関することなどが中心であった。当時は外国語で書かれた専門資料がほとんどなかったため、ＡＯＴＳが独自に様々な記事を企画して掲載し、またアフターサービス用資料を作成して帰国研修生に送付した。

一九六〇年代後半、管理研修コースが始まってからは、日本的経営管理、特に品質管理への関心が高まり、ＡＯＴＳは講師陣の協力を得て教材を翻訳出版するとともに、㈱スリーエーネットワークを通じて一般にも販売した。中でも、一九八五年に㈱海外技術者研修調査会（㈱スリーエーネットワークの前身）から出版された『ＳＭＱＩ』は、ＡＯＴＳの品質管理研修コースを担当した先生方が『Ｋ

ＥＮＳＨＵ』誌に寄稿したテキストを久米均先生（当時東京大学工学部助教授）が委員長となって再編集したもので、専門書としては異例の十万部近い発行部数を重ねたベストセラーとなった。

発展途上国の産業を支える帰国研修生の声を聞きながら作成されたこれらの技術経営関係資料は、各国語に翻訳され、同窓会や現地の機関によって勉強会や研修会の教材として広く活用された。

ＡＯＴＳは、一九七〇年にバンコク事務所を開設して以来、一九八四年ダッカとクアラルンプール、

Statistical Methods for Quality Improvement (SMQI)
Hitoshi Kume
AOTS Chosakai 1985

Introduction to Quality Control
Kaoru Ishikawa; translated by J. H. Loftus
3A Corporation 1990
品質管理入門

Human Motivation : a Key Factor for Management
edited by Yoshio Kondo ; translated by J. H. Loftus
3A Corporation, 1991
おはなしモチベーション

Companywide Quality Control : its background and development
Yoshio Kondo ; translated by J. H. Loftus
3A Corporation, 1993
全社的品質管理

Management by Quality
Hitoshi Kume translated by J. H. Loftus
3A Corporation, 1995
品質による経営

一九九〇年ニューデリーとマニラ、一九九一年ジャカルタ、一九九三年北京、二〇〇五年ハノイと、海外事務所を拡充して行った。これら事務所には日本人駐在員だけでなく、所長代理を含む有能な現地スタッフを配置し、同窓会の協力を得ながら、現地の研修ニーズ調査や新規研修生の受入れ、帰国後のフォローアップ、海外研修、その他多様な研修プログラムの実施に取り組んだ。しかし二〇一〇年以降は、事業仕分けで海外事務所は次々と閉鎖され、帰国後サービスも縮小された。

5．世界に広がる経営思想

ＡＯＴＳの研修コースやフォローアップサービス、各地同窓会の活動、そして何にもまして研修参加者自身が成果を挙げることによって、日本的経営管理技法や考え方は、広く世界に普及していった。

⑴発展途上国企業がデミング賞を受賞

デミング賞は、戦後の日本に統計的品質管理を紹介し、日本製品の品質を世界最高水準に押し上げる礎となった故Ｗ・Ｅ・デミング博士の業績を記念して、㈶日本科学技術連盟（ＪＵＳＥ）により一九五一年に創設された、ＴＱＭ（総合的品質管理）に関する世界最高ランクの賞だが、近年このデミング賞を受賞する海外企業が増えており、ＡＯＴＳ管理研修コースに参加した企業の受賞も多数に上る。

⑵世界に広がる「ニッポン式」「カイゼン」

二〇一五年七月十七日の読売新聞朝刊では、「戦後七〇年・ニッポンの貢献」シリーズの最終回で、「カイゼン」は日本企業が長年蓄積した企業文化の一つで、日本を経済大国に押し上げた原動力でもあり、それが世界中で、経済分野だけでなく国家建設にも応用可能なノウハウとして生かされているとして、「世界が『カイゼン』」と題する特集記事を掲載した。

世界が「カイゼン」

ニッポンの貢献
戦後70年
最終回 5

人造り支援 30か国以上で

カイゼン（改善）　日本の製造業で、品質や生産性向上を目指して培われてきた様々な手法の総称。戦後に米国から入ってきた統計的な品質管理法を取り入れて発展した。

「整理、整頓、清掃、清潔、しつけ」をローマ字表記したときの頭文字をとった「5S」活動や、製造部門だけでなく全社的に品質管理に取り組む「TQC（Total Quality Control）」などが、根幹になっている。経営陣からの指示を実行するのではなく、現場の従業員が中心になって問題点を話し合い解決を図っていくのも特徴の一つだ。

最も有名なのは、トヨタ自動車の「トヨタ生産方式」。1980年代、世界を席巻した日本の製造業の強さに関する研究を通じて、多くの海外企業が導入を図った。

「kaizen」は英単語としても使われている。

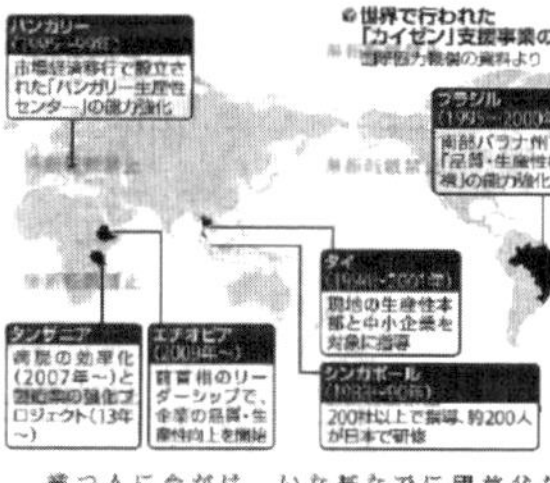

今年3月、91歳で死去したシンガポールの「建国の父」、リー・クアンユー元首相。1981年、公益財団法人「日本生産性本部」に対し、「日本は資源小国でありながら、戦後、劇的な経済発展を遂げた。その秘密を築いた『カイゼン』などの管理技術を導入したい」と協力を要請した。

シンガポールへの協力は、鈴木善幸首相（当時）が同年の東南アジア諸国連合（ASEAN）歴訪の際に打ち出した「ASEAN人造りプロジェクト」の一つとして実現する。この事業により、カイゼンが日本の海外貢献の表舞台に登場した。

シンガポールをはじめ、国際協力機構（JICA）を窓口として実施されたカイゼン支援は30か国以上にのぼる。東南アジアから、冷戦終結で市場経済へ移行した東欧諸国や、中南米、中東へと拡大。近年は、アフリカが最前線となっている。

ただ、カイゼンを担うのはあくまでも人。資金さえあれば製造機械が一気に導入されるのとは違い、普及も定着も簡単ではない。現在、東南アジアでも様々な形で支援が続いている。

生産性本部の黒田和光グローバル・マネジメント・センター長は6月、ベトナム南部ホーチミンで、ベトナムやカンボジア、ラオス、ミャンマーの企業などから派遣されてきた約30人を対象にしたコンサルタント養成講座を開講した。

受講者は将来、企業や組織の中枢を担うことが期待されている人材。来年2月までの8か月間、カイゼンをはじめとする日本企業の経営手法を学ぶ。

ASEANは、2015年末にASEAN経済共同体（AEC）を発足させる。関税の撤廃や規制緩和で、域内経済全体の成長が期待されている。

「我々のように、まだ成長が必要な国にとってはとても大事なこと」

カンボジアから来たウム・センプスさん（35）の言葉には熱がこもっていた。

2015年
7月17日
読売新聞朝刊

そこでは一九八一年にシンガポールのリー・クアンユー首相が日本生産性本部に「カイゼン」などの管理技術を導入したいと協力を要請してきたのをきっかけに、カイゼンが日本の海外貢献の表舞台に登場したとして、ＪＩＣＡを窓口にした人造り支援がこれまで三十か国以上で行われてきたことを報告している。

また、二〇一四年一月二十七日にはテレビ東京の『未来世紀ジパング』という番組で、「驚きの〝拝金主義〟中国を変える！　ニッポン式〝こころの経営〟」というテーマで、ＪＡＬを再生した京セラ名誉会長稲盛和夫氏が掲げる経営哲学が中国企業の圧倒的な支持を受けている様子を紹介している。

同じく二〇一四年七月二十一日にはＮＨＫの『クローズアップ現代』という番組でも「いま中国企業で何が？　～日本式経営学ブームの陰で～」というテーマで、中国企業が稲盛和夫氏の経営姿勢に魅かれる背景を探っている。

さらに二〇一四年一月十三日放送のテレビ東京『未来世紀ジパング』では「知られざる親日国スリランカ！」という番組の中で、ＡＯＴＳスリランカ同窓会（ＪＡＳＴＥＣＡ）の会員企業で「５Ｓ」や「ＫＡＩＺＥＮ」といった日本式経営がスリランカ人のみの手で実践されて成果を挙げている様子を、驚きをもって報告している。

二〇一五年六月十三日放映の日本テレビ『ウェークアップ！　ぷらす』という番組では、「ＡＳＥＡＮ最大の経済大国で〝親日〟インドネシア元留学生がつなぐ希望」として、一九八六年に元日本留学生によって設立されたダルマプルサダ大学における「日本式ものづくり教育」を紹介している。この大学の学長や理事ももちろん、ＡＯＴＳでの研修を経験した元日本留学生である。

❻異文化理解プログラムの実践

1．技術研修と異文化理解

一九八五年二月、ＡＯＴＳは草思社から『発展途上国研修生の日本体験』という本を出版した。その前年、ＡＯＴＳは創立から二十五年を迎えていた。

その巻頭言で、当時ＡＯＴＳ事務局長の千代田博明氏は次のように述べている。

「この本に収録されている事例は、財団法人海外技術者研修協会の多くの職員が、発展途上国から来日する技術研修生のための研修事業に携る中で体験したことをまとめたものである。もともとは協会の職員のための訓練教材をつくるつもりで職員に呼びかけて収集したものであるが、異文化接触とそのさいに不可避的に生ずる摩擦現象について、一般の方々に理解していただくうえでも役にたつのではないかという草思社編集部からの熱心なお勧めにしたがって上梓することにした。（中略）相互理解から友好にいたる道程は、けっして平坦であるとはかぎらない。ともかく、これからの日本が国際社会のなかで生きて行くためには、発展途上国との相互理解や友好関係を、たんに表面的な段階でのそれにとどめておくことはできないであろう。とすると、アレルギーは必ず起きる。それは相手側にも起きるし、日本側にも起きる。それをどう克服し、異文化との共存を可能とする体質をつくりあげるか、それが二十一世紀に向けて私たちに与えられた課題であるように思われる。私たちのささやかな体験事例が、そのためにいささかでも参考になるのであれば幸いである。

（後略）」

この本が出版されてからすでに三十年、日本の各地をアジアからの観光客が訪れ、ハラルマークを付けたレストランも珍しくない時代となった。しかし、古書通信販売のカスタマーレビューには「技術研修のため来日した研修生は、どんなことで日本人と文化摩擦を起こすのか。文化を異にする彼らの本音と不満はどのようなものか、外国人との接触が多くなったいまこそ読むべき本」と書かれて、この本は今も読まれ続けている。

1985 年 2 月㈶海外技術者研修協会編　草思社発行

2. 発展途上国の管理職と共に新しい経営を模索したPCCM

一九七七年にAOTSが初めて開設した管理研修コースMMTCは、その後研修内容を正確に表現するため、「異文化経営のための管理者研修」という意味で、佐々木教授によって、The Program for Cross Cultural Management（PCCM）と名付けられた。この研修には、日本側受入企業も強い関心を示し、海外からの参加者と共に日本人の管理職も参加するほどであった（本冊・座談会P．80～85「⑷管理研修」参照）。

海外のマネジメントスクールでも活躍中の佐々木教授によるこのプログラムは、当時海外で関心が高まっていた「日本的経営」をテーマにしながらも、各国参加者からの積極的提案を引き出し、参加者同士の議論を通じてよりよい経営を考えようとする異文化経営コースで、大変好評であった。

そのころ、エズラ・ヴォーゲルによる『ジャパン・アズ・ナンバーワン』(原題 Japan as Number One: Lessons for America) が出版され（一九七九年、TBSブリタニカ)、一世を風靡していた。アメリカへの教訓として書かれたこの本は、日本人が日本特有の経済・社会制度を再評価するきっかけの一つとなっていた。日本企業のアジア進出がこれからますます進もうとしている時代であった。しかしこのプログラムは、そのような世の中の雰囲気とは一線を画し、発展途上国の管理職と共に新しい経営を模索しながら、ともに発展を目指そうとする異文化経営研修で、AOTS事業のあり方を率先して示すものであった。

ところが、佐々木教授と共にＰＣＣＭを育てた学芸大学梅谷俊一郎教授が定年で、一九九九年北海道旭川市に転居、佐々木教授も常葉学園浜松大学へ移籍し、二〇〇六年にＰＣＣＭは終了した。

一九七七年から二〇〇六年まで三十年続いたこのコースには、七十五か国から累計一、四六八人が参加した。また一九九〇年から二〇〇六年まで世界九か国で開催された佐々木教授の巡回セミナーには累計一、六九四人が参加した。ＡＯＴＳにとってこれは最長最大の記録的研修コースである。

その佐々木教授は、二〇一二年九月、突然この世を去られた。ご逝去に際しては、海外から多くの弔辞が寄せられた。共にご冥福を祈りたい。

❼ＡＯＴＳ同窓会の世界展開と発展途上諸国間の交流推進

日本と日本語をよく理解する留学生と、母国ですでに仕事をしている研修生との日本での交流はその後の各国と日本との経済技術交流の発展に重要な役割を果たした。

1．ＡＢＫでの留学生・研修生・日本人学生の共同生活から生まれたＡＢＫ同窓会

一九六〇年六月に開館したＡＢＫには、留学生・研修生・日本人学生からなる在館生と、㈶海外技

術者研修協会（ＡＯＴＳ）及び㈶アジア学生文化協会（ＡＳＣＡ）の職員を会員とする学生文化会（Students Cultural Association）という自治会が組織され、研究会・講演会・各国文化の夕べ・卓球大会・運動会・盆踊り大会・ダンスパーティーなどの行事を行いながら、生活や留学・研修に関する問題を事務局と協力して解決していった。滞在期間の長い留学生が、職員と共に、来日して間もない研修生の相談役になった。このような各国の留学生・研修生と日本人学生及びＡＯＴＳ・ＡＳＣＡ職員との共同活動は、当然の結果として帰国後も続く絆を強めることとなり、ＡＢＫ同窓会（後のＡＢＫ－ＡＯＴＳ同窓会）の組織化へと発展していった。一九六四年に横浜研修センターや関西研修センターが開館してからも、在館者と職員による自治会活動はＹＫＣＡ、ＫＫＣＡとして引き継がれていった。

ABK で毎月開かれた「学生文化会（SCA)」の総会（GM）

2．『アジア・アフリカの独立と発展に尽した人々（Great Men of Asia and Africa)』の発刊

ＡＢＫの学生文化会は、一九六二年の秋、当時独立して間もない多くの在館生の母国の発展を願って、各国の独立と発展に尽くした先人の写真と略伝をまとめた冊子を発刊することを決めた。そして、

二十か国の担当者から原稿が提出され、一九六三年十一月五日、ABK三周年記念祭に合わせて刊行された。冊子には、各国の在館生が自国の文字で冊子の趣旨を記載し、巻末にはアジア・アフリカ・ラテンアメリカの独立国一覧表と地図が添えられている。当時の若者の独立と発展に寄せる熱意が伝わってくる冊子である。日本からは、吉田松陰と岡倉天心、宮崎滔天の三人が、中国からは孫文と魯迅が、そして韓国からは世宗大王と安重根が選ばれている。

3．アジア文化会館同窓会（ABKD）

ABK在館の留学生・研修生には、早い時期から同窓会結成の考えがあったが、一九六三年十一月にABK三周年記念祭とアジア・アフリカ・ラテンアメリカの独立と発展に尽くした物故先人の慰

1964年11月ABK同窓会発会式で挨拶する
ASCA・AOTS穂積五一理事長

1966年6月第1回ABK同窓会
代表者会議分科会での討議

1963年11月アジア文化会館学生文化会・㈶アジア学生文化協会編集・発行

霊祭が行われたのを契機に具体化し、学生文化会で各国代表一名からなる準備委員会を設けて会則草案を作成した。草案は在日・帰国全留学生・研修生に配布し承認された。

ＡＢＫでの動きと時を同じくして、海外各地域においても同窓会の支部が組織されていった。特に、一九六四年の一月から三月にかけて、ＡＯＴＳ職員山本長昭、杉浦正健の両氏が帰国研修生実態調査でアジア各国を歴訪したことが、各国における同窓会結成の動きを大きく加速した。

そして一九六四年十一月七日、アジア文化会館同窓会（ＡＢＫＤ）の発会式が盛大に行われた。発会式に先立って開館したＹＫＣとＫＫＣの在館生も当然ＡＢＫ同窓会の会員となることになった。

また同窓会は、会則に基づき三年に一回代表者会議を開くことになっており、一九六六年六月に東京の日本工業倶楽部で第一回会議が開かれた。

会議ではＡＳＣＡ・ＡＯＴＳ理事長穂積五一氏を会長に、ＡＳＣＡ千代田博明氏を事務局長に選任し、ＡＢＫの同窓会本部と各国の同窓会支部が連携して以下の活動を行うよう提案された。

アジア文化会館同窓会記章

1）三つの円は、同窓会の「同」を図案化したもの。「同」は、equality も意味する。
2）円が次第に大きく外側に拡がってゆくことによって発展、成長を示す。
3）A は Asia、Africa、Latin America の A。
4）A が外周円から突き出ているのは束縛からの解放を意味する。
5）歯車は協力、歴史の動き、工業化を意味する。

① 地域同窓会推薦研修生の受入れ
② 科学技術情報の交換
③ 技術指導専門家の派遣
④ 日本語の来日前講習
⑤ 帰国後の社会的地位向上

この提案を受けて、ＡＯＴＳは一九六七年から同窓会推薦研修生受入制度を具体化し、また日本語講習と技術交流等の推進を行うための海外駐在員派遣を一九七〇年に実現した。

第二回代表者会議は、万博が開かれた一九七〇年七月に開催され、「日本における留学・研修の成果をいかに活用したか」というテーマで議論した。また一九七三年九月に開かれた第三回会議では「日本の経済進出とその影響」というテーマで議論が行われ、東京と関西での日本側有識者との懇談では、在外日本人のあり方や進出企業内の矛盾について改善を求める厳しい指摘がなされた。一九七七年三月に開かれた第四回会議でも同様であった。戦後急激に経済進出してきた日本に対してアジア各地で反日感情が高まっている時期であった。

なお、ＡＢＫ同窓会事務局長を担当していたＡＳＣＡの千代田博明氏が一九六九年十月ＡＯＴＳに移籍したため、ＡＳＣＡの小木曽友氏がその跡を引き継いだ。

4．拘束契約問題と、ＡＢＫＤとの決別

一九七三年の第三回代表者会議で、参加者の一人から、「自分が勤めていた日系企業で、日本での研修から帰国後、事前の約束に反して給与を調整してくれないので会社を辞めたところ、会社は研修に要した費用の返済を要求してきた。ＡＯＴＳの補助金で受けた研修なのに、自分は会社に費用を払うべきなのだろうか」という質問が出された。会社との間で締結した研修契約で「帰国後二年間はこの会社で働くこと。途中で辞める場合は、日本での研修費用を返済する」という内容であったという。

この問題は議題の一つとして取り上げられ、総会において「研修契約に違反した場合の違約金は研修期間中に給料が支払われていた場合にその給料相当額に限られるべきであり、ＡＯＴＳの補助金部分まで返済させるのは不当である」という趣旨の決議がなされた。ＡＯＴＳもこの決議を受け問題の改善に取り組み始めた。また、海外でトラブルが多発している状況を憂慮した日本産業界は、一九七三年六月、「発展途上国に対する投資行動の指針」をまとめ海外関係企業に呼びかけた。

ところが、一九七七年に第四回代表者会議が開催されると、参加者から在外日本人や進出企業の態度に対して厳しい発言が続き、研修契約問題の改善に努力しているＡＯＴＳに説明を求めることもなく、また不当な契約を問題にしている元研修生の考えも反映されない、ただ研修契約の全廃を求める決議となった。同窓会会員の中で社会人である研修生と若い留学生出身者との考えにギャップのある

問題で、一方に偏った決議と言わざるを得ないものであった。さらに、ＡＢＫ同窓会（ＡＢＫＤ）及びその事務局を預かるアジア学生文化協会（ＡＳＣＡ）は、三年後の第五回代表者会議の開催をめぐって同窓会の独立性を主張し、ＡＯＴＳとの協議を経ぬまま一九八〇年十一月に会議開催を強行した。ＡＯＴＳと協議することなく開催された第五回ＡＢＫ同窓会代表者会議が終了したとき、ＡＯＴＳは千代田博明事務局長名でＡＢＫ同窓会との決別状を各地同窓会に発送した。

それから半年が過ぎた一九八一年七月十七日未明、かねて療養中の穂積理事長が亡くなった。ここに、ＡＢＫで事業を開始したＡＯＴＳのひとつの時代が終わった。

５．ＡＯＴＳ本部のＴＫＣ移転とＡＯＴＳ同窓会の発足

一九八二年三月、ＡＯＴＳは本部をＡＢＫからＴＫＣに移転し、十一月にはＴＫＣ開館を記念して帰国研修生を対象とした十日間の「人材開発に関する経営管理セミナー（ＣＭＭＤ）」を計画した。そして、英文機関誌『ＫＥＮＳＨＵ』に発表して参加者を募集したところ、七十六か国から五九三人の応募があり、最終的に二十三か国三十九人が選抜されて来日した。

この機会に、セミナーに参加した元研修生の意見を聞いた結果、ＡＯＴＳは新たにＡＯＴＳ同窓会の結成基準を設け、帰国研修生に対しＡＯＴＳ同窓会の結成を呼びかけることになった。ここでは、

ＡＢＫ同窓会のような同窓会の本部事務局を置かず、各地の同窓会が一定の要件を満たせばＡＯＴＳに同窓会として登録され、ＡＯＴＳから支援を受けたりＡＯＴＳとの協力事業が実施できるというもので、従来の同窓会推薦研修生受入制度も新しい同窓会に適用された。

その結果、一九八五年末までに二十か国三十三か所のＡＯＴＳ同窓会が結成され、一九八六年三月にはＴＫＣで第一回ＡＯＴＳ同窓会代表者会議が開催された。

6．ＡＯＴＳ同窓会の成し遂げたこと

新生ＡＯＴＳは、新たに組織されたＡＯＴＳ同窓会と協力して、発展途上諸国の産業発展を目指す新規事業を開拓していった。中小企業経営者のための研修プログラムや、企業経営者のための「トップ・マネジメント・セミナー」、ＡＯＴＳの管理研修コース講師が各同窓会を巡回して技術経営セミナーを開催する「巡回セミナー」、

1982 年 AOTS シンボルマークを発表
1）鍵型は、技術研修、相互理解、発展途上国の経済発展という AOTS の三つの基本的目的を表象。
2）外側の三角形は Asia, Africa, Latin America の三地域。
3）メカニカルな印象は技術を、組み合わされている印象は人間の交流友好を、突き出ている印象は成長や発展を示す。

ABK 同窓会のデザインに AOTS のロゴを加えた ABK-AOTS タイ同窓会のマーク

途上国同窓会自身による人材育成活動の支援、同窓会間の協力を推進拡大するための地域連合の組織化、同窓会自身が基金を出し合って南南協力を拡大するWNFプログラム、等々である。

各国の同窓会が一堂に会して活動成果を発表し、情報を交換しながら親睦をはかる同窓会代表者会議は、日本国内だけでなく途上国各地でも開催されるようになった。会議には会員や家族も自費で参加し、会議の開催費用も現地同窓会や参加者自身が負担する割合が増加していった。

二〇一二年現在、四十三か国に七十一か所のAOTS同窓会が組織され、日本でも二〇〇九年に、元職員・講師・専門家・企業関係者がAOTS日本友の会（代表山田（善方）裕子）を結成している。

❽発展途上諸国の人材育成と技術移転の促進

1．AOTS独自の民間ベース経済協力理念

AOTS事業の発展期であった一九六〇年代後半から七〇年代にかけて、東南アジア各地で日本の急速な経済進出を警戒する声が高まり、かつて日本軍の侵略を受けた国々では、日本が再び経済戦士を送り込んで侵略を始めていると批判された。一九七二年秋のタイにおける日貨排斥運動に始まった反日運動は，七四年一月の田中角栄首相の東南アジア訪問の際のジャカルタ反日暴動やタイにおける

激しい抗議運動で頂点に達した。

また日本国内においても、一九五四年に国費留学生招致制度が発足し、各地のキャンパスに留学生が受け入れられ始めたが、当時は食糧も十分行き渡っていない時代で下宿を探すのも難しく、異国での生活自体が容易ではなかったし、加えてアジアから来日する留学生にとっては、母国が日本軍に蹂躙された戦争のいやな思い出が根深く心に残っており、欧米尊重、アジア軽視という日本の一般的風潮に不愉快な思いを持つ人も少なくなかった。

このような中で、ＡＳＣＡ・ＡＯＴＳの穂積理事長は、日本がアジアを中心とする発展途上諸国から研修生・留学生を受け入れる原則的な理念として、常々次のような考え方が重要であると述べられていた。

①　アジアその他の独立と発展に誠実に協力すること。
「彼我一対一」で「彼のためをはかる」態度がなければ、相手の共感を得ることはできない。
②　アジアその他の独立と発展に対する協力という立場に立って、留学生であれ、研修生であれ、また国費であれ私費であれ、統一した理念の下に取り扱う。
③　留学生、研修生に学ぶ態度で接し、その受入れは派遣する国のためばかりでなく、日本自身のためでもあることを認識すべし。

そして、実際に事業を担当した職員は、それぞれの活動が貿易振興に寄与するばかりでなく、発展途上国側からもその経済発展に貢献したと評価されるものとなっているかどうか、民間ベース経済協力の理念と現実について、自問自答しながら日々の仕事に取り組んだ。

2．新生ＡＯＴＳでの発展途上諸国産業人材育成事業の拡大

一九八二年以降、ＡＯＴＳは本部を東京都足立区北千住の東京研修センター（ＴＫＣ）へ移転し、創業メンバー山本長昭氏の復帰を得て、発展途上国の国づくり・人づくりを支援する産業人材育成機関としての事業を拡充していった。

折しも日本のＯＤＡ拠出額は一九八〇年代後半から急速に増加し、一九八九年には九十億ドルに達し、初めてアメリカを抜いて世界第一位となった。日本は一九九三年から二〇〇〇年まで一位を維持しているが、これは湾岸戦争等における軍事的貢献に代替したものと考えられている。

このような社会経済環境下、ＡＯＴＳ創立以来二度のオイルショックの翌年を除き右肩上がりで増加してきた研修生受入人数は、一九八〇年代以降も年度ごとに多少の増減はあるものの、一九九〇年代後半まで増加傾向を維持した。一九九〇年代のバブル経済崩壊は企業業績に影響を与えたものの、海外に進出した日系企業では人材育成のニーズがかえって高まった。

一九九七年から翌年にかけてのアジア通貨危機の際には、日本政府がアセアン諸国に進出している

日系企業支援のため、一九九八年度に「アジア緊急支援研修生受入事業」を実施し、九八三人の技術者をＡＯＴＳ研修に受け入れた。また一九九八年から一九九九年にかけて実施した「緊急経済対策支援事業」では、ＡＯＴＳがアセアンの八か国で現地日系企業等を対象に海外研修を行い、延べ三万人を超える現地従業員が研修に参加した。特にタイでは、タイ工業省と協力して日系企業を含む一、〇〇〇社以上の現地中小企業に対して研修が実施された。

その結果、アジアから撤退した日系企業は少数に留まり、アジア通貨危機以降は日本からの直接投資が増加した。また、これら施策によって日系企業が雇用を継続したので、日系企業は安易に人を解雇せず、人材の育成を重視していると高い評価を得ることとなった。

かくして、一九八〇年代から一九九〇年代にかけてのＡＯＴＳは、日本政府と民間企業の支援を受けながら事業を拡充し、新ＹＫＣ、新ＫＫＣ、新ＣＫＣの移転・建替えと海外事務所増設を果たすとともに、同窓会との協力活動や海外のネットワークを拡大していった。

加えて、発展途上国に対する人づくり協力について内外の理解を深めるため情報収集や対外発信にも力を入れ、一九九〇年からは毎年「国際協力シンポジウム」を開催するとともに、二〇〇九年には創立五十周年を記念し、帰国研修生による「成功事例大会」なども開催していった。

1990 年アルゼンチン政府、山本専務へ「5 月の功労章・騎士団長章」授与

ＡＯＴＳ中興の祖ともいうべき山本長昭氏は、一九九八年十一月理事長を退任してまもなく、二〇〇五年六月十九日に急逝された。享年七十六歳。山本長昭氏の専務理事・理事長・相談役在任期間を通じてＡＯＴＳは国際的にも高い評価を受けるようになった。

３．人材育成と技術移転の成果

発展途上諸国の人材育成と技術移転の成果は、アジア諸国の発展を見れば一目瞭然と、胸を張れる時代となった。日本に留学し研修した方々が、自ら努力された結果である。

二〇〇七年度と二〇〇八年度には「ＡＯＴＳ受入研修事業の成果事例調査」が行われ、帰国後の活動と成功体験について二十六か国一九八人から報告があった。その中からベスト・プラクティスとして選ばれた七か国十事例の発表が、二〇〇九年十月にＡＯＴＳ創立五十周年記念行事の一環として国際連合大学で開催された「ＡＯＴＳ成功事例大会(AOTS Success Story Convention)」で発表された。

各国における帰国研修生の活躍は、元朝日新聞海外特派員の久保田誠一氏が一九九九年と二〇〇九年に㈱スリーエーネットワークから出版した著書でも紹介されている。

元日本留学生や研修生による帰国後の活躍事例は近年新聞や雑誌等でも頻繁に紹介されるようになった。

例えば日本航空㈱の情報誌『ＡＧＯＲＡ』では、二〇一三年から二〇一四年にかけて「Japan in the World　遠い旅路―訪日留学生のその後」というシリーズで、スリランカのダヤシリ・ワルナクラスーリヤさんとネパールのアミーラ・ダリさんを取り上げている。

ダヤシリさんは、久保田誠一氏著『頼もしいアジアの友人たち』の第七章で詳しく紹介されているが、一九六〇年から七年間愛知県瀬戸に滞在し、窯業を学んでスリランカに戻り、ミダヤ・セラミックという小さな陶器工場を開いた。工場は一時千人近い従業員を抱える優良企業に成長したが、その後様々な試練を経て、現在は二百五十人ほどの従業員で高品質な陶磁器を海外の老舗百貨店などに輸出している。一九八五年にＡＯＴＳのトップ・マネジメント・セミナーに参加したのが、日本的経営に目覚めるきっかけになったという。一九九〇年からは、ＪＡＳＴＥＣＡ（日本スリランカ技術文化協会）

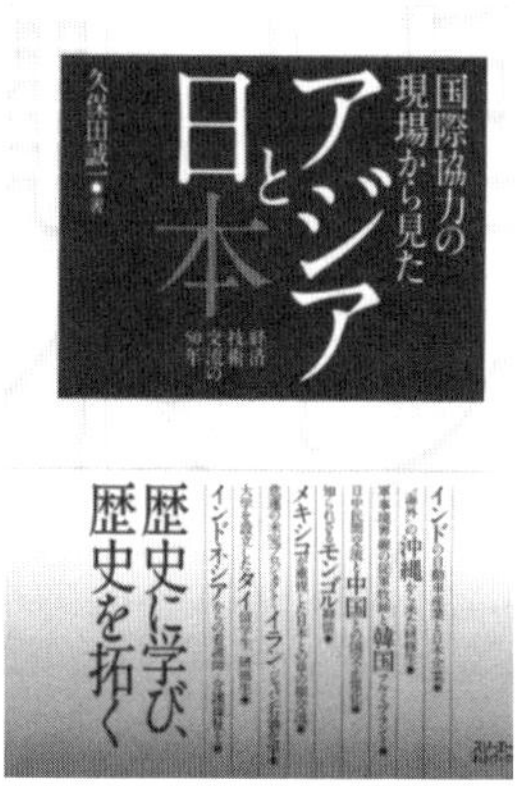

久保田誠一著『アジアと日本』2009 年 10 月発行

久保田誠一著『頼もしいアジアの友人たち』1999 年 11 月発行

の名誉副会長として、スリランカの産業人材育成に余念がない。二〇〇二年には、日本政府から勲四等瑞宝章を贈られている。

　ネパールのアミーラさんについても、『頼もしいアジアの友人たち』の第五章で紹介されているが、二〇〇九年十月に開催されたＡＯＴＳ成功事例大会ではベスト・プラクティス十事例の一つに選ばれ、緑化活動や女性教育に関するラブ・グリーン・ネパールの活動について報告し、「社会貢献部門」で大賞を受賞している。一九七六年に来日し、天理大学を経て八〇年上智大学大学院国際経営学修士課程を修了。その後ＡＯＴＳ研修生として三井物産と三井情報開発でコンピューターのソフトウェアに関する研修の後、一九八二年四月に帰国。現

ダヤシリ・ワルナクラスーリヤ

Dayasiri Warnakulasooriya

ミダヤグループ
取締役会長

ＪＡＬグループ情報誌「アゴラ」2013 年 8 月号
萩原美寛　撮影

アミーラ・ダリ

Amira Dali

ラブ・グリーン・ネパール代表

ＪＡＬグループ情報誌「アゴラ」2014 年 1-2 月号
萩原美寛　撮影

在三朋インターナショナル㈱のカトマンズ事務所長を務めながら、NGOラブ・グリーン・ネパールの代表をしている。

香港出身の曹其鏞（ロナルド・チャオ）さんは、一九五八年に来日、東京大学工学部を卒業後一九六二年にAOTS研修生となって小松製作所で三か月余り研修してから帰国した。学生・研修生時代をアジア文化会館（ABK）で過ごし、一九六〇年夏には留学生と日本人学生による第二回北海道旅行にも参加した。一緒に北海道旅行に参加した仲間には、曹さん同様大学卒業後にAOTS研修生として企業内研修を体験したシンガポールのウォン・メン・コンさん（後に中国駐在初代シンガポール大使）、タイのクラーハンさん（後のTPA会長）、ベトナムのダン・ルオン・モーさん（後のベトナム国家大学ホーチミン校総長顧問）、その他多くの留学生と共に、後にAOTS職員となっ

顔

私財120億円を投じ日中留学生を支援する奨学金制度を発足

曹其鏞（ロナルド・チャオ）さん 76

撮影・清水敏明

日本と中国の将来を担う若者を育てようと、私財1億ドル（約120億円）を投じ、奨学金制度「百賢アジア研究院」を昨年発足させた。日本の財界人の協力も得て、日中の有力大学に留学する若者100人を毎年支援する。夏には奨学生が集まる合宿を中国で開く。「相手を知ることが大事。交流でほとんどの問題は小さくなる」と笑う。

上海生まれの香港育ち。1958年、東大工学部で学ぶため来日した。都内の学生寮に住み、日本の学生らと交流を深めた。米国の大学院を経て香港に戻り、父が経営する繊維会社で働き始めた。留学時代の人脈を生かし、日本の繊維会社や商社などとの提携を進め、実業家として大成功を収めた。ある日本の財界人は「おおらかさがあり、信頼関係を大事にする人物だ」と評価する。

近年の日中の関係悪化に「短期的なことでお互い感情的になっている」と懸念する。2010年には中国で、日中の学生が一緒に交流できる学生寮の建設を始めた。奨学金制度は日本から中国への留学生を増やす狙いもある。「中国と日本が仲良くなったら世界中で無敵だ」と期待する。（経済部　河野越男）

2015年5月16日読売新聞朝刊「顔」で紹介された曹其鏞さん

た大木隆二、勝山隼などの日本人学生もいた。

曹さんはその後アメリカの大学院を経て香港に戻り、父親が経営する繊維会社で働きながら、学生時代の人脈を生かして海外企業や商社などと提携を進め、実業家として成功した。その曹さんが五十年後、悪化していく日中関係を憂い、こんどは自分ができることをやりたいと私財を投じ、知人・友人に呼びかけて関係改善のための事業を開始した。

まず、中国の主要五大学（北京、清華、復旦、上海交通、浙江）に各二千万元、計一億元（約十六億円）を寄付した。中国と日本の学生が共同生活を送る「中日青年交流センター」をつくる計画で、北京大学では二〇一二年に建物が完成し、すでに両国学生が共同生活を始めている。他の四大学も同様に二〇一五年までの完成を予定している。さらに、日中ばかりでなく将来のアジアを担う人材を育てるた

パイプ作り日本も必要

中国で日中学生寮続々

沖縄県・尖閣諸島をめぐる日中対立が続く中、中国最高学府の北京大学など5大学で、日中の学生が共に暮らす寮を提供する動きが広がっている。次世代の対中パイプ作りの一環として、日本も戦略的見地から向き合ってはどうか。

中国総局 五十嵐文

北京市中心部から車で約1時間、広大なキャンパスの一角に「北京大学中日青年交流センター」はある。

マンションのような造りの6階建てで、寝室二つと共有スペース、トイレ、シャワーを備えた各部屋に、中国人学生と日本人留学生が2人1組で暮らす。昨年開設され、今年9月に約60人の「2期生」が入居した。

日中の学生がともに暮らす北京大学中日青年交流センター

中国の大学では、中国人学生と留学生は別々の寮に分けられるのが一般的だ。生活習慣の違いによるトラブルや、「中国人学生への過度な思想的影響」（大学当局者）を防ぐ狙いがあるようだが、留学生からは「中国人と知り合う機会が少ない」と不評だ。

北京大の「日中寮」で暮らす日中の学生に話を聞くと、「『反日』は感じない。やはり同じアジア人だと思った」（早稲田大3年女子）、「日本人と暮らすことに全く抵抗はなく、両親も反対していない」（北京大4年男子）との反応だった。

「日中学生寮」は清華大、復旦大、上海交通大、浙江大でも来年から順次オープンする予定だ。5大学の関係者が今月14日に開いたシンポジウムには、中国教育省幹部が来賓として出席し、尖閣諸島をめぐる対立があるにもかかわらず、「（学生寮は）教育省もサポートする」と明言した。

興味深いのは、この計画が、尖閣諸島沖で中国漁船衝突事件が発生した2010年に浮上し、日中関係が悪化する中で中国国内で広がった事実だ。北京大の寮は、日本政府の尖閣諸島国有化に反対するデモが中国各地で吹き荒れた昨年9月に開設された。寮の完成式典は当局の指示で中止されたが、学生は予定通り入居を許された。

計画の提唱者は、上海出身で香港在住の実業家、曹其鏞氏(74)。1950年代に東京大学に留学し、60年から日本とアジア諸国の学生が共同生活を送る東京・文京区の「アジア文化会館」で暮らした。「今度は自分がやるべきことをやる」と総額1億元（約16億円）の私財を投じ、関係者を説き伏せて賛同者を増やした。

中国の習近平政権は最近、尖閣諸島に関して対日強硬姿勢を貫く一方、日本企業との経済交流を推進する「政経分離」を強めている。日中交流の全面停止に安倍政権が屈しなかったため、政治以外の分野で実利を取りつつ、日本の世論の分断を図る狙いもあるのだろう。

このため、日本には、たとえ教育や文化でも、中国の挑発行為が止まらないうちに民間交流を進めることに警戒感や慎重論がある。

だが、戦略的な見地に立てば、日本にとって中国の次世代とのパイプ作りは重要だ。中国と日本の学生が生活を共にすれば、「軍国主義」「右傾化」といった中国政府の一方的な対日宣伝に動かされない真の「知日派」の中国の若者が増え、日本の国益につながる。

次世代の対中パイプ作りでは、米国の動きが顕著だ。米国人投資家スティーブン・シュワルツマン氏は今春、1億ドル（約98億円）を拠出して、清華大に米国人を中心に毎年200人の学生の中国留学を支援する奨学金制度を創設した。中国側も「米大統領と中国国家主席が『同窓生』という時代が来るかもしれない」（清華大教授）と歓迎する。

日本でも東京、京都、早稲田、九州の4大学が、日本での共同寮建設などに取り組むが、米中両国に比べて動きはなお鈍い。個人寄付の文化が定着していない日本では、政府の支援も不可欠だ。「日中の若者の理解が深まって、我々が失うものは何一つない」という曹氏の言葉は印象深い。

2013年10月24日読売新聞朝刊

めに、二〇一三年、一億ドル（約百二十億円）を寄付して、香港に「アジアの将来指導者育成奨学基金（百賢教育基金）」を創設した。そして二〇一四年から毎年中日留学生各五十名、計百名に奨学金が支給される予定である。このような曹さんに対し、日本政府から二〇一四年秋の叙勲で旭日中綬章が授与された。これらの計画を取材した記事は新聞各紙やＮＨＫ等で度々報道されている。

❾日・タイ協力とＴＰＡ・ＴＮＩモデルの近隣国普及

1．タイ国ＴＰＡ設立の背景

二〇一三年一月、安倍晋三首相は、二回目の首相就任後初の外遊先として、アセアン三か国を歴訪し、ベトナムを経て十七日、タイに到着。国王拝謁、インラック首相との会談、晩餐会など多忙な日程の中、泰日工業大学（ＴＮＩ）を視察した。安倍首相は第一回目の首相就任時、二〇〇七年のＴＮＩ開学に際して大学の表札を揮毫し、その後も何回か同大学を訪問しているが、今回は日本の首相として初めてのＴＮＩ訪問となった。これについて現地の新聞は、一九八〇年代に安倍首相の亡父安倍晋太郎通産大臣が泰日経済技術振興協会（ＴＰＡ）の支援に尽力したことや、その後内閣官房副長官の安倍晋三氏がＴＰＡを訪問し、父親の植樹した木が大きく育っているのを確認したなどのエピソードを紹介し、安倍首相とタイは父親以来の絆があると伝えている。安倍首相が今回ＴＮＩを訪問したのを契機に、タイ政府においてもＴＮＩのものづくり教育を見習おうという動きがあるという。

ところで、今日タイは、最も親日的な国のひとつと考えられているが、五十年前はそうでなかった。日本が敗戦から復興し、日本企業の進出が目立つようになると、日本が再び経済でアジアの侵略を始めたとして、東南アジアで反日感情が高まった。一九七四年一月、当時の田中角栄首相が東南アジア五か国を歴訪したときには訪問した先々で反日運動が起こり、タイのバンコクでは激しいデモが繰り広げられ、インドネシアのジャカルタではデモが暴動にまで発展した。

その背景には、当時の現地政権に対する国民の不満とか複雑な事情があったと考えられるが、日本から輸入代替型産業がこぞって発展途上国に進出した結果、

2013 年 1 月 17 日タイ国公式訪問に際しＴＮＩで植樹をする安倍首相

タイ国内には日本製品があふれ、タイ経済悪化の矛先は日本へ向けられた。

一方、一九六四年にAOTS職員による第一回帰国研修生実態調査が行われたのを契機に、アジア各地でABK同窓会結成の機運が高まり、同年十一月に東京でABK同窓会発会式（第一回ABK同窓会代表者会議）が開かれるのと時を同じくしてタイにタイ国ABK同窓会が結成された。そして、各地の同窓会からは、自分たちの国にAOTSの事務所を置いて日本語教室を開き、日本派遣前研修や帰国研修生に対するフォローアップを行ってほしいという要望が寄せられていた。

そこでAOTSは通産省に予算を要求していたところ、一九七〇年度予算において「海外長期出張員派遣費」という名称で国庫補助が実現したので、同年九月初代長期出張員として富永佳志氏がバンコクに赴任し、AOTSとして初めての海外事務所を開設した。

その間、日本とアジア諸国との経済関係が拡大する中、現地社会との摩擦が顕在化してきた。事態を憂慮した通産省は、相手国に受け入れてもらえる新たな経済協力が必要だと考え、ASCA・AOTSの理事長である穂積五一氏に協力を求めた。そこで穂積理事長は、一九七一年五月、田井重治氏（ASCA事務局長、後に理事長）と高橋徹生氏（AOTS職員、後に専務理事）を伴って初めてタイを訪問し、タイ国ABK同窓会をはじめタイ各界の意見を聞いて回った。

その結果、新しい経済協力としては、タイの人材育成への協力が最も求められていることを確認し、そのために相手方の自主性を尊重して「金は出しても口を出さない」協力事業が必要だと通産省に対して主張した。通産省も、日本と東南アジアが相互に信頼関係を築き上げているABK同窓会を軸とした新経済協力構想の実現に期待し、穂積理事長が協力事業の実施を一任されることとなった。

そして、日本側に新法人を設立して国庫補助金の交付を受け、タイ側に設立される法人に事業を委託して、タイ側の自主的企画により技術経営セミナー、語学講座等の事業を実施することになった。

日本側の法人設立に当たっては、当時AOTS事務局長であった千代田博明氏（現弁護士）がASCA・AOTS理事長穂積五一氏の考えを具体化し、経団連の支援を受けて㈳日・タイ経済協力協会（JTECS）が設立された。

そして、翌一九七三年一月にはタイ側でソンマイ氏（慶応義塾大学・経済、タイ産業金融公社総裁）、タヌース氏（東京大学・医学、資生堂研修、タイ国ABK同窓会初代会長、TPA初代事務局長）、キャティポン氏（大阪大学・医学、医師、タイ国ABK同窓会会長）、スポン氏（東京大学修士・電気、三菱電機、帝

1971年5月、穂積五一 ASCA・AOTS理事長がASCA田井重治氏とAOTS高橋徹生氏を伴いタイへ出発

1970年9月、バンコク市内ピヤタム・コートにAOTSバンコク事務所を開設

人研修、日系企業勤務）、パッタマワディー氏（東京大学・経済、三井銀行研修、三井銀行バンコク支店勤務）の五名が設立発起委員となり、元日本留学生とAOTS研修生を会員とするタイ国ABK同窓会が中心となり、泰日経済技術振興協会（TPA）が設立された。初代会長には、TPA設立直後大蔵副大臣に任命されたソンマイ氏（後に大蔵大臣）に代わり、タイ産業金融公社ワリー総裁（東京商科大学・後の一橋大学卒）が就任した。

その間、バンコク市内ピヤタム・コートのAOTSバンコク事務所は、タイ国ABK同窓会の会員が設立準備を進めるための拠点となった。

JTECS設立に当たり、穂積五一初代理事長は以下のように述べている。

「泰日経済技術振興協会の設立に先立ち、設立責任者ソンマイ・フントラクン氏と日本側の日・タイ経済協力協会の佐藤会長をはじめ関係者とが懇談し、次のような合意をみました。

① タイ国のためという設立目的を遂げるには、何よりも泰日経済技術振興協会の自主性を尊重する必要性があることが話し合われ、その遵守について双方合意に達した。

② 日本側はタイ国に泰日経済技術振興協会のための会館を建設

1973年5月24日バンコク市内ウーチューリアン・ビルで開催されたTPA発会式で挨拶する穂積五一氏（左）とソンマイ氏（右）

する。
③　日本側は、将来タイ国に技術学校を建設する。
④　同協会と日本側との連絡は、日・タイ経済協力協会が行う。
⑤　同協会の自主的運営のために必要な日本よりの補助金にかわる協会独自の財政的基盤を築くことに日本側は努力する。

このような経緯を踏まえて設立された協会でありますので、（以下略）」

なお、二〇一五年十一月発行のＡＳＣＡ機関誌『アジアの友』第五一七号巻頭に、ＴＰＡ設立発起委員の一人であるスポン氏（Supong Chayutsahakij、泰日工業大学理事長、元ＴＰＡ会長、元ＡＢＫ‐ＡＯＴＳタイ同窓会会長）のインタビューが掲載されているので、ぜひご覧いただきたい。同氏が日本に留学し一九六六年ＡＢＫに入館した経緯、大学院時代にＡＯＴＳの一般研修で穂積理事長の講義を通訳した経験、一九六八年タイに帰国後ＡＢＫタイ同窓会の活動に関わり、一九七〇年七月東京で開催された第二回ＡＢＫ同窓会代表者会議にタイ代表として参加したこと、そこで穂積先生からその数か月後タイに赴任する富永佳志氏を紹介されたこと、その後ＡＯＴＳバンコク事務所を拠点に同窓会活動が活発になりＴＰＡ設立に至ったこと、そして今

1998年1月パッタナカーンにTPA技術振興センター（TPI）竣工

1975年9月スクムウィット・ソイ29にTPA会館完成

日までのタイでの活動が詳しく語られている。

2．ＴＰＡを牽引した元日本留学生・研修生とそれを支えたＪＴＥＣＳ

ＪＴＥＣＳ設立時にタイ側と日本側で合意した五つの項目についてその後の状況を述べれば、

①について、ＴＰＡ事業の発展は専らタイ側のニーズに基づいて計画され、日本側はそれを可能な限り支援した。

②について、ＴＰＡは日本側からの日本小型自動車振興会補助金等によって一九七五年バンコク市内スクムウィットにＴＰＡ会館を完成し、ウーチューリアン・ビルから本部を移転した。さらに一九九八年にはパッタナカーンに技術振興センター（ＴＰＩ）を完成した。

③については、二〇〇七年にＴＰＡがほとんど自力で泰日工業大学（ＴＮＩ）を開学した。

④については、終始ＪＴＥＣＳが日本側とＴＰＡとの連絡役を果たした。

⑤については、日本側の補助金が一九九六年度をピー

1973年３月バンコクのドンムアン空港で後任の和田昭氏（右）を出迎えるAOTS初代バンコク事務所長富永佳志氏（左）。中央は事務所スタッフのスパニーさんとTPA出向中の筆者

クに減少し、二〇〇八年度を最後に終了したが、ＴＰＡ事業は引き続き発展を続け、ＪＴＥＣＳを通じた委託事業がＴＰＡ事業の自立のために生かされた。

一九七三年三月、タイから帰任した富永佳志氏はＡＯＴＳからＪＴＥＣＳに出向し、一九九〇年三月まで事務局長を務めたが、二〇〇一年タイに心を残しながらこの世を去った。

ＪＴＥＣＳの事務所は、当時ＡＢＫにあったＡＯＴＳ本部事務局の一角に設けられ、一九八二年にＡＯＴＳ本部がＴＫＣに移転したあともＡＢＫに残された。

富永氏の後任事務局長は元ＡＯＴＳバンコク事務所長の和田昭氏や吉原秀男氏が引き継いだが、一九九八年からはＪＴＥＣＳの会長会社である東レ㈱が事務局長を派遣してくれることとなったため、ＡＯＴＳからは新宅誠三郎、下大澤祐二、窪田真也、井手遊の各氏が事務局スタッフとしてＪＴＥＣＳに出向した。また一九八一年に穂積五一理事長が亡くなった後、一九八六年から庄司徳治氏が、一九九四年からは経済産業省ＯＢの宮本四郎氏、土居征夫氏、愛甲次郎氏、鈴木直道氏、水谷四郎氏、知久多喜眞氏が理事長を引き継いだ。

ウーチューリアン・ビルのTPAで開催された月次理事会

一九九四年からはＪＴＥＣＳに専務理事が置かれることになり、初代専務理事に穂積五一氏の長男穂積一成氏が就任し、その後ＡＯＴＳ理事の筆者と、橋口真人、宮原豊、米田裕之の各氏に引き継がれた。

一方、ＴＰＡの会員はタイ国ＡＢＫ同窓会を中心とした元日本留学生・研修生から成り、正会員による総会で選出された理事が理事会を構成して事業の運営に当たった。設立当初の事業は「技術経営セミナー」「語学講座」「技術資料翻訳出版」「広報誌」の四つで、理事会の下には事業ごとに四委員会が設けられ、理事達が各委員会の委員長を分担した。

ＴＰＡの事務所は当初バンコク市内ウーチューリアン・ビルに置かれ、ＡＯＴＳの研修センターに倣って、事務室や研修室、タイ国初のランゲージ・ラボラトリー（ＬＬ教室）などが設けられた。最初の職員は、事務局長と事務担当、会計担当、運転手兼受付の四人で、事業はＴＰＡ理事会の下にタイ側が主導して執行され、日本政府から交付される補助金の管理や派遣専門家の募集、翻訳書籍の版権手配等は、ＪＴＥＣＳが日本国内で連絡・調整に当たった。

またＴＰＡには会計アドバイザーとしてＡＳＣＡの柳瀬修三氏と、語学アドバイザーとしてＡＯＴＳから筆者が、それぞれ一旦ＪＴＥＣＳに出向した後ＴＰＡに派遣され、日本人スタッフとしてＴＰＡ事業の運営に協力した。

設立当初「技術経営セミナー」「語学講座」「技術資料翻訳出版」「広報誌」の四事業のうち、まず語学講座を常時行う事業として軌道に乗せる必要があった。タイに派遣されるまでＡＯＴＳで「基礎日本語」教材の開発に関わっていた筆者は、ＴＰＡ専任講師のワッタナー・ウティチャムノン氏とともに、タイ人向け日本語教育テキストを作り上げた。そして、ＴＰＡ日本語講座のカリキュラムを整備するとともに、タイ在住日本人を募集し日本語講師として訓練した。

また、在タイ日本人のためのタイ語会話講座を開始するため、やはりワッタナー氏とともに実用タイ語会話教材を開発した。これらはすべて、ＡＯＴＳが技術研修生に対し効率的に日本語会話能力を向上させるために工夫した学習方法をタイで応用したものである。さらに、現地日本語学校の教育水準向上を目指し、一般日本語講師のための語学教授法講座を開設し、設立されて間もない国際交流基金バンコク事務所とともに日本語弁論大会を開催した。

その結果、ＴＰＡ語学学校はタイ最大の民間語学学校へと成長し、ＴＰＡは日本からの支援事業とは別に独自の収入を挙げることができるようになり、経済的自立への道を開いた。

1973年TPA設立当時の職員。左から筆者、柳瀬修三氏、タヌース事務局長、事務スタッフ二名、受付、運転手

筆者の帰国後も、ＡＯＴＳから田中寛（後に大東文化大学外国語学部教授）、鶴尾能子（後に㈱スリー

エーネットワーク顧問）、中島清（後にＡＯＴＳニューデリー事務所長、福井大学教授）、飯塚達雄（後にＡＯＴＳバンコク事務所長、ハノイＪＶＣＣ、マラヤ大学他）の各氏がそれぞれ語学アドバイザーとしてＪＴＥＣＳを通じてＴＰＡに出向し、語学学校の活動や教材開発に寄与した。

タイからＡＯＴＳに帰任した筆者は、一九七七年、㈱海外技術者研修調査会からＴＰＡのタイ語教材『実用タイ語会話』をカセット・テープつきで刊行するとともに、ＡＢＫ在住のタイ人留学生の協力を得て、一九七九年からＪＴＥＣＳでタイ語講座を開講した。この講座はＡＯＴＳがＴＫＣへ移転してからもＡＢＫのアジア語講座として続いている。

ＴＰＡの活動を牽引し発展させたのは、日本に留学しＡＯＴＳ研修生として管理研修コースに参加したり、企業内研修を体験した留学後研修生であった。日本と日本語をよく理解する留学生と、母国で実務経験のある研修生が力を合わせて日本の技術知識をタイへ移転する作業に没頭した。ＡＯＴＳで非常勤通訳として一般研修や管理研修の通訳や教材の翻訳を手伝った経験のあるものも多かった。

TPA事業開始後まもなく出版された日本語教材、タイ語会話テキスト、品質管理・改善・テクノロジー等に関する広報誌など

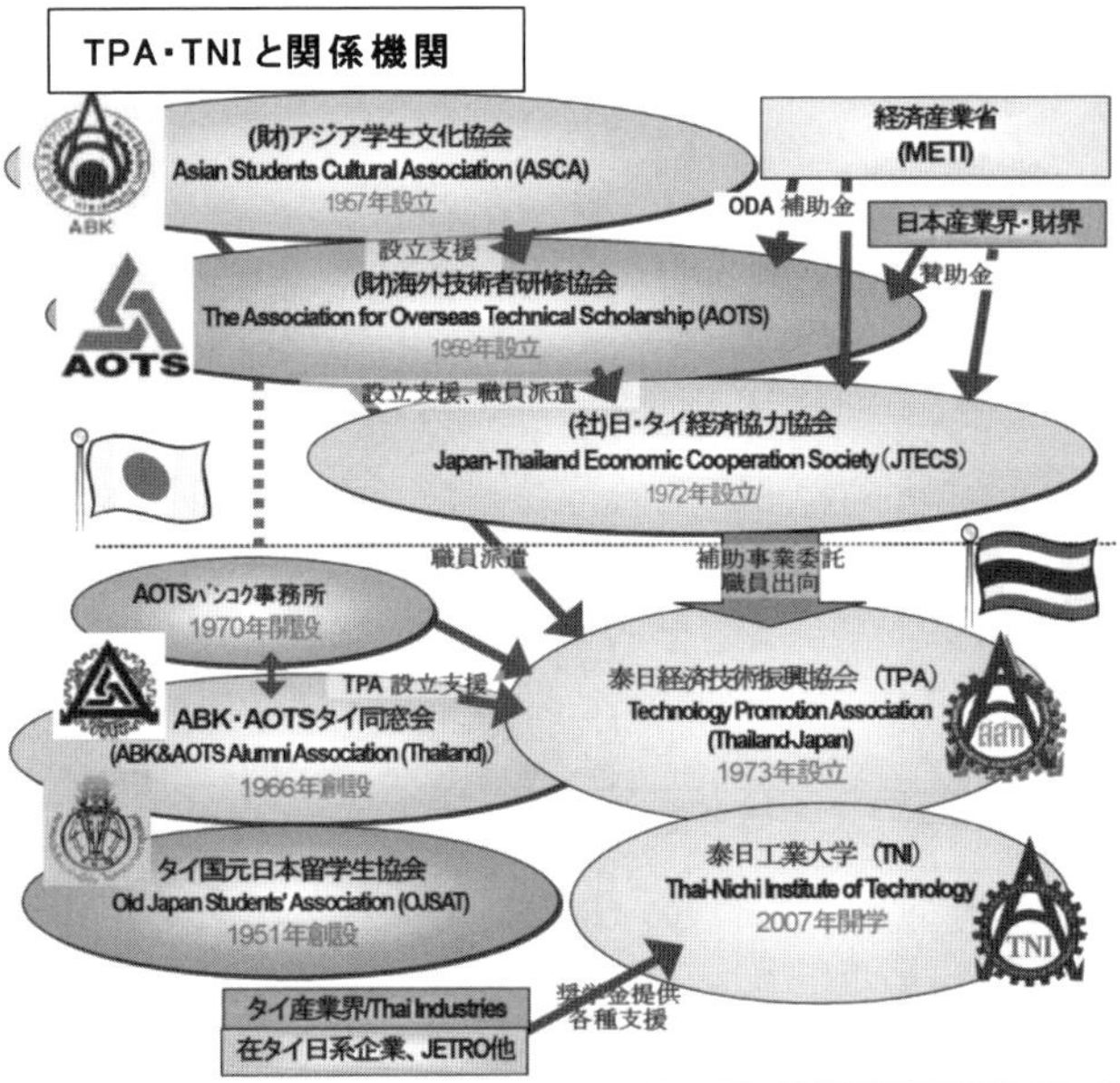

泰日経済技術振興協会（TPA）と泰日工業大学（TNI）のロゴマークは、その母体であるABKタイ同窓会に由来する。ABKタイ同窓会は、1964年に東京で組織されたABK同窓会のタイ支部として1966年に創設され、1973年にTPAが設立されたときにはABK同窓会のロゴマークをタイ風にアレンジしてTPAのロゴが作られた。しかし1982年にAOTS同窓会が発足したとき、ABKタイ同窓会はABK-AOTSタイ同窓会と改名し、ロゴマークもABKとAOTSのロゴを合成したものに変更された。

AOTSは1957年に設立された㈶アジア学生文化協会（ASCA）を母体に、日本政府通商産業省（その後経済産業省）のODA補助金と日本産業界（民間企業）の賛助金をもとに1959年に創設され、1970年にはバンコク事務所を開設、1972年には㈳日・タイ経済協力協会（JTECS）を設立して、ABK-AOTSタイ同窓会の有志が設立したTPAを支援した。具体的には、AOTSがJTECSに事務局長を出向させるとともにTPAに日本語講師を派遣し、ASCAがTPAに会計担当スタッフを派遣した。そしてJTECSは、会員会社の支援と日本政府からの補助金を受け、TPAとの間で事業委託契約を結んで、TPAの事業を支援した。

2008年度で日本政府の補助金が終了してからも、JTECSは引き続き連絡員をタイに駐在させるとともに、TPAの派遣する訪日研修団の受入れやTPAが希望する講師・専門家の派遣、翻訳書籍の版権手続き等を行ってTPAの活動を支援している。2007年にTPAがTNIを開学するときには、日本側にTNI支援委員会を設けてTPA・TNIを支援した。

3．ＴＰＡの発展とＴＰＡ・ＴＮＩモデルの近隣国普及

ＴＰＡは現在個人・法人合わせて一万三、〇〇〇の活発な会員を擁し、政府機関や他の民間組織とも協力しながら、タイ社会と産業界の発展に積極的に貢献している。自然災害の増加や政情不安など、厳しい外部環境にもかかわらず、ＴＰＡは積極的な事業展開で増収増益を続けている。

このように、元日本留学生や研修生が日本の支援を得て始めた事業が、時を経て完全に自立し発展を続けている姿は、日本にとっても近隣諸国にとってもぜひ参考としたい成功モデルである。そこでＪＴＥＣＳは二〇一二年の理事会で定款を変更し、その事業が「タイ王国及びその近隣国」でも行えるようにした。

ＴＰＡにおいても、日本の政府機関や民間組織・大学・研究機関と協力しながら、技術・文化・情報分野で近隣国の産業人材育成機関との協力活動を広げている。例えば、工業計測・校正サービス分野で、ラオス日本センター（Laos-Japan Human Resource Development Institute）や、ミャンマー企業（Global Greatness Co., Ltd.）、バングラデシュのＡＯＴＳ・

2014 年 10 月 TNI ポーンアノン副学長がインドネシア UNSADA で講義

2007 年 6 月泰日工業大学（TNI）開学

ＨＩＤＡ同窓会（ＢＡＡＳ）などと業務協力契約（ＭＯＵ）を締結している。日本式ものづくり大学の設立を目指しているミャンマー日本留学生会（ＭＡＪＡ）に対しても、二〇一三年九月、ＴＮＩとＴＰＡが協力してＭＡＪＡ訪タイ見学チームに対し特別セミナーを開催した。

二〇〇七年に開学した泰日工業大学（ＴＮＩ）は二〇一一年に最初の卒業生を送り出し、これまで四年間で合計二、〇〇〇人近くの卒業生はほぼ一〇〇%の就職率となっている。また日本を中心に六十近い大学や高等教育機関と協力関係にあり、近隣国ではフィリピンのLyceum of the Philippines University、ベトナムのHo Chi Minh City University of Technology（ＨＵＴＥＣＨ）、インドネシアのDarma Persada University（ＵＮＳＡＤＡ）、マレーシアのUniversity of Technology Malaysiaなどと協力協定を結んでいる。学生交流も活発になっており、当初はＴＮＩの学生が日本へ行くことが多かったが、近年は日本人学生のＴＮＩ短期留学も増加しており、ＴＮＩが日・タイ・アセアン学生の重要な交流拠点となっている。

2013 年 9 月 TNI を訪問した
MAJA 研修団

2015 年 6 月ベトナム HUTECH−VJIT
学長 TNI 訪問、吉原秀男 TNI 学長顧問
（右端）が同席

おわりに

タイのTPAでは、ASCA・AOTS・JTECSの初代理事長である穂積五一氏の遺徳を偲んで、毎年命日の七月に僧侶を招き法要を営んできた。

二〇〇七年にTNIが開学してからは、学生も参加した法要がTNIで行われてきたが、二〇一三年七月十七日には弔い上げとして盛大な三十三回忌法要が行われた。

また、二〇一二年にはTNIのキャンパス内にTNIの創設貢献者としてソンマイ・フントラクン氏と穂積五一氏の銅像が完成し、同年八月のTNIデーには除幕式が執り行われた。

今から半世紀前、新星学寮とアジア文化会館（ABK）での日本人学生とアジア留学生との共同生活から始まった、「独立を果たした南の人々の自国の向上に

2012年8月TNI創設貢献者・穂積五一氏（左）とソンマイ・フントラクン氏（右）の銅像除幕式でタイダンスを踊るTNIの学生

資するものを」という穂積五一氏の言葉に象徴される当時の夢は、その後ASCAやAOTS、JTECSの活動として日本政府や経済界の支援を受ける事業に発展し、AOTS－HIDA同窓会やTPA、TNIに引き継がれ、世界各地に展開されていった。

　時代は変わり、AOTS設立当初に目指した目的は今やほぼ達成されたのではないかと思われるが、「我が国と海外諸国の相互の経済発展及び友好関係の増進」を図る活動に終わりはないだろう。

　最後に、ちょうど本文をまとめていた二〇一五年七月十六日の読売新聞朝刊に、「ニッポンの貢献　戦後七〇年」という記事で、TPAとTNIのことが「ニッポンの貢献」の事例として紹介されているので、その写しを転載して、本稿を終わりたい。

2015年7月16日読売新聞朝刊

AOTS外史　別冊（寄稿）

2016年4月5日　初版第1刷発行

編　者　AOTS外史編集委員会（代表杉浦正健）
発行所　株式会社スリーエーネットワーク

Printed in Japan